Christina Baldwin

Das kreative Tagebuch

Tagebuchschreiben als Zwiesprache mit sich selbst

Otto Wilhelm Barth Verlag

Dieses Buch ist Joy gewidmet

Erste Auflage 1992
Einzig berechtigte Übersetzung aus dem Amerikanischen von Ursula Gaïl.
Titel des Originals: «Life's Companion».

Published by arrangement with Bantam Books, a division of Bantam Doubleday Dell Publishing Group, Inc., 666 Fifth Avenue, New York, New York 10103.
Deutschsprachige Rechte beim Scherz Verlag, Bern, München, Wien, für den Otto Wilhelm Barth Verlag.

Schutzumschlag von Manfred Waller.

Inhalt

V. Anwendung der vier Übungen

VI. Unterwegs in der Welt

Zum Gebrauch dieses Buches

Das Buch ist in sechs Teile gegliedert, jeder Teil umfaßt vier Kapitel und eine Meditation. Die rechten Seiten bilden einen fortlaufenden Text, auf den linken Seiten stehen Übungen und Zitate, deren Inhalt den jeweiligen Text rechts reflektieren und vertiefen.

Einige der dort zitierten Tagebucheintragungen stammen von der Autorin selbst, viele andere sind Beispiele, die Freunde und Schüler beisteuerten. Die Namen der Verfasser werden nicht erwähnt, um die private und doch gemeinschaftliche Natur dieser Schreibform aufzuzeigen. Alle Beiträge wurden mit Erlaubnis der Betreffenden veröffentlicht, und ich danke ihnen für ihre Bereitschaft, uns einen Blick auf ihre innersten Gedanken und Gefühle werfen zu lassen.

Schmökern Sie in diesem Buch, lesen Sie es auf die Weise, die für Sie und Ihre Reise am angenehmsten ist.

Gute Reise und viele vollgeschriebene Tagebücher.

I.
Die Grundlagen schaffen

Reisen und Tagebücher

Ich habe schon immer gewußt, daß ich schließlich diesen Weg gehen würde, aber gestern wußte ich noch nicht, daß es heute sein würde.
Narihara

Eine Reise steht bevor – und damit erwacht das Verlangen, darüber zu schreiben, Zeugnis abzulegen von unseren Erfahrungen, unsere Fragen und die Erkenntnisse, die wir durch sie gewonnen haben, mitzuteilen.

Die geistige Reise ist die einzige Reise, die wir alle gemeinsam unternehmen. Sie können in einem Buchladen oder in einem Lebensmittelgeschäft stehen, in einem Restaurant sitzen oder zu Hause im Bett liegen. Was immer Sie glauben, daß Sie tun, was immer Sie glauben, daß gerade passiert, Sie sind dabei auch stets mitten in Ihrer geistigen Suche. Die geistige Suche ist der Teil des Lebens, den man als den Pfad im Pfad bezeichnen könnte. Spiritualität ist die heilige Mitte, aus der alles Leben hervorgeht, einschließlich Montagen und Dienstagen und regnerischen Sonnabendnachmittagen mit all ihren irdischen und herrlichen Einzelheiten.

Das Aussuchen eines Tagebuchs

- Werden Sie mit der Hand schreiben?
- Bevorzugen Sie einzelne Blätter oder ein Notizbuch?
- Achten Sie darauf, daß es ein flaches Buch oder Heft ist, das erleichtert das Schreiben.
- Mit Linien oder ohne?
- Werden Sie mit der Maschine schreiben?
- Legen Sie einen Ordner an, einen Schnellhefter, der Ihr Material aufnehmen kann.
- Womit möchten Sie schreiben?
  Ihr Tagebuch ist ein Dokument, das Sie wahrscheinlich eine Zeitlang aufbewahren möchten, deshalb sollten Sie Schreibmaterial wählen, das nicht verblaßt oder schmiert.
- Gönnen Sie sich ein paar einfache künstlerische Hilfsmittel: farbige Stifte, Marker, Kreiden – was Ihnen Spaß macht.

TAGEBUCHEINTRAGUNG

Je edler das Notizbuch ist, um so stärker spüre ich den Drang, einen Fehler zu machen: ein Wort falsch zu schreiben, einen Satz auszustreichen, irgend etwas zu tun, um eine gesunde Unvollkommenheit zu schaffen.

Erste Übungen

- Fangen Sie mit dem fließenden Schreiben an – es wird im nächsten Kapitel erklärt.
- Schreiben Sie einen Lebenslauf, etwa eine Seite lang.
- Stürzen Sie sich auf das, was für Sie am zwingendsten ist, was Sie veranlaßte zu schreiben.
- Machen Sie eine Collage aus den «Daten des Tages», an dem Sie anfangen: Schlagzeilen, ein Foto von Ihnen, Ihr Horoskop, Wetterbericht und so weiter.

Der Zweck dieses Buches ist es, die Verbindung von spirituellem und gewöhnlichem Leben zu erleichtern, Ihnen zu ermöglichen, beide Aspekte deutlicher zu erkennen und beide Aspekte voller zu erleben. Und ich denke, es gibt nur eine wirksame und erfreuliche Art und Weise zu beobachten, wie sich diese Ebenen des Lebens vermischen: indem man die Geschichte(n) der Suche in allen Einzelheiten aufzeichnet, während man sie unternimmt.

Das Schreiben läßt eine Landkarte entstehen, irgend etwas an einer Reise scheint uns zu bitten, die einzelnen Stationen zu markieren.

Diese Stationen aufzuzeichnen, ist ein ganz normaler Vorgang. Die Reise hat bereits begonnen, es ist nur eine Frage des Sich-Eingestehens. Und das Schreiben eines Tagebuchs ist ein flexibles Verfahren, das so viel oder so wenig Aufmerksamkeit beansprucht, wie Sie ihm gewähren wollen. Das Tagebuch wird fröhlich mitspielen, ohne sich zu beschweren. Es akzeptiert Sie und Ihre Reise, so wie sie sind.

Ich verwendete den Satz «Eine Reise steht bevor» zum erstenmal, als ich mein Tagebuch nach einem Jahr des Nichtschreibens wieder hervorholte.

Das war im August 1969. Ich war dreiundzwanzig und bereitete mich darauf vor, San Francisco zu verlassen, um ein Jahr lang in Europa zu leben und umherzureisen. Das Bild von der Reise lag also nahe. Ich war mir nicht ganz klar, worauf ich eigentlich hinauswollte, aber ich spürte, daß es ein bedeutungsvoller Zeitpunkt war.

Ich fuhr in Richtung Osten, nach New York, ging an Bord eines Schiffes und dampfte los ins Unbekannte. Ich hatte mein Tagebuch ständig bei mir und schrieb fleißig, was manchmal leichter fällt, wenn man aus der gewohnten Routine heraus und in fremder Umgebung auf sich selbst angewiesen ist. Ich schrieb mir meinen Weg durch Westdeutschland, durch Ostdeutschland, Österreich, die Tschechoslowakei, Großbritannien, Norwegen, Schweden, Holland, Frankreich, die Schweiz und Spanien und machte eine wichtige Entdeckung: Meine wahre Reise hatte sehr wenig mit der Reise durch Europa zu tun und sehr viel mit einer Reise durch meinen Geist.

Stellen Sie sich vor, Sie gehen einen Weg entlang und nehmen an allem Anteil, was um Sie herum geschieht. Sie stellen fest, daß nah und fern alles mögliche geschieht, Sie setzen sich mit Menschen auseinander und mit Hindernissen und Gelegenheiten, die sich unterwegs ergeben. Das ist der Wanderer: das aktive Selbst.

Der Reisende

Beschreiben Sie im Tagebuch den Weg, den Sie gerade gehen.

- Wie sieht Ihr Leben realistisch betrachtet aus? Und symbolisch betrachtet?
- Schreiben Sie über Ihren Lebensweg. Was wissen Sie über Ihre Herkunft? Wohin gehen Sie?

Wir lernen, bewußt zu leben, wenn wir der inneren und äußeren Ereignisse gewahr werden, während sie geschehen. *Ein bewußtes Selbst aufzubauen heißt, der inneren Ereignisse, des Körpergeschehens und der zwischenmenschlichen Beziehungen immer mehr gewahr zu werden. Ein bewußtes Selbst ist fähig, in vollem Gewahrsein all die deutlich verschiedenen Komponenten des Selbsts zu erleben, einschließlich der Gefühle, Bedürfnisse, Triebe und Werte. Ein bewußtes Selbst lebt bewußt.*

Der Beobachter der Reise

Beschreiben Sie im Tagebuch Ihren beobachtenden Teil.

- Wer beobachtet?
- Wer handelt?
- Wie ist die Einstellung des Beobachters zum Wanderer?
  (Wenn es keine verständnisvolle Haltung ist, werden Sie im weiteren Verlauf der Reise Möglichkeiten entdecken, das zu ändern.)
- Erinnern Sie sich an einen Augenblick, in dem Sie Bewußtheit erlangten? An ein Ereignis, das dazu führte?

Stellen Sie sich einen Weg wie in einem Spiegel vor, der parallel zu dem verläuft, den Sie entlanggehen. Dieser Weg spiegelt Gefühle wider, Gedanken, Verhaltensmuster und Annahmen über das, was geschieht. Das ist der Beobachter: das denkende Selbst.

Beide zusammen erschaffen Bewußtheit: das Bewußtsein unserer selbst innerhalb unserer eigenen Existenz. Bewußtheit ist unsere zweite Geburt, die Geburt unserer Fähigkeit, zu denken und zu staunen. Bewußtheit enthüllt die Verbindung zwischen Handlung und Gedanken. Wir hören den Geist denken. Wir beobachten unser eigenes Verhalten. Bewußtheit ist unser ständiger Begleiter im Leben, sie leistet uns in unserem Inneren immer Gesellschaft.

Bewußtheit – das ist eine Vielzahl von Meinungen, Überlegungen, Anhaltspunkten, vermischt mit Archaischem und unreflektiert Akzeptiertem darüber, wie ein Mensch sein sollte – und nicht alles davon ist hilfreich.

Manche Leute sprechen vom Bewußtwerden als von einem Augenblick der geistigen Verschmelzung oder einer Fähigkeit des Erkennens – als würde ein Spiegel aus dem Geist herausschwingen, in dem man auf sich selbst zurückblicken könnte.

Menschen, die bewußt sind, spüren den Einfluß und die Führung, die durch dieses innere Flüstern möglich ist. Die Anweisungen für unsere Suche kommen meistens von innen. Die Frage ist dann: Wie kann man erkennen, was die Bewußtheit anzubieten hat, und durch den Geist vordringen bis zur spirituellen Ebene?

Stellen Sie sich also jetzt einen stillen Ort vor, von dem aus Sie die beiden Pfade des Handelns und Denkens betrachten. Von diesem ruhigen Ort aus können Sie beide sehen – den Wanderer und den Beobachter. Sie hören, was der Verstand sagt. Sie halten fest, was der Wanderer tut und wie der Beobachter reagiert. Das ist der Schreiber: das Selbst, das auf Papier handelt und denkt.

Das Schreiben schlägt eine Brücke zwischen der inneren und der äußeren Welt und verbindet die Wege des Handelns und Denkens. Wir setzen uns hin, betrachten die aufnahmebereite Leere eines Blatt Papiers oder eines Computerschirms, sammeln unsere Gedanken und fangen an zu schreiben.

Schreiben *ist* ordnen. Den Strom des Bewußtseins niederzuschreiben gibt uns eine Möglichkeit, den Verstand zu respektieren, Gedanken auszuwählen und sie nutzbar zu machen und uns mit den Vorstellungen über uns auseinanderzusetzen. Und genau darum geht es bei der geistigen Reise: Um eine grundlegende Veränderung unserer

«Wie wird man erwachsen?» fragte ich eine Freundin.
Sie antwortete: «Indem man denkt.»

Der Tagebuchschreiber

- Schildern Sie Ihr schreibendes Selbst: Wie sehen Sie den Teil von sich, der schreibt?
- Suchen Sie sich einen angenehmen Schreibplatz, einen Ort, wo Sie sich wohl fühlen, für sich sind, ein Refugium einrichten, ein paar besondere Dinge um sich haben können.
- Halten Sie Ihr Tagebuch so sorgfältig geheim wie Ihre geheimsten Gedanken.

Was ist Zweck oder Sinn des Lebens? Seine Lebensgeschichte in Ordnung zu bringen. Eine sichere und freundliche Umgebung für sich selbst zu schaffen und dabei zu helfen, sie auch anderen Menschen zu ermöglichen, um so viel Wahrheit zu leben, wie man ertragen kann.

Vorstellungen von uns selbst, die mit der Zeit geschieht, gefolgt von einer entsprechenden Umwandlung unserer Vorstellungen darüber, wozu wir fähig sind.

Dieses Buch hilft Ihnen dabei, diese Veränderungen durchzuführen, weil es Ihnen den Rahmen bietet, in dem Sie Ihre eigene Reise unternehmen können. Jedes Kapitel baut auf dem vorangegangenen auf, sie alle führen hinaus und nach innen, wie bei einer Spirale.

Meine eigene Spirale hat mich zur herkömmlichen Religion geführt und wieder davon fort, hat mich veranlaßt, Hunderte von Büchern zu lesen, mit verschiedenen Formen der Meditation und des Gebets zu experimentieren. Es war eine beträchtliche Herausforderung, dieses Buch über die Reise zu schreiben, ohne einen bestimmten Weg vorzuzeichnen, den jemand – außer mir – gehen könnte. In einem Seminar über das Tagebuchschreiben, das ich kürzlich abhielt, war der geistige Background der Teilnehmer sehr verschieden: Da gab es eine Nonne, zwei Mormonen, einen Diakon der Episkopalkirche, einen Zenbuddhisten und «freie» Reisende, die katholisch, jüdisch oder evangelisch erzogen worden waren, sich aber diesen religiösen Traditionen nicht mehr verbunden fühlten. Dies ist eine typische Gruppe von Suchenden in unserer Zeit.

Die vierundzwanzig Kapitel dieses Buches sind Puzzlesteinchen für eine illustrierte Landkarte der geistigen Suche. Ihr Puzzle und meines können ziemlich verschieden aussehen, und doch haben die Stücke, aus denen sie sich zusammensetzen, gemeinsame Elemente. Und das Geheimnis, das sowohl ihre Quelle wie ihr Ziel ist, bleibt dasselbe.

Durch das Schreiben verbinden wir unsere Reise mit den Erfahrungen einer Vielzahl von Lebensreisenden vor uns und um uns. Wir können ungeheuer viel von diesen anderen und ihren Aufzeichnungen lernen, und doch – wir müssen unseren eigenen Weg gehen.

An Tagen, da ich nicht sicher bin, worum es bei der Reise geht oder warum ich sie unternehme, weiß ich immer noch genau, was das Tagebuch ist und warum ich schreibe. Ich kann mich an mein Tagebuch halten, darin schreiben, klagen und fragen und jubeln. Mein Tagebuch begleitet mich fast überallhin. Wenn ich zu Hause bin, liegen Tagebuch und Füllfederhalter griffbereit auf dem Schreibtisch. Wenn ich durch die Stadt fahre, wartet es auf dem Wagensitz neben mir auf ein paar freie Minuten, in denen ich meine Gedanken sammeln kann. Im Flugzeug stecke ich es unter den Anschnallgurt, da ist es mir ganz nah, und wenn wir in der Luft sind,

Wie man eine Reisegruppe bildet

Auch Tagebuchschreiber können Lebensbegleiter sein.

- Treffen Sie sich mit Menschen, die ähnliche Wertvorstellungen, Bedürfnisse und Interessen haben wie Sie.
- Mischen Sie die Zeit fürs Schreiben, für Gespräche und fürs Schweigen in einem Verhältnis, das Ihnen angenehm ist.
- Verpflichten Sie sich zu einer bestimmten Anzahl von Treffen, und überprüfen und revidieren Sie dann die ganze Sache.
- Stellen Sie eine Tagebuch schreibende Gruppe zusammen mit einfachen und klaren Richtlinien, über die sich alle einig sind. Zum Beispiel:
- Die Vertraulichkeit muß gewahrt bleiben. Was in der Gruppe gesprochen wird, geht nur diesen Personenkreis etwas an.
- Geheimhaltung ist die wichtigste Maxime beim Schreiben. Die Mitglieder der Gruppe können sich dafür entscheiden, den Inhalt mancher Eintragungen den anderen mitzuteilen, doch niemand soll dazu gedrängt werden, damit er sich nicht unbehaglich fühlt. Keine privaten Bedürfnisse sollten mißachtet werden.
- Eintragungen werden vorgelesen, damit man Zeuge der Erfahrung des anderen wird, ohne zu urteilen oder zu kritisieren.

kann ich gleich mit dem Schreiben beginnen. Liege ich im Bett, steckt es unter meinem Kopfkissen.

Mein Tagebuch ist mein Lebensbegleiter. Das Format ändert sich, die Schreibutensilien ändern sich, der Inhalt ist unterschiedlich, die Menschen darin kommen und gehen. Doch dieser greifbare Gegenstand erinnert mich daran, daß ich auf vielen Ebenen lebe; er erinnert mich daran, daß ich handeln, beobachten, nachdenken, schreiben und dann klarer handeln muß. Er drängt mich dazu, mich immer wieder daran zu erinnern, für den Geist offen zu sein, sagt mir, daß ich mehr geführt werde als führe.

Jedes Notizbuch, das gerade als Tagebuch dient, besitzt für mich all diese Qualitäten. Ich bitte es, mir auf der Suche als Talisman zu dienen, jeden Tag sichtbar, auch an jenen Tagen, an denen ich nicht schreibe.

Seit Anfang der siebziger Jahre, als ich in eine Erwachsenenbildungsstätte ging, bekannte, daß ich Tagebuch schriebe, und fragte, ob es irgendwelche diesbezüglichen Kurse gebe, habe ich Tausende von Tagebuchschreibern unterrichtet und von ihnen gelernt.

Wir leben in einer Zeit, in der das Bedürfnis, private Aufzeichnungen zu machen, wiedererwacht. Die Menschen gleichen die Unpersönlichkeit der modernen Gesellschaft durch wachsende Selbstbeobachtung aus. Wir wissen genug von der gängigen Psychologie, um zu erkennen, daß sie nicht alles erklärt und heilt und nicht der Gipfel der Bewußtheit ist, sondern der Anfang. Wir erleben einen Wechsel der Weltsicht und versuchen dabei, neue Modelle der Menschlichkeit und der menschlichen Verantwortung zu entwickeln. Das ist keine Kleinigkeit. Unser eigenes Leben wird immer größerem Druck ausgesetzt, wenn wir auf die inneren und äußeren Veränderungen in angemessener Weise reagieren wollen.

In der Polarität unseres Zeitalters werden wir aufgefordert – und fordern uns selbst dazu auf –, ein Leben zu führen, das sich sowohl im praktischen wie im geistigen Sinn erfüllt. Wir verlangen von uns, Kräfte zu integrieren, die lange als diametral entgegengesetzt betrachtet wurden. Wir versuchen, den geistigen Weg umzugestalten, ihn in die Welt der regnerischen Nachmittage einzubringen, und wir versuchen auch, unser Leben umzugestalten, um die Spiritualität viel tiefer in unseren Alltag einbeziehen zu können.

Wir arbeiten, kommen müde nach Hause, machen Abendessen, kümmern uns um die Wäsche, passen auf die Kinder auf, unterhalten uns mit dem Partner oder mit Freunden. Im Fernsehen gibt es nichts

Ein Blick auf die Begleiter

- Welche «Begleiter» wollen Sie in das neue Jahrhundert mitnehmen?

. . . das Leben hat mich gelehrt, daß es bessere Pläne kennt, als wir uns überhaupt vorstellen können, und deshalb versuche ich, meine eigenen Wünsche . . . in eine gelassene Bereitwilligkeit einzutauchen, anzunehmen, was kommt, das Beste daraus zu machen und dann wieder zu warten.

Interessantes. Wir versuchen, einen Blick auf den Sinn des Lebens zu erhaschen, wenn wir zum Einkaufen gehen, uns über das Wetter unterhalten, überlegen, wie die Dinge in der Arbeit oder zu Hause laufen, und uns fragen, wie es mit unserem Leben weitergehen soll. Wir fühlen uns verletzlich und vielleicht enttäuscht. Etwas ist in Bewegung geraten, das wir für unbedingt verläßlich hielten, eine Vorstellung von der Wirklichkeit, die wir nie genau definiert haben, und jetzt ist sie nicht mehr da. Wir bemühen uns, Klarheit zu erhalten, und wissen nicht, wie wir uns helfen können. Wir warten darauf, daß der Weg wieder sichtbar wird, aber es scheint gar keinen Weg zu geben, und so steht oft Verwirrung am Anfang.

Trotz der heute oft vorherrschenden Hektik kann die Reise nicht erzwungen oder künstlich beschleunigt werden. Das beste, was wir tun können, ist, uns mit spiritueller Offenheit bereit zu halten, einer Offenheit, die wir während der stillen Momente des Lebens geübt haben, so daß wir, wenn der Wendepunkt kommt, ein Hilfsmittel haben, das uns bei der Entscheidung unterstützt, welchen Weg wir einschlagen sollen.

Wir üben uns darin, Spiritualität im Gewöhnlichen zu entdecken, damit wir sie im Außergewöhnlichen erkennen können.

Worauf wir hinauswollen, wir, die vielen Tagebuch schreibenden Pilger, ist, glaube ich, Rück- und Neugewinnung. Wir suchen nach Wegen, wie wir den Sinn für einen Ort, den Sinn für Kraft, den Sinn für eine gesunde Beziehung zwischen unserem Leben und unserer Zeit einfordern können. Wir halten nach allem Ausschau, was uns dabei helfen kann, in jedem Augenblick einen Sinn zu erkennen.

Wir schreiben.

Ein ganz anderer Schlag als die Tagebuchschreiber, die nur schreiben, um die laufenden Ereignisse festzuhalten oder Eindrücke von fremden Orten zu bewahren, sind jene, die sich in ihrem Tagebuch daranmachen zu erkennen, wer sie wirklich sind. Dies sind meist sehr ernsthafte Leute, eher eine Art Pilger auf dem Weg nach Innen als bloße Reisende . . . Sie wollen ihr Tagebuch dazu benutzen, ihre Kraft zu prüfen und sie zu vergrößern.

Vorschriften für das Schreiben eines Tagebuchs

1. Datieren Sie Ihre Eintragungen.
2. Machen Sie sich keine anderen Vorschriften.

Wie man ein spirituelles Tagebuch führt

Ich habe Lust zum Schreiben und will vor allem mein Herz gründlich erleichtern.

Anne Frank

Als ich zwölf war, schenkte meine Mutter mir zu Weihnachten zwei Karten für eine Tournee-Aufführung von *Das Tagebuch der Anne Frank*. Der Familiendynamik der Franks wie auch der unseren entsprechend, war es mein Vater, der mich zur Vorstellung begleitete. Während ich so in der Dunkelheit dasaß, identifizierte ich mich sehr schnell mit diesem ernsten, bestimmten Mädchen, das sich mit seiner Familie in einem engen Versteck vor den Nazis verbergen mußte, während sein Verstand und sein Geist sich auf dem Papier in höhere Regionen schwang.

Wie Tausende anderer junger Mädchen sah ich in Anne Frank ein Schwestern-Selbst. Es war das erstemal, daß mich irgend etwas, das mit Kunst, dem Leben, dem Schreiben oder mit meiner eigenen Persönlichkeit zu tun hatte, mit voller Wucht traf. Als schließlich das schreckliche Klopfen an der Tür zu hören war und der Vorhang fiel, war ich vor Kummer in Tränen aufgelöst.

In zwei kurzen Stunden hatte ich Anne geliebt und verloren. Sie war ein Spiegel für das Selbst, das ich sein wollte. Und außerdem war dies das erstemal, daß ich Liebe für mich selbst empfunden oder über meine eigenen verlorenen Träume nachgedacht hatte.

Ich erinnere mich, wie mein Vater mir sein übergroßes Taschentuch reichte und mir hilflos auf die Schulter klopfte, während ich unaufhörlich schluchzte. Väter und Töchter, Mütter, Teenager und Erwachsene gingen an uns vorbei und den Gang entlang hinaus, um ins Alltagsleben zurückzukehren. Ich konnte mich nicht beruhigen.

Ich glaube, daß ein solcher plötzlicher Zusammenbruch für die geistige Reise charakteristisch ist. Wir werden von Freude, Kummer, Erkenntnissen überrascht, die uns plötzlich geschenkt werden. Wir sind nicht darauf gefaßt. Aber es war das erstemal, daß ich mich so öffnete. Ich wusch mit meinen Tränen in mir eine Stelle frei, die verstand, daß man Zeugnis ablegen muß.

Am nächsten Tag, nach der Schule, trug ich ein Ringbuch mit einem Deckel aus fester schwarzer Pappe in den Keller, stanzte mit dem Elektrobohrer meines Vaters ein Loch in eine Ecke der Deckel und verschloß das Ganze mit dem Vorhängeschloß von meinem

Tagebucheintragung

Liebes Tagebuch,
heute morgen ging ich mit Daddy in die Kirche. Das tue ich so gern. Wenn ich neben ihm sitze, kann ich besser denken. Er hat eine beruhigende Wirkung auf mich. Er behandelt mich wie eine Dame, stellt mich seinen Freunden vor, läßt mir den Vortritt, wenn wir durch eine Tür gehen oder in der Kirche in der Bank Platz nehmen. Heute nachmittag arbeiteten er und Carl am Schuppen. Er ist fast fertig und wird hübsch aussehen, wirklich. Und heute abend kam Onkel Eddie uns besuchen. Er lebt in Kalifornien. Er ist nett, aber irgendwie komisch. Zum Beispiel hält er Adlai Stevenson und Eleanor Roosevelt für Kommunisten! Ist das nicht stark? Man kann ihm nichts erzählen, weil er alles schon weiß. Es hat den ganzen Tag geregnet, und ich bin niedergeschlagen. Mom wollte nicht, daß ich mir die Haare mache, dabei waren sie so strähnig, weil ich draußen im Regen war. Deshalb beeilte ich mich mit dem Abwasch und drehte sie mir dann auf. Ich war fast fertig damit, als mir die Haarnadeln ausgingen, und ich mußte rauf ins Badezimmer, um welche zu holen. Als Mom mich sah, sagte sie: «Was ich zu dir sage, scheint keinen Eindruck auf dich zu machen, Chrissie.» Einen Augenblick dachte ich, sie würde anfangen zu weinen, und sie tat mir leid. Ich begriff nicht, warum ich mir nicht die Haare machen soll. Dad kam in mein Zimmer und bat mich, mir Mühe zu geben und Mutters Vorstellungen mehr zu entsprechen, aber ich will mich nicht nach den Vorstellungen von irgend jemand richten, nur nach meinen eigenen.

Umkleidekasten in der Turnhalle. An der Wand, die wegen des Heizungskellers nebenan warm war, stand eine Sperrholzbank, auf der Vorräte abgestellt wurden. Aus ein paar Pappkartons, einer Decke, einem Kissen und einer kleinen Schreiblampe baute ich mir ein Refugium, dessen Zugang durch Stöße staubiger Bücher verdeckt wurde. Der restlichen Familie erzählte ich nichts von meinem Versteck. Jetzt hatte ich einen Platz für mich und ein Tagebuch. Ich begann zu schreiben.

Die Entscheidung, Tagebuch zu schreiben, war die wichtigste, die ich je getroffen habe, den sie führte zu allen anderen wichtigen Entscheidungen in meinem Leben. Die Existenz eines Tagebuchs gibt dem Schreiber Vertrauen, Mut und die Überzeugung, daß er so weit reisen kann, wie sein Geist erlaubt, und durch den Akt des Schreibens auch zurück nach Hause findet.

Kürzlich las ich wieder in Anne Franks Tagebuch, immer noch erstaunt über die Ausdrucksfähigkeit des Mädchens, das dreizehn, vierzehn, fünfzehn Jahre alt war, als sie es schrieb. Meine ersten Tagebücher sind oberflächliche Berichte über Ereignisse in der Schule und Erlebnisse mit Jungen. Nicht die leiseste Andeutung von echten Gefühlen. Ich wollte meine Vorstellung von mir, vom Leben und von der Reise ausdrücken, aber es war mir nicht einmal möglich, auf dieser Ebene zu denken, geschweige denn darüber zu schreiben. Aber ich machte verbissen weiter.

Der Zwang zu schreiben war da – wenn auch sonst nicht viel mehr –, doch in der Rückschau spielt diese Unvollkommenheit keine Rolle. Jedes Tagebuch ist der Samen für das nächste. Alles, was wir aufzuschreiben lernen, ist eine Stufe auf dem Weg zur nächsten Gesprächsebene mit uns selbst.

Zum Tagebuchführen braucht man nur die Grundkenntnisse im Schreiben und den Wunsch, von der Reise berichten zu wollen. Ob Sie schon seit Jahren ein Tagebuch führen oder gerade erst anfangen wollen – das Tagebuch schenkt uns die Möglichkeit, so zu schreiben, wie wir sind.

Das Tagebuch ist etwas ganz Persönliches. Es spielt keine Rolle, ob die Rechtschreibung stimmt, ob Sie Phantasie haben, ins Detail gehen oder nur kurze Notizen als Erinnerungsstützen machen. Was Sie auch tun, es wirkt. Und das, was wirkt, wird wachsen und sich verändern, genau wie Ihre Vertrautheit mit dem Schreiben wächst und sich ändert.

Ich begann, Tagebuchschreiben zu unterrichten, weil ich heraus-

Tagebucheintragungen über die Kindheit

- Worüber hätten Sie gern geschrieben, als Sie noch sehr viel jünger waren?
- Geschah damals etwas, das sie nicht erklären konnten und wofür Sie jetzt die Worte fänden?
- Tauchen manche dieser Themen noch heute in Ihrem Tagebuch auf?

Warum schreiben?

«Das Schreiben ordnet meine Gedanken und läßt mich meine Erfahrungen anders sehen.»

«Für mich ist das Schreiben sowohl Therapie als auch Meditation. Ich erkenne, was ich denke, wenn ich lese, was ich notiert habe.»

«Ich zeichne zuerst, dann mache ich ein paar Notizen über meine Zeichnungen.»

Tagebucheintragung

Ich wache mitten in der Nacht auf und zähle, zähle jeden Dollar, der eingehen wird, und jeden, den wir ausgeben werden. Wir werden diesen Monat über die Runden kommen, aber John kriegt erst am 14. Januar wieder einen Scheck. Vielleicht muß ich mir mit Hilfe der Kreditkarten Geld besorgen, um die Rate für das Haus zu zahlen. Kein Mensch weiß, wie lange diese Feierschichten noch dauern. Ich bemühe mich, einen Job zu finden, aber es ist schwierig, gut auszusehen, wenn man in einem derartigen Zustand der Panik ist. Ich habe den Kindern Weihnachtsgeschenke auf Sonderkredit gekauft, werde aber nicht das Geld haben, die im Februar dafür fälligen Rechnungen zu bezahlen. Mein Gott, ich habe schreckliche Angst! Wie kann ich unter solchen Umständen die Geburt Christi feiern? Ich muß meine Angst Ihm übergeben. Sie ärgert mich, weil ich sie für ein Zeichen halte, daß ich den Glauben verloren habe. Ich kann es mir nicht leisten, meinen Glauben zu verlieren. John ist auch wach, aber er ist im Bett geblieben, während ich

finden wollte, ob es noch andere Leute gab, die Tagebuch schrieben oder daran interessiert waren. In meinem ersten Kurs waren zehn Frauen und zwei Männer, alles Schriftsteller, außer einem Mann, der ein Antiquariat besaß und bestimmte Zeitschriften sammelte. Es zeigte sich, daß wir folgende Hauptthemen gemeinsam hatten: das eigene Leben, Mitmenschen, Selbstachtung, Bewußtmachen der Vergangenheit, Wünsche für die Zukunft. Daraufhin stellten wir eine Liste der Dinge zusammen, über die wir schreiben wollten: Erinnerung, das innere Kind, Träume, Phantasien, Kreativität, Beziehungen, Probleme, Empfindsamkeit und Sexualität, Moral und Unmoral. Und diese Themen bildeten schließlich auch den Rahmen für mein erstes Buch.

Dieses Seminar fand 1973 statt, gerade als die Psychologie populär zu werden begann. Eine Gruppe, die Tagebuch schrieb, war etwas Neues. Drei Jahre später, als mein erstes Buch erschien, mußte die Library of Congress eine neue Abteilung dafür einrichten: 1. Tagebücher – Therapeutische Verwendung. 2. Selbsterkenntnis.

Spirituelles Schreiben erweitert das innere Gespräch mit der Bewußtheit und schließt Ihre Beziehung zum Transzendenten ein. Sie sind nicht mehr allein bei der Suche. Sie sind in einem Austausch mit etwas, das sie als über sich hinausgehend oder als tief in sich selbst wahrnehmen. Und diese Einbeziehung des Heiligen, Transzendenten, Göttlichen, Numinosen, oder wie immer man es bezeichnen will, ist es, die das Schreiben vergeistigt.

Manchmal denken wir, daß geistige Erfahrungen oder zumindest Erlebnisse, die wir als zutiefst ganzheitlich erfahren, nur Heilige, Märtyrer oder Mystiker haben. Wir warten darauf, die Stimmen der Jeanne d'Arc zu hören, und fürchten uns davor. Wir glauben, daß es bedeutungsvoller ist, einem brennenden Dornbusch zu folgen, als ein Tagebuch zu führen.

Die Reise nimmt am Leben eines Menschen unter den Bedingungen teil, die gerade gegeben sind. Wenn wir mit dem Schreiben beginnen, antwortet das Heilige und benützt das Schreiben als Vehikel, als eine Möglichkeit, in unserem Leben zu erscheinen und zu wirken. Das Tagebuch wird zu einem offenen Kanal.

Wenn Sie die Tagebucheintragung auf der nebenstehenden Seite lesen oder auch viele andere Eintragungen in diesem Buch, die aus Veröffentlichungen von Fachleuten stammen oder anonyme Berichte sind, werden Sie erkennen, daß die Verfasser das Spirituelle in ihr Alltagsleben integriert haben.

aufgestanden bin, um zu schreiben. Ich höre, wie er sich herumwirft. Wir brauchen ein Zeichen. Wir hören auf Dich, Gott. Bitte, hilf uns, unser Leben wieder in Ordnung zu bringen! Ich erinnere mich, wie Grandma immer sagte: «Wenn Gott eine Tür schließt, öffnet er ein Fenster.» Ich werde weniger Angst haben, wenn ich meine Schlaflosigkeit als eine Art Wachehalten ansehe. Amen.

Zeitlich begrenztes Schreiben

- Legen Sie eine bestimmte Zeitspanne fest, fünf bis sieben Minuten reichen durchaus.
- Stellen Sie einen Wecker, achten Sie auf die Uhr.
- Hören Sie auf zu schreiben, wenn die Zeit abgelaufen ist, sei es auch mitten im Satz.

TAGEBUCHEINTRAGUNG

Jeder von uns hat für einen Workshop eine Kaffeetasse mitgebracht. Sie stehen neben uns, wie bunte Tupfen. Ob ich die Worte richtig schreibe? Ich mache viel Rechtschreibfehler, weil ich die Worte einfach ausspreche und sie phonetisch hinschreibe. Ich bin in Mississippi aufgewachsen, und da hat mir niemand erklärt, daß wir Dinge sagen, die viel mehr Buchstaben haben, als wir tatsächlich hingeschrieben haben. Dieses Tagebuch hat keinen Akzent. Wenn ich es lese, hat es im Geist einen, aber die Worte sind reines Standardenglisch. Das Englisch, das ich lernte, als ich im Norden auf dem College war. Dort hat man mir sehr deutlich gemacht, daß Dialekt nicht das Wahre ist, um Shakespeare zu lesen oder Gedichte. Dies hier jetzt ist keine Prüfungsarbeit: Es ist mein Tagebuch. Vielleicht beschäftige ich mich wieder mit der armseligen Farmarbeiterkultur, aus der ich stamme, und die außer mir hier niemand zu schätzen scheint. Es beginnt mir zu dämmern, daß das Tagebuchschreiben eine große Freiheit bedeuten kann ...

Die vier wichtigsten Schreibarten

Es gibt vier Arten des Schreibens, die die Eckpfeiler eines Tagebuchs bilden. Diese Methoden können dazu benutzt werden, viele Schichten und Ebenen des Schreibens zu erforschen.

Zeitlich begrenzte Eintragungen

Bei zeitlich begrenzten Eintragungen schreiben Sie während eines bestimmten kurzen Zeitabschnitts. Eine knappe Schreibzeit sorgt dafür, daß Sie mehr zu sagen haben, als Ihnen Zeit zur Verfügung steht, Zeit ist sozusagen der Zündfunke, der den Motor der Kreativität anwerfen soll. Die Frustration, aufhören zu müssen, schafft den Drang, weiterzuschreiben. Ideen und Gedanken, die Sie aufschreiben wollen, beginnen Sie mehr und mehr zu faszinieren, und die Zeit, die Sie zum Aufschreiben brauchen, wird immer unwichtiger. Diese Methode hilft auch, Selbstvertrauen zu entwickeln, und schafft eine kreative Spannung.

Eine schöpferische Anspannung ist zum Schreiben notwendig. Der Verstand will sich ausdrücken. Es ist ihm gleich, ob das durch Schreiben oder Sprechen geschieht. Doch wenn Sie in Ihrem Tagebuch über etwas schreiben wollen, sprechen Sie nicht vorher darüber. Das Reden löst die kreative Spannung und nimmt Ihnen den Schwung. Immer wieder stellen Tagebuchschreiber fest, daß der Drang zum Schreiben verschwunden ist, wenn sie sich vorher schon über das Thema unterhalten haben.

Zeitlich begrenztes Schreiben ist auch ein nützlicher Druck zur Wiederbelebung des Tagebuchführens, wenn Sie das Gefühl haben, Sie seien ausgeschrieben oder brächten nur noch Sinn- und Zusammenhangloses zu Papier. Eine Woche des zeitlich begrenzten Schreibens wird Ihre Schreibkonzentration steigern und Ihnen bei der Entdeckung helfen, daß es viele freie Minuten gibt, in denen Sie schreiben können. Die nächste Methode kann Ihnen dabei eine zusätzliche Hilfe sein.

Intuitives oder fließendes Schreiben

- Wählen Sie einen konkreten Gegenstand aus Ihrer Umgebung, und benutzen Sie ihn als Einstiegsbild für Ihre Eintragung.
- Assoziieren Sie frei, von einem Gedanken zum nächsten. Schreiben Sie während einer bestimmten Zeitspanne oder so lange, bis Sie das Gefühl haben, fertig zu sein.

TAGEBUCHEINTRAGUNG

Hier im Raum hängen Bilder von Grandpa an den Wänden. Natürlich nur in meiner Einbildung – es sind große Ölgemälde, die aussehen wie die Landschaften, die über unserem Sofa hingen, um ihm einen Gefallen zu tun. Er kam immer zum Abendessen raus und stand vor dem Bild vom letzten Jahr, als hätte er es noch nie gesehen. Habe lange Zeit nicht an ihn gedacht. Ich sehe ihn nicht mehr – er ist schon lange tot. Lange bevor er starb, verschwand er in seiner Senilität. Alle seine Bergbilder wurden immer schlimmer, schreckliche Farben. Seine erwachsenen Kinder brachten die Asche hierher, um sie auf dem Friedhof beizusetzen, wo auch seine Familie liegt. Grandma klammert sich noch ans Leben, offenbar will sie ausharren, damit sie eine Karte vom Präsidenten kriegt, wenn sie hundert wird. Oder vielleicht ist ihr das Leben zur Gewohnheit geworden, und sie hat Angst, es aufzugeben. Ich hoffe, sie hat keine Angst. Ich hoffe, ihr Traum vom Universum ist freundlich. Aber ob es so ist oder nicht – ich glaube nicht, daß irgend jemand sie dazu bewegen könnte, ihre Meinung darüber zu ändern. Gott ist Gott und ist lange Zeit ein strenger norwegisch-evangelischer Gott gewesen. Mit dem man sich besser nicht einließ. Sie erzählte mir immer, was für Angst sie vor Gewittern hatte, weil sie dachte, sie bedeuteten, daß Gott auf sie ganz persönlich böse sei. Jetzt lebt sie in Kalifornien – kein Donner mehr.

Intuitives oder fließendes Schreiben

Intuitives Schreiben ist eine Übung im Strömenlassen des Bewußtseins. Man lernt, darauf zu vertrauen, daß Worte kommen werden, gleichgültig, wo man anfängt.

Das intuitive oder fließende Schreiben beginnt damit, daß Sie sich hinsetzen, bereit zu schreiben, und einen Gegenstand betrachten. Der Gegenstand als solcher ist nicht wichtig – einfach irgend etwas, das Ihre Aufmerksamkeit erregt. Die Beispiele auf der linken Seite begannen alle mit spontan ausgewählten Dingen, die interessierten. Sie benützen diesen Gegenstand als einleitendes Bild, um ins Schreiben einzutauchen. Dann lassen Sie den Gedanken ihren Lauf und notieren sie, sobald sie aufsteigen.

Sie werden feststellen, daß die Sprache Sie unterstützt. Sie müssen wissen, was Sie sagen werden, ehe Sie das Tagebuch öffnen. Sie brauchen keine Leitgedanken oder gar eine Idee. Fließendes Schreiben erlaubt Ihnen, nach dem Tagebuch zu greifen und auf spielerische Weise zu entdecken, was Ihren Geist beschäftigt.

Abgesehen davon, daß diese Methode Ihnen den Schrecken vor leeren Seiten nimmt, beschert sie immer wieder neue Überraschungen. Sie macht Spaß. Und um beim Tagebuchschreiben zu bleiben, muß es Ihnen Spaß machen. Obwohl wir ständig frei assoziieren, geben wir nur selten zu, daß wir es genießen. Fließendes Schreiben läßt Ihren Geist leuchten.

Intuitives oder fließendes Schreiben enthüllt das Programm des Geistes, das unter der Geschäftigkeit der Gedanken an der Oberfläche verborgen ist. Als ich einmal in einem Seniorenheim unterrichtete, ließ ich eine Woche lang fließendes Schreiben üben. Bei unserem nächsten Zusammentreffen brachte eine Frau zwanzig kurze Tagebucheintragungen mit: Egal mit welchem Thema sie begonnen hatte – die Eintragungen endeten alle bei ihrer Mutter, die schon lange tot war. Wir benutzten die gleich folgende Methode, um dieses Beziehungsproblem an die Oberfläche zu bringen, damit die Frau ihren Frieden mit der Mutter machen konnte.

Fließendes Schreiben ist die Spitze des Eisbergs und berührt oft Gedanken, die tief im Innern begraben liegen. Die Ideen, die Sie interessieren, können Sie später weiter ausspinnen. Fließendes Schreiben zusammen mit zeitlich begrenztem Schreiben kann zu einer Reihe kurzer Eintragungen führen oder, wenn der Zeitzwang wegfällt, als Vorspiel zu langen Eintragungen dienen.

Schreiben in Dialogen

- Beginnen Sie mit einer einleitenden Frage.
- Holen Sie tief Luft, warten Sie, lauschen Sie, notieren Sie die erste Antwort, die auftaucht.
- Arbeiten Sie in einem Wechselspiel von Fragen und Antworten.
- Dies ist kein Wettbewerb. Die Stimmen müssen nicht paritätisch vertreten sein.
- Wenn Sie steckenbleiben und nicht weiterwissen, müssen Sie vielleicht eine «Überstimme» einführen, die kommentiert, wie der Dialog sich entwickelt, und Ihnen erkennen hilft, worauf es hinaus soll.

Dialogverlauf – TAGEBUCHEINTRAGUNG

1. Begrüßung und Bestimmung des Themas:
   Ich: Da gibt es etwas, das ich dir noch nicht gesagt habe, und ich möchte wissen, ob du mit mir darüber sprechen willst.
2. Verhandlungen über die Gesprächsbedingungen:
   Du: Ich kriege so ein komisches Gefühl im Bauch, wenn du so redest. Ich möchte die Garantie, daß ich nicht zum Schluß als der Schuldige dastehe, ganz gleich, um was es sich handelt.
   Ich: Okay. Ich kümmere mich um meinen Teil, und du kümmerst dich um deinen. Und der Zweck unseres Gesprächs ist es, das Problem zu lösen.
   Du: Okay.
3. Das Gespräch selbst:
   Ich: Ich möchte, daß du mit in die Synagoge gehst.
   Du: Warum?
   Ich: Ich möchte, daß wir alle zusammen hingehen, die ganze Familie. Ich möchte, daß du die religiöse Erziehung der Kinder unterstützt –
   Du: Was? Gott, der Vater, genügt wohl nicht?
   Ich: Sehr komisch, David! Ich dachte, du würdest mich offen darüber reden lassen.

Das Schreiben in Dialogform

Jedes Schreiben schließt den Dialog mit ein: ein Schreibender und ein Lesender, ein Fragender und ein Antwortender. Jede Tagebucheintragung ist eine Antwort auf eine Frage, auch wenn es nur ein vages «Was denkst du darüber?» oder «Was geschieht eigentlich?» ist.

Eine der größten Stärken des Tagebuchführens ist, daß es uns mit der Zeit hilft, die Gespräche, die der Geist mit sich selbst führt, zu erkennen, zu beeinflussen und zu ändern. Dieser Dialog ist fast ständig im Gang. Meine Meinung ist nun, daß es äußerst hilfreich sein kann, manches davon aufzuschreiben, vor allem, wenn es sich dabei um bestimmte Fragen dreht.

Die meisten Leute machen sich nicht die Mühe, die eigentlich vorangehenden Fragen zu notieren, wenn sie Tagebuch führen. Deshalb sieht es so aus, als seien Tagebücher reine Monologe. Wenn Sie die Fragen auch notieren, teilt sich diese Form in zwei Stimmen auf – in den Dialog.

Das Schreiben in Dialogen bringt Erkenntnisse aus zwei Blickwinkeln und nicht nur aus einem. Manchmal werden Dialoge zu Dreier- und Vierergesprächen, wenn sich andere Stimmen in die Unterhaltung mischen.

Bei Tagebuchdialogen stellt ein Teil des Geistes die Frage, ein anderer Teil antwortet. Dialoge verlangen, daß Sie sich zutrauen, beide Rollen zu spielen, vielstimmig zu schreiben. Am einfachsten ist es, dem ersten Impuls nachzugeben, die Antwort niederzuschreiben, die kommt, ehe die Selbstzensur einsetzt. Sie müssen die Stimmen nicht identifizieren, nennen Sie sie einfach A, B, C und so weiter. Sie brauchen auch Fragen und Antworten nicht im voraus zu planen, lassen Sie sie aufsteigen, während sie schreiben. Notieren Sie diese Gespräche, ohne sich einzumischen, ohne zu zensieren oder den Maßstab der Realität anzulegen.

Der Zweck von Dialogen ist es, Informationen und Erkenntnisse über eine Situation zu erhalten, von denen wir vielleicht gar nicht wissen, daß wir sie haben. Ein Beispiel: Wenn Sie sich mit Ihrem Ex-Ehepartner unterhalten und Sie beide dabei jedesmal in eine Sackgasse geraten, dann zitieren Sie beim Dialog über diese Situation nicht Ihre genauen Worte, sondern «graben» Sie tiefer. Fragen Sie sich selbst und den anderen, mit dem Sie sprechen oder über den Sie schreiben: Warum geraten wir an diesem Punkt immer in eine Sackgasse? Was ist deiner Meinung nach los? Wie, glaubst du, können wir

Du: Ich dachte, du würdest nicht mir die ganze Schuld zuschieben.
Ich: Es sind nur zwei Stunden pro Woche.
Bis zu diesem Punkt klingt der Dialog so, wie ihn die beiden wohl auch tatsächlich hätten führen können. Jetzt betritt die Schreiberin die Ebene der intuitiven Information, in der sie sich vorher nicht ausgedrückt hatte.
Du: Du brauchst nur eine fünftausend Jahre alte Tradition zu akzeptieren. Worum geht es dir eigentlich?
Ich: Mein Vater war Christ. Wir haben nie irgend etwas besonders eng gesehen.
Du: Ich bin Jude. Ich bleibe auch im Umgang mit dir und den Kindern Jude. Ich mag nur einfach nicht meine freie Zeit für etwas opfern, das mir nicht besonders viel bedeutet.
Ich: Es soll dir aber etwas bedeuten.
Du: Aber du kannst mich nicht unter Druck setzen. Es kommt nichts dabei heraus, wenn du mich zwingst, mitzugehen.

4. Die Problemlösung beginnt:
Ich: Ich will dich nicht zwingen, ich möchte einfach etwas Hilfe haben, wenn wir den Kindern gewisse Wertvorstellungen beibringen wollen.
Du: Darüber läßt sich doch reden. Wie wär's, wenn wir dieses Thema abends nach dem Essen mit der ganzen Familie besprächen. Vielleicht Freitag abend, als Teil des Sabbats.
Ich: Das würdest du wirklich tun?
5. Endvertrag, Verpflichtung und Abschluß:
Du: Ja, wenn du nicht heimlich noch einen anderen Plan ausgeheckt hast.
Ich: Einverstanden. Wir sprechen offen mit den Kindern und stellen fest, was sie von der ganzen Sache halten.

da rauskommen? Was bist du bereit zu tun, um das zu erreichen? Ich sage dir, zu was ich bereit bin. *Je genauer die Fragen, desto genauer die Antworten.*

Der Dialog ist für das Tagebuchschreiben ein so wichtiges Werkzeug, daß er hier in vielen Varianten auftreten wird. Immer, wenn Sie bei Ihrem Monolog feststecken, öffnen Sie Ihren Geist dem Dialog. Sie werden erstaunt sein über die Erkenntnisse, die auf Sie warten, wenn Sie *fragen»,* statt *erzählen.*

Geschriebene Dialoge haben gewöhnlich fünf Abschnitte:

1. Begrüßung und Bestimmung des Themas
2. Verhandlungen über die Gesprächsbedingungen
3. Das Gespräch selbst
4. Problemlösung
5. Endvertrag, Verpflichtung, Abschluß

Sie können mit jedem und allem einen Dialog führen. Der Dialog ist für das Tagebuchschreiben das vielseitigste Werkzeug. Wir können es lange Zeit vermeiden, den Dingen ins Gesicht zu sehen, wenn wir Monologe schreiben, doch der Dialog dringt zum Kern einer Sache vor.

Nicht abgeschickte Briefe

Das Tagebuchführen bezieht auch ein Publikum mit ein. Für die meisten von uns ist beim Schreiben die Vorstellung wichtig, daß das Publikum nur aus dem eigenen Selbst besteht. Aber Schreiben bedeutet auch Kommunikation. Anne Frank richtete ihre Eintragungen an eine Freundin namens Kitty, die nur in ihrer Phantasie existierte. Die Leute erzählen mir oft, daß sie zwar nicht Tagebuch führen, aber von allen Briefen, die sie schreiben, Kopien machen und aufheben. Oder sie entdecken, daß viele Briefe, die sie an jemand anders schreiben, in Wirklichkeit an sie selbst gerichtet sind – und legen sie beiseite.

Wegen dieses starken Impulses zu kommunizieren, ist das Schreiben von Briefen ein ganz natürlicher Bestandteil des Tagebuchführens. Angenommen, diese Briefe sollen nicht abgeschickt werden und man könnte sie auf die gleiche unzensierte Art abfassen wie alle übrigen Eintragungen – wem würden Sie schreiben wollen? Sich

Nicht abgeschickte Briefe

- Es muß Ihnen klar sein, daß diese an irgend jemanden gerichtete Tagebucheintragung keine Mitteilung ist, bei der Sie auf die Gefühle des Empfängers Rücksicht nehmen müssen.
- Sie müssen nicht vorher wissen, was Sie sagen werden. Lassen Sie es zu, daß der Brief sich verselbständigt und sich in Ihrem gewohnten Stil entwikkelt.

April 1902

Liebe Janey,
ich glaube, mit dem Tagebuchschreiben ist es vorbei. Ich werde blind – ich sehe noch gerade so viel, daß ich dies schreiben kann, aber ich kann nicht so weitermachen und im Alter ein derart isoliertes Leben führen. Alle Hoffnung ist tot, für immer, Janey. Was habe ich je richtig gemacht? Nur immer Fehler, einen nach dem anderen. Mir ist nichts geblieben als diese kleinen Bilder von Dir und Deinem Vater. Ich kann nicht weiterleben, wenn ich nichts mehr sehe, und der Arzt hat mir gestern mitgeteilt, daß ich in zwei Monaten völlig blind sein werde. Oh, wie sehr wünschte ich, mein Leben noch einmal leben zu können ... Vergib mir meine Fehler und das Unrecht, das ich Dir angetan habe.

selbst als Kind? Oder als alte Frau? Ihren Eltern? Großeltern? Kindern? Enkeln? Einem Kind, das Sie nie hatten oder verloren haben? Geschäftskollegen? Freunden? Einem Verehrer aus der College-Zeit? Ihrem Lehrer in der vierten Klasse? Dem Präsidenten? Oder einer anderen Führungspersönlichkeit? Wie Sie sehen – die Liste ist endlos.

Der Zweck der nicht abgesandten Briefe ist zu entdecken, aus welchem Impuls heraus sie verfaßt wurden – was Sie zu Beginn vielleicht noch gar nicht wußten – um dann zu entscheiden, was Sie als nächstes tun sollten. Möglicherweise sollten Sie gewisse Aspekte Ihres aktiven Lebens ändern. Sie könnten etwa beschließen, die nicht abgeschickten Briefe als Grundlage für einen Brief zu verwenden, den Sie dann tatsächlich abschicken. Sie entdecken vielleicht, daß nicht abgeschickte Briefe eine glänzende Möglichkeit sind, mit Leuten und Ereignissen Schluß zu machen, die nicht länger Teil Ihres Lebens sind.

Jede dieser Techniken wird, zusammen mit anderen Übungen und Ideen, die direkt auf den spirituellen Weg des Tagebuchschreibens ausgerichtet sind, das ganze Buch hindurch in vielen Variationen auftauchen. Der Zweck der äußeren Spalte auf der linken Seite ist es, immer wieder besondere Möglichkeiten aufzuzeigen, wie das Tagebuch bei Ihrer Suche als vielfältiges Werkzeug dienen kann.

Nachdem diese Eckpfeiler an Ort und Stelle sind, können Sie sich durch das Tagebuchschreiben so weit vom Alltäglichen forttragen lassen, wie Sie wollen. Sie werden immer in der Lage sein, durch das Schreiben wieder nach Hause zurückzufinden.

Zwei grundlegende Fragen

- Was ist hier gerade passiert (auf dieser Ebene und dieser und dieser)?
- Was kann ich durch das Geschehene lernen?

Die wahren Fragen drängen sich ins Bewußtsein, ob einem das nun gefällt oder nicht, die Fragen nämlich, die den Geist vibrieren lassen wie einen Schlagbohrer, diejenigen, die man für geklärt hält, um dann zu entdecken, daß sie noch immer da sind. Die wahren Fragen lassen sich nicht wegdrücken. Sie platzen zu Zeiten ins Leben, wo es äußerst wichtig wäre, daß sie wegbleiben. Es sind die Fragen, die am häufigsten gestellt und am unzulänglichsten beantwortet werden, jene, die ihre wahre Natur nur langsam, zögernd, häufig gegen unseren Willen enthüllen.

Vorschriften in Ihrer Kindheit

- Was waren als Kind Ihre Lieblingsfragen?
- Erinnern Sie sich noch an einige Antworten, die Sie darauf bekamen?
- Welche Regeln galten in Ihrer Familie für das Fragen?
- Welche Dinge durfte man fragen? Welche Fragen sollte man besser nicht stellen?

Die Kunst des Fragens

Haben Sie Geduld gegen alles Ungelöste in Ihrem Herzen und versuchen Sie, die Fragen selbst liebzuhaben ... Forschen Sie jetzt nicht nach den Antworten, die Ihnen nicht gegeben werden können, weil Sie sie nicht leben könnten. Und es handelt sich darum, alles zu leben. Leben Sie jetzt die Fragen. Vielleicht leben Sie dann allmählich, ohne es zu merken, eines fernen Tages in die Antwort hinein.

Rainer Maria Rilke

In einem Buch über die geistige Suche sind es die Fragen, die wichtig sind. Unsere Suche wird durch die Fragen bestimmt, die wir stellen, durch das, was in jedem gegebenen Augenblick für uns am zwingendsten ist. In Zeiten der Ruhe können diese Fragen globaler und weniger präzise sein: *Ich frage mich, ob die Gaia-Theorie stimmt. Ist die Erde wirklich ein Organismus?* In Krisenzeiten neigen die Fragen dazu, genau auf aktuelle Probleme abzuzielen: *Wie kann ich die nächste Stunde überstehen? Das Treffen? Diese Versuchung?*

Und manchmal haben wir Angst zu fragen, weil wir das Fragen mit Zweifeln verwechseln, zu Zeiten, wo wir uns keine Zweifel erlauben dürfen. Fragen ist nicht das gleiche wie zweifeln, obwohl die beiden Worte manchmal wie Synonyme benutzt werden: «Zweifelt ihr an der Allmacht und Liebe Gottes?» donnert der Prediger von der Kanzel. «Neiiin», respondiert die Gemeinde. Aber wir können, ohne im geringsten zu zweifeln, zig Fragen haben über die Natur des Universums und was es für unser tägliches Leben bedeutet.

Als ich etwa fünf war, beschäftigte ich mich einen Sonntagnachmittag lang mit meinen Farbstiften und einem großen Stück Schrankpapier, das ich auf dem Wohnzimmerboden ausgebreitet hatte. Meine Mutter kam herein und fragte, was ich da zeichnete. «Ein Bild von Gott», antwortete ich.

«Ach, Liebling ...» Sie hockte sich neben mich. «Kein Mensch weiß, wie Gott aussieht ...»

Ich war nicht im geringsten beunruhigt. «Man wird es wissen», erwiderte ich, «sobald ich mit dem Bild fertig bin.»

Ein Kind, das zum erstenmal die Welt entdeckt, ist sicher, daß sich alle Dinge zufriedenstellend erklären lassen. Für den kindlichen Verstand sind alle Fragen vernünftig und haben plausible Antworten, es

TAGEBUCHEINTRAGUNG

Eine Liste willkürlicher Fragen – vom Lächerlichen bis zum Erhabenen:
Was gibt es heute zum Abendessen?
Wer bin ich?
Was soll ich an der Wende zum nächsten Jahrhundert mit meinem Leben anfangen?
Mit wem soll ich es tun?
Wird es mir gefallen?
Was ist eigentlich spirituelles Vergnügen?
Werde ich merken, wenn ich es erlebe?
Gibt es einen Gott dort draußen, oder ist Er, Sie, Es hier?
Lacht Er oder Sie oder Es über all die dummen Fragen, die ich stelle?
Sind es denn dumme Fragen?
Gibt es lebende Wesen auf anderen Planeten?
Sorgen die sich um das Leben auf unserem Planeten?
Sorge *ich* mich um das Leben auf diesem Planeten?
Wozu wäre ich bereit, um die Welt zu retten?
Welches sind für mich die wesentlichen Dinge im Leben?

Ein Rahmen für Annahmen

Tragen Sie die folgenden Satzanfänge in Ihr Tagebuch ein, und ergänzen Sie sie nach Belieben:

- Ich habe immer angenommen . . .
- Ich nehme immer noch an . . .
- Ich habe immer geglaubt . . .
- Ich glaube immer noch . . .
- Ich möchte glauben . . .

kommt nur darauf an, den Erwachsenen zu finden, der klug genug ist, diese Antworten zu wissen. Der spirituelle Teil des kindlichen Denkens ist zuversichtlich, daß er die Welt erklären kann, der des Erwachsenen verzichtet auf diese Erklärungen und beschreitet den Weg des Fragens. Das Vorhandensein von Fragen im Verstand beschleunigt die Suche, und das Vorhandensein von Fragen auf den Seiten des Tagebuchs ist geradezu ein Zweck des Tagebuchführens. Das spirituelle Tagebuch kann ohne Fragen nicht geschrieben werden. All die großen spirituellen Zeugnisse, die uns führen und inspirieren, beruhen auf der Bereitwilligkeit der Suchenden, Fragen zu stellen, und auf den tiefen Erkenntnissen, die sie aus den Antworten und deren Deutung gewonnen haben.

Das Stellen von Fragen ist für viele eine zweischneidige Sache. Wenn wir als Kind fragten: «Aber warum?», hat man uns vielleicht erwidert: «Weil ich es sage... Weil ich größer bin... Weil ich es besser weiß... Weil ich dein Vater, deine Mutter bin, und solange du in meinem Hause lebst...» Sie kennen die Litanei. Doch das ist nur die eine Hälfte. Dieselben Respektspersonen, die in bestimmten Situationen unsere Unterwürfigkeit forderten, drängten uns in anderen Situationen wieder dazu, unabhängig zu handeln. «Überleg doch selbst», hieß es dann, «frag dich, ob es richtig ist, was du tust, ahm' nicht einfach die anderen nach! Was ist, wenn deine Freunde von der Klippe springen? Springst du auch?»

Als Kinder und Jugendliche versuchten wir den richtigen Kode zu entdecken: Wann durfte man fragen, wann sollte man sich fügen? Je liberaler und großzügiger das Umfeld im allgemeinen war, um so verwirrender konnten die Grenzen manchmal sein. Wir hatten mehr Raum, uns geistig zu entfalten, was für die spirituelle Entwicklung segensreich ist. Doch wenn man uns dann plötzlich über den Mund fuhr, war das um so schockierender. Man hatte das Gefühl, ein viel größeres Vergehen begangen zu haben.

Eine Freundin von mir, die in einem sehr strengen Elternhaus aufwuchs, erzählte, daß ihr als junges Mädchen verboten war, sich mit einem Freund zu verabreden, sich zu schminken, ins Kino zu gehen oder Schlager zu hören. Als sie das alles heimlich doch tat und erste Erfahrungen sammelte, wußte sie genau, wo die Grenzen waren und daß sie sie ganz bewußt überschritt. Wenn sie erwischt wurde, wußte sie, was sie erwartete, und war darauf gefaßt. Korrektes Verhalten war nach dem Denkmodell ihrer Eltern klar umrissen. Entweder man handelte in Einklang damit oder nicht.

Das Wiederholen von Fragen

- Wenn Sie entdecken, daß eine Frage Sie beschäftigt, schreiben Sie sie auf einen Zettel, und legen Sie diesen ein paar Seiten weiter ins Tagebuch.
- Jedesmal, wenn Sie auf ihn stoßen, schreiben Sie ein paar Minuten lang etwas zu dem Problem.

Es hat Fragen gegeben, bei denen ich nie wußte, daß sie zu beantworten waren.
So viele Antworten sind gekommen, und alle waren richtig.

Vier Grundfragen

Wenn Sie in Ihrem Tagebuch nur mit vier Fragen arbeiten wollten, könnten es folgende sein:

- In welcher Hinsicht soll ich bei dieser Sache wachsen?
- Was für eine Lektion ist in diesem Fall zu lernen?
- Was will ich im Augenblick eigentlich wirklich tun?
- Aus welchem Grund mache ich dies . . .? (Oder: Aus welchem Grund habe ich diese Erfahrung gemacht . . .?)

In meiner Familie, wo die Eltern Autorität, Religion und gesellschaftliche Normen in Frage stellten, waren die Grenzen meiner Wißbegierde fließend, und wenn ich sie übertrat, war ich auf die dann erfolgende negative Reaktion nicht gefaßt.

Wenn wir uns auf die geistige Reise vorbereiten, wissen wir nicht genau, was für Antworten uns erwarten. Wie wird ein Tagebuch, das auf Fragen beruht, aussehen, und wohin werden uns die aufgeschriebenen Dialoge von Fragen und Antworten führen?

Ich weiß es nicht. Ich habe noch nicht alle Fragen gestellt und mein Ziel noch nicht erreicht. Doch ich glaube an den Weg selbst, an jeden Schritt, an jede Frage, und daß uns das Bewußtsein gegeben wurde, damit wir fragen, damit wir eine Wechselbeziehung mit der Reise aufbauen.

Rainer Maria Rilke sagt, wir sollen die Fragen leben. Mehr noch, er sagt, wir müssen die Fragen lieben. Das ist eine Herausforderung, wenn die Lebensumstände schwierige Fragen provozieren. In den Nachrichten wird uns täglich bewußt gemacht, wieviel Leid es gibt – das weitreichende Leid von Ländern, in denen Krieg herrscht, Unterdrückung, Hungersnöte und Krankheiten, das Leid des einzelnen, der Opfer von Gewalt, Unfällen und Verlusten hunderterlei Art wurde. Alle Fragen nach Leben und Tod berühren einen im Innersten und sind schwer zu lieben. Und es gibt keine Antworten auf sie, obwohl wir uns manchmal mit unserem Schmerz und unserer Suche bei irgendeiner Erklärung ausruhen, die zu helfen scheint.

Das Tröstliche am Fragenstellen ist folgendes: Auch wenn es keine Antwort gibt, so erfolgt doch eine Reaktion. Da ist ein Gefühl des Heiligen, des Un-Sagbaren, das sich uns zuneigt, während wir uns nach ihm ausstrecken. Und den konkretesten Beweis für diesen Austausch findet man häufig im Tagebuch, in Dialogen und Erkenntnissen und dem, was durch den Schreibprozeß widergespiegelt wird. Die Stimme des Heiligen erklingt leise zwischen den Seiten, notiert in unserer eigenen Handschrift, doch sie bringt als Botschaft Unterstützung und Trost, manchmal auch eine Herausforderung – wir erschaffen sie nicht allein.

Wenn Sie im Tagebuch mit dem Fragen beginnen, müssen Sie drei Punkte über die Kunst des Fragens im Gedächtnis behalten:

Wenn ich mein Leben noch einmal leben müßte, würde ich gern mehr Fehler machen. Ich würde verrückter sein als dieses Mal. Ich würde weniger Dinge ernst nehmen. Ich würde mehr riskieren. Ich würde mehr Berge besteigen und in mehr Flüssen schwimmen. Ich würde mehr Eis und weniger Bohnen essen. Ich hätte vielleicht mehr echte Schwierigkeiten und weniger eingebildete. Wissen Sie, ich gehöre zu den Leuten, die vernünftig und gesund leben, Stunde um Stunde, Tag für Tag. O ja, ich hatte meine großen Momente, und wenn ich mein Leben noch einmal leben müßte, hätte ich noch mehr große Momente. Ich würde sogar versuchen, nichts anderes zu erleben. Nur Momente, Augenblicke, einen nach dem anderen, statt jeden Tag so viele Jahre im voraus zu leben. Ich gehöre zu den Menschen, die nirgends ohne Thermometer, Wärmflasche, Regenmantel und Fallschirm hingehen. Wenn ich noch einmal leben müßte, würde ich mit leichterem Gepäck reisen. Wenn ich mein Leben noch einmal leben müßte, würde ich früher im Frühling schon barfuß laufen und erst später im Herbst damit aufhören. Ich würde mehr tanzen. Ich würde mehr Karussell fahren. Ich würde mehr Gänseblümchen pflücken.

1. Fragen ist natürlich. Wir sind das Fragen stellende Tier.

Die vielen «Warum»-Fragen unserer Kindheit sind ein Beweis für die dem Menschen angeborene Neugierde. Die Neugierde gibt uns jene Haltung wieder, die der Zen-Buddhismus «Anfängergeist» oder «nicht wissender Geist» nennt – eine verfeinerte Fähigkeit, ohne Vor-Urteile zu sehen, die Welt und uns in ihr ganz unbefangen wahrzunehmen.

Neugier ist ein Zustand gesteigerten Gewahrseins. Unsere Kultur betrachtet ihn als eine kindliche Aktivität. Wenn wir erwachsen sind, erwartet man von uns, daß wir so klug sind, uns nicht mit den wunderbaren Einzelheiten des Lebens aufzuhalten. Aber die spirituelle Reise reaktiviert unseren Sinn für das Wunderbare und lädt uns ein, wieder innezuhalten, uns hinzuhocken und die Risse im Gehsteig zu betrachten und über das Leben der Ameisen und die Bahn der Sterne zu staunen.

2. Das Leben geschieht einfach. Wir stellen Fragen als Reaktion auf diese Geschehnisse.

Ein Baum, der im Wald umfällt, ist einfach ein umfallender Baum im Wald, bis der menschliche Geist ihn betrachtet. Das Fragen erfüllt jedes Ereignis, jede Vorstellung mit der Möglichkeit einer spirituellen Bedeutung. Die Landkarte Ihres Tagebuchs entwickelt sich entsprechend der Richtung Ihrer Fragen, die Sie auf den Seiten stellen.

Sie geben den Ereignissen in Ihrem Leben ihre Bedeutung und stellen Ihre Fragen in einen Zusammenhang, der bestimmt, wie Sie sich selbst und Ihre Beziehung zum Universum sehen. Sie konstruieren Bedeutung aus dem Fluß der Ereignisse und Ideen und machen sie zu Ihrer Lebensgeschichte.

Vielleicht erzählt ein Freund begeistert von Reinkarnation, und Sie beschließen, sich auch mit diesem Thema zu beschäftigen. Sie lesen Bücher, gehen in Vorträge, finden Zitate über Reinkarnation, die Sie in Ihr Tagebuch eintragen und auf die Sie reagieren. Hinweise auf Reinkarnation, die Ihnen bisher nie aufgefallen waren, scheinen jetzt häufig in Gesprächen aufzutauchen, in Gedrucktem, in Ihren Träumen. Sie denken über all diese Dinge nach. Sie haben Fragen.

Neugierige Fragen

- Wenn Sie Ihr Leben noch einmal leben müßten, was würden Sie tun?
  Die Neugier verlangt ein solides Verwurzeltsein in den physischen Sinnen, ehe man unbedachte Fragen stellt.
- Wie sieht Ihr Büro aus, wenn Sie sich auf den Boden legen?
- Wie schmeckt die Haut Ihres Unterarms?
- Welche Geräusche hören Sie nicht mehr?
- Schreiben Sie drei Minuten lang über einen Geruch im Freien, den Sie besonders mögen.
- Wie fühlt sich die Kleidung an, die im Augenblick Ihren Körper berührt?

Der größte Feind irgendeiner unserer Wahrheiten können unsere restlichen Wahrheiten sein. *William James*

Sie wägen Ihre neuen Gedanken gegen die alten Überzeugungen ab und prüfen, wo sie zusammenpassen. Sie genießen Ihre Neugierde. Sie stellen «Was, wenn»-Fragen. Sie wählen aus. Sie bringen Ihre Überzeugungen auf den neuesten Stand, ändern sie, passen sie an. Auf diese Weise wachsen sie.

3. Der Stand der Dinge ist gewöhnlich paradox

Ein Paradoxon ist eine oberflächlich betrachtet scheinbar widersinnige Aussage, doch auf einer tieferen Ebene kann sie wahr sein, ohne daß sie eine Lösung bietet. Das Paradoxe existiert überall, es ist die Natur der Dinge. Auf unserer geistigen Reise berühren wir das Paradoxe immer wieder, während wir uns durch die verschiedenen Schichten der Bewußtheit bewegen und dabei dieselben «Fakten» betrachten. Wie Thaddeus Golas vorschlägt, sollten wir nach der Wahrheit suchen und die Tatsachen sich entsprechend ordnen lassen. Widersprüchlichkeiten in unserem Leben schaffen Spannung im Verstand. Und Spannung wiederum schafft Antriebskraft. Das, was wir nicht verstehen und was uns Unbehagen bereitet, treibt uns auf der Reise voran.

Bei den links angeführten Paradoxa ist die Spannung offensichtlich. Für den Verstand ergeben diese Aussagen keinen Sinn, und doch kann der Widerspruch intuitiv erfaßt werden und eine «Aha»-Reaktion hervorrufen, ja sogar Freude über seine Unergründlichkeit auslösen – und dabei läßt man es bewenden. Solange unser Fragen im weiten Umfeld eines Paradoxons bleibt, wird es uns immer tiefer in Geheimnisse und Offenbarungen führen.

Die Fragen zu leben bedeutet die Bereitschaft, mit Widersprüchen zu leben, die Verwirrung in unserem Verstand zu ertragen, die nur unser intuitiver Geist annehmen kann: Die Intuition akzeptiert das Paradoxe, statt es ändern zu wollen.

Etwas geschieht. Wir fragen «Warum?» und leiten damit einen langen Sichtungsprozeß ein, bei dem wir die Möglichkeiten zum Wachstum durch diesen Vorfall entdecken. Der Grund wird offensichtlich, und dann fragen wir unser höheres Selbst: «Also, mußte das wirklich geschehen, damit ich das daraus lerne?»

Und eine Reaktion kommt. Auf diese Weise lernen Sie. Ob es der einzige Erkenntnisweg ist, ist irrelevant. Bestimmte Dinge geschehen, damit Sie fragen, und Sie nutzen das Angebot. Ein Kunstpro-

Wählen zu können ist eine Illusion. Ich habe keine Wahl.
Meine einzige Wahl ist zu wachsen.

Gayla Reger

Übungen mit dem Paradoxen

Das Paradoxe lädt uns ein, es auf vielen Wahrnehmungsebenen zu beobachten. Üben Sie sich darin, von verschiedenen Ebenen der Spirale des Geistes aus zu schreiben. Fragen Sie sich, was ist hier wahr, und hier . . . und hier?

- Was passiert im Moment?
- Wie reagiere/fühle ich im Hinblick auf das, was geschieht?
- Wie bin ich – objektiv, subjektiv?
- In welcher Wechselbeziehung stehe ich mit dem Paradoxen?
- In welcher Wechselwirkung steht das Paradoxe mit mir?

fessor, der ein Malseminar abhielt, sagte zu seinen Studenten: «Es gibt keinen Unterricht, keine Prüfung. In den kommenden fünfundzwanzig Tagen werden Sie jeden Tag ein Bild malen. Ich komme am Abend vorbei, betrachte Ihr Bild und frage: Was haben Sie gelernt. Was machen Sie als nächstes?» Dies ist der gleiche Lernprozeß, für den auch wir bei uns sorgen.

Fürwahr, meine Seele ist still und ruhig geworden wie ein kleines Kind bei seiner Mutter . . . *Psalm 131, 2*

Tagebuchfragen über die Stille

In diesem Buch wird das Wort «Meditation» als Gattungsbegriff verwendet und meint jede Form von Stille-Übung.

- Was glauben Sie, könnte Ihnen eine Stille-Übung nützen?
- Was für einen Widerstand haben Sie gegen Stille-Übungen?
- Mit welcher Art von Übung würden Sie gern experimentieren?
- In welcher Beziehung üben Sie bereits Stille?
- Machen Sie eine Aufstellung von all den Dingen meditativer Natur, die Sie tun oder bereit wären zu tun.
- Bezeichnen Sie Ihre Stille-Übungen, wie es Ihnen gefällt.
- Entwerfen Sie sie so, daß sie Ihren Bedürfnissen und Ihrer Persönlichkeit am besten entspricht.

Stille üben

> *Tägliche Stille, erfahren in Demut und Inbrunst als unerläßliche Übung auf dem Weg spirituellen Wachstums, erzeugt in uns mit der Zeit einen ständigen Zustand der Stille. Die Seele entdeckt in einer solchen Stille ungeahnte Möglichkeiten. Sie erkennt, daß das Leben auf verschiedenen Ebenen gelebt werden kann.*
>
> *Pierre Lacout*

Der Kontakt mit dem Transzendenten geschieht in der Stille des Herzens und des Geistes. Wenn es wirklich ein Ziel gibt für die geistige Suche, dann ist es dieser Punkt der Stille, das Zentrum des Selbst. Das Zentrum ist das Tor zwischen dem *Selbst* (das sich als fest umrissen und getrennt erfährt, obwohl es mit dem Wesen aller Dinge verbunden ist) und der *Einheit* (in der das Selbst mit dem Wesen aller Dinge verschmilzt und seine Getrenntheit aufgibt). Wenn wir ruhig genug werden, können wir die gewöhnliche Gedankenturbulenz durchdringen und den stillen Punkt im Zentrum des Selbst finden.

Jeder von uns hat schon mystische Augenblicke erfahren – wenn es uns so schien, als würden wir unser Selbst verlassen und uns in etwas anderes hineinbewegen. Uns fehlen die Worte für diese Erfahrung. Wir nennen sie Einheit. Mehr wissen wir nicht zu sagen.

Die einzige Landkarte, die dem spirituellen Reisenden etwas nützt, ist die, die zum Zentrum führt. Das Tagebuch ist eine Möglichkeit, diese Karte zu zeichnen: Sie ordnen Ihre Erfahrungen, indem Sie sie in Worte fassen. Gebet oder Meditation sind eine andere Art von Wegweiser, bei der Sie das Wort zugunsten der Stille aufgeben. Das Tagebuch einer geistigen Suche wird inspiriert durch die Stille. Durch den Wunsch, von der Erfahrung Zeugnis abzulegen, erschafft das Tagebuch aus der Stille Form, Geschichte und Bedeutung. Es gibt Grenzen für das, was Worte über die Einheit vermitteln können, doch es ist wie bei einem Foto, das eine bestimmte Erinnerung in Ihnen wachruft – wenn Sie einmal in der Einheit waren, können die Worte des Tagebuchs diese Erfahrung in Ihrem Geist wiedererstehen lassen.

Stille ist wichtig, weil sie die Richtung bestimmt. In der Stille warten die Erkenntnis und die Wegweisung auf Sie, die Sie brauchen, um den nächsten Schritt Ihrer Suche bestimmen zu können.

Tagebucheintragung

Der Fluß bei meinem Haus scheint mit unterschiedlicher Geschwindigkeit zu fließen, je nach Tiefe. Ich glaube, es ist Einbildung, aber das Wasser an der Oberfläche scheint schneller dahinzusprudeln und trägt eilig alle Blätter und Äste einem größeren Bestimmungsort zu. Und unter dieser Strömung wühlt ein langsamerer Strom Spuren von Schlamm auf, es erinnert an Marmorkuchen. Der Strom an der Oberfläche fließt zügig, der am Boden schlängelt sich dahin.
Mein Geist arbeitet ebenso. Die Gedanken an der Oberfläche gleiten in einem endlosen Wirbel freier Assoziation vorbei. Die Gedanken am Grund sind nachdenklich, vorsichtig, kaum in Worte zu fassen. Wenn ich dasitze und meditiere, merke ich diese unterschiedlichen Geschwindigkeiten. Nur gerade so langsam zu werden, daß ich meinen Geist bei der Arbeit beobachten kann, ist befriedigend. Aber ich bewege mich weiter, gehe durch meine Gedanken hindurch, bis hin zu jenem zeitlosen Hauch, der das Ziel meines Übens ist – bis überhaupt keine Gedanken mehr da sind. Ich höre auf zu denken. Ich höre auf zu beobachten. Ich bin der Fluß, und der Fluß ist still.

Lärm und Ablenkungen beobachten

Tragen Sie einen Tag lang einen Notizblock mit sich, und schreiben Sie jede Stunde auf, welche Art von Lärm Sie umgibt; stellen Sie fest, ob auch Stille vorhanden ist.

- Welche Art von Stille wünschen Sie sich, die Sie nicht haben?
- Welche Art von Lärm haben Sie, den Sie nicht haben wollen?
- Was können Sie tun, um eine kontemplativere Umgebung für sich zu schaffen?

Die Stille ist die Quelle des Wissens über das, was man tun soll und was nicht.

Unsere heutige Zivilisation schätzt Stille nicht. Es ist daher ein Akt der Unabhängigkeit, wenn Sie Ihr Recht auf Stille reklamieren, und der erste notwendige Schritt dazu ist, einen spirituellen Mittelpunkt zu finden. Stellen Sie die Elektronik ab, und achten Sie auf das, was sich in Ihrer Umgebung tut: Achten Sie auf die leisen Töne aus der Welt der Natur, achten Sie auf die Hintergrundgeräusche in Ihrem Viertel, achten Sie auf die Stille, die alle Geräusche unterbricht.

Kontemplative Stille ist notwendig für die geistige Reise. Ohne die zentrierende Führung durch die Stille können Sie nicht genau wissen, wie Sie auf einer spirituellen Ebene reagieren. Die Stille ist reich an spontanen Gaben. Sie mögen lange Zeit gut funktionieren, aber wenn Sie von der «stillen, kleinen Stimme» der inneren Führung abgeschnitten sind, haben Sie bei den Entscheidungen, die Sie treffen müssen, mehr Angst. Viele Leute versuchen, ein gesundes, vernünftiges Leben zu führen, ohne mit der Stille in Verbindung zu sein. Sie begreifen nicht, daß die Hilfe, die sie am dringendsten brauchen, nur die Stille ist, die ihnen fehlt.

In unserer modernen Welt muß man die Abgeschiedenheit nicht nur erreichen, man muß sie auch sorgfältig bewahren. Wenn wir ein paar Minuten oder Stunden der Stille vor uns sehen, halten die meisten gleich nervös Ausschau nach der nächsten Ablenkung. Wir erleben die große innere Abgeschiedenheit, die Rilke empfiehlt, nie. Als spirituelle Reisende müssen wir lernen, uns bei der Kontemplation wohl zu fühlen. Die Stille wartet auf uns, damit wir ihre Gaben entdecken. Sie sind es, und ich bin es, die Stunden, Wochen, Jahre damit verbringen, diese Begegnung im Zentrum des Selbst hinauszuschieben.

Das Stille-Üben geschicht in mehreren Phasen:

1. Das Ritual der Vorbereitung
2. Bewußtes Sitzen
3. Focusing, um den Geist zu beruhigen
4. Tiefe Stille zulassen
5. Sanfte Rückkehr

Was not tut, ist doch nur dieses: Einsamkeit, große innere Einsamkeit. In-sich-Gehen und stundenlang niemandem begegnen – das muß man erreichen können.
Rainer Maria Rilke

Platz für Stille

- Schaffen Sie sich in Ihrem Haus einen Platz, wo Sie Stille üben können.
- Gestalten Sie ihn behaglich, es soll ruhig sein dort und keine Ablenkungen durch die Familie geben.
- Sammeln Sie alles, was Ihnen hilft, die Gegenwart des Transzendenten zu spüren: bedeutungsvolle Bilder, Dinge aus der Natur, Kerzen, Räucherstäbchen oder Weihrauch, ein besonderes Kissen, eine besondere Matte.
- Machen Sie das Aufsuchen der Stille zu einem Ritual: bestimmte Tageszeit, bequeme Meditationskleidung, Vorbereitungen für die Ruhe.

Sie müssen einen Raum haben oder eine bestimmte Stunde des Tages oder so, wo Sie nicht wissen, was in der Morgenzeitung stand, wo Sie nicht wissen, wer Ihre Freunde sind, Sie wissen nicht, was Sie anderen schuldig sind oder die ihnen – einen Ort, wo Sie einfach erfahren und ans Tageslicht bringen können, was Sie sind und was Sie sein könnten ... Anfangs werden Sie vielleicht finden, daß nichts passiert ... Doch wenn Sie einen solchen Ort haben und dort üben, dann nützen Sie das aus. Es wird etwas passieren.
Joseph Campbell

Vorbereitung

Das Ritual der Vorbereitung, das zur Stille führt, kann auf verschiedene Weise praktiziert werden. Man kann dieses oder jenes mal ausprobieren, bis man das Gefühl hat: Das ist das richtige für mich. Das Entscheidende ist in jedem Fall die Wiederholung: Immer die gleiche Art von Kerze brennen lassen, das gleiche Räucherstäbchen anzünden, die gleiche Musik spielen. *So macht der Geist sich die Stille zur Gewohnheit und wird lernen, auf Ihr Ritual zu reagieren, und sich von selbst beruhigen.*

Bewußtes Sitzen

Wenn Sie bereit sind, in die Stille zu gehen, nehmen Sie die Körperhaltung ein, die Ihnen für die Dauer der Meditation am bequemsten ist. Sie können auf dem Stuhl sitzen oder mit gekreuzten Beinen auf dem Boden, den korrekten Lotossitz einnehmen oder sich flach auf eine Matte oder einen Teppich legen. Es muß nur eine Position sein, die Rückgrat und Nacken gerade und in einer Linie hält. Dies fördert den Fluß der inneren Energie, der das Beruhigen des Geistes begleitet. Außerdem müssen Sie Ihre körperlichen Fähigkeiten bedenken. Finden Sie eine Position, die Sie beibehalten können, ohne hin und her rutschen zu müssen. Lassen Sie sich Zeit, die richtige Haltung zu finden und zu entspannen. Ihr Körper soll sich wohl fühlen, damit Sie Ihre Aufmerksamkeit anderen Dingen zuwenden können. *Auch für Ihren Körper wird die Stille zur Gewohnheit, und er wird lernen, auf Ihr bewußtes Sitzen zu reagieren: Er wird sich in der Stille mit dem Geist verbinden.*

Sie brauchen nicht immer die gleiche Haltung einzunehmen. An manchen Tagen haben Sie vielleicht Lust zu sitzen, an anderen möchten Sie sich lieber hinlegen. Es gibt viele Möglichkeiten, nach der Stille zu suchen, und wenn Sie einmal das Zentrum erreicht haben, sind alle Möglichkeiten, dorthin zu gelangen, gleich geeignet. Achten Sie auf Ihren Atem, und folgen Sie ihm in einen langsameren Rhythmus; das wird Ihrem Körper signalisieren, daß Sie unterwegs sind zur Stille.

Atmen ist der Kern des bewußten Sitzens. Während Sie die richtige Haltung finden, achten Sie auf Ihren Atem, und lassen Sie es zu, daß Sie mit dem Zwerchfell atmen, wobei Sie Ihre Bauchmuskeln

Zeit für sich allein

- Schreiben Sie über eine Zeit, in der Sie mindestens für einen Tag und eine Nacht mit sich allein waren. Wenn Sie so etwas noch nie getan haben – dann tun Sie's.
- Was haben Sie in jenen vierundzwanzig Stunden über sich selbst entdeckt?
- Schreiben Sie über eine Zeit, in der Sie wirklich «in der Gegenwart» waren, ohne über die Vergangenheit nachzugrübeln oder sich auf die Zukunft zu freuen.
- Was hindert Sie daran, öfters wirklich in der Gegenwart zu leben?

Die Meditation hat mehrere Phasen. Sie hat einen aktiven Augenblick, wenn man sich hinsetzt, visualisiert, rezitiert, je nach den Ausdrucksmöglichkeiten des einzelnen, dann die Stille des Geistes, dann Aktion: Man geht hinaus und tut etwas. Vielleicht tut man das, was man in der Stille sah. Vielleicht tut man das, was man auf dem Bildschirm des Geistes vor der Stille sah. Die Aktion ist genauso Meditation wie Sitzen und Kontemplation.

Stille zu Hause

- Entwickeln Sie Familienrituale, die das Bedürfnis jedes einzelnen nach Stille unterstützen.
- Vielleicht könnte ein blaues Band, um den Türgriff geschlungen, bedeuten: Nicht hereinkommen, nicht mit mir sprechen.
- Gestatten Sie sich und Ihrem Partner, zusammen allein zu sein, sich in dem Schweigen des anderen wohl zu fühlen.
- Bestimmen Sie Zeiten, wo Schweigen eingehalten wird und keiner in der Familie oder im Haushalt spricht.

locker vor und zurück bewegen. Atmen Sie in langem, langsamen Rhythmus, als sei die Luft schwer und müßte in die Bauchhöhle eingesogen und wieder ausgestoßen werden – nicht zu energisch, nur mit so viel Anstrengung, daß es gerade reicht.

In Verbindung mit Meditation gibt es viele Atemtechniken, einfache und schwierige. Ich halte es mit einer einfachen Übung und zähle beim Ausatmen von eins bis fünf, und das immer wieder, jedesmal beim Ausatmen. Es ist eine leichte Form der Selbsthypnose. Manchmal stelle ich mir vor, mein Zwerchfell sei an einer Schnur befestigt, die meine Brust wie einen Blasebalg hochzieht und wieder zusammensinken läßt und wieder hochzieht. Atem ist Leben, ist Stille und geht in der Hülle unseres Körpers ein und aus.

Focusing

Focusing-Techniken gibt es so viele wie Eröffnungsrituale. Der Zweck des Focusing ist es, den Geist still und aufmerksam zu machen, damit er nur auf eine Sache achtet statt auf das ständige Gedankendurcheinander. Dies ist eine Form der mentalen Disziplin: einen Gedanken zu denken, statt vieler. Wenn Sie das noch nicht versucht haben, werden Sie staunen, wie schwierig es ist. Focusing gibt uns einen festen Punkt, zu dem wir unsere Aufmerksamkeit zurückbringen können, wenn sie zu wandern beginnt. Und Ihre Gedanken werden wandern! Sogar der Geist erfahrener Yogis wandert.

Sie sind bereit. Sie sitzen bewußt da. Sie atmen ruhig und haben beschlossen, beim Ausatmen zu zählen, von eins bis fünf, immer wieder von eins bis fünf beim Ausatmen. Das alles scheint ganz einfach zu sein. Sie sagen im stillen: «Einnns ... zweiii ... ob Miriam heute wohl anruft, und was war los, nachdem David letzten Sonnabendabend von der Party wegging ... oh-hm, wo war ich? Einnns ... zweiii ... dreiii ... mein Fuß juckt. Vielleicht schläft er ein. Ist meine Haltung gut für den Kreislauf? Was, wenn ich so steif bin, daß ich nicht aufstehen kann? Die Wäsche muß gelegt werden. Draußen vor dem Fenster lärmt ein Kind, aber ich weiß nicht, ob es meins ist oder nicht ... viiier ... Das ist herrlich. Ich frage mich, ob das mit tiefer Stille gemeint ist? Ich bin nicht mehr so ruhig gewesen seit damals, als ich mich in den Bergen verirrte ... füüünf ... Was nun? Ach, ja, wieder von vorn anfangen. Einnns ... zweiii ... Das ist gar nicht so schwer. Meine Gedanken wandern überhaupt nicht.»

Laute für Focusing

Ein Mantra ist ein spiritueller Text oder eine Bezeichnung für das Transzendente und wird ständig wiederholt.

- Sie können die Silbe «OM» rezitieren, die als der Ton des Universums gilt.
- «OM MANI PADME HUM» ist ein einfaches tibetisches Mantra und heißt wörtlich übersetzt: «OM, Juwel im Lotos, HUM.»
- «Christus, hab Erbarmen», ist ein christliches Mantra.
- «Sh'ma Yisrael, Adonai Eloheno, Adonai Echod», kann als jüdisches Mantra dienen.
- Die Gebete der Navajo-Indianer sind Mantras: «Glückseligkeit vor mir. Glückseligkeit hinter mir. Glückseligkeit unter mir. Glückseligkeit über mir.»

Das Sprechen eines Mantras läßt einen Gedanken entstehen, eine Welle, die sich ständig wiederholt und Ihre Anhaftung an alle anderen Gedanken löst, bis sie wie Vögel davongleiten . . . Bringen Sie Ihre Gedanken dem Mantra als Opfer dar . . . Statt daß Sie das Mantra sprechen, spricht das Mantra Sie . . . Allmählich werden Sie zu einem Kanal für Gottes Willen. *Ram Dass*

Möglichkeiten, außerhalb der Stille zu meditieren

Setzen Sie sich mit Ihrem Tagebuch hin, konzentrieren Sie sich auf eine leere Seite, bis Sie eine Botschaft erhalten, die Sie aufschreiben.

- Arbeiten Sie mit Ton, formen Sie mit geschlossenen Augen Bilder, entdecken Sie, wie Umrisse und Form durch Ihre Finger Gestalt annehmen.

Viele Gedanken sind notwendig, um zu einem Gedanken zu kommen. Schließlich wird es Ihnen gelingen, Ihre Focusing-Technik ohne soviel mentales Herumwandern aufrechtzuerhalten. Lassen Sie sich nicht entmutigen. Schimpfen Sie nicht mit sich, es verschlimmert nur das Gedankenplappern. Immer, wenn Sie merken, daß Sie abdriften, kehren Sie ohne Bemerkung, Diskussion oder Selbstkritik zum Brennpunkt zurück. Auf diese Weise treffen Sie eine spirituelle Wahl, auch innerhalb Ihres Geistes. Sie beschließen, sich bei der Suche nach der Stille selbst zu führen, egal, was am Rand Ihres Bewußtseins zu geschehen scheint.

Das Zentrum der Stille

Während Sie sich der Stille nähern, verlangsamen sich Atem und Herzschlag. Sie richten sich mehr auf den Mittelpunkt aus und werden gleichzeitig zerstreuter. Es gelingt Ihnen für längere Zeitabschnitte, beim Mittelpunkt zu bleiben, statt in Gedanken abzudriften. Sie gelangen zum Zentrum: der Stille hinter den Gedanken. Ihr Eintreten in diesen Raum geschieht fast unbemerkt. Das Denken hört auf. Die Zeit hört auf. Sie sind sich dessen, was Sie tun, nicht mehr bewußt, und können nur noch *sein.*

Im Zentrum, in der Stille zu sein ist wie ein Gefühl des Verschwimmens. Es gibt nichts mehr festzustellen: Sie verlieren Ihre Focusing-Technik aus den Augen, weil Sie mit ihr verschmolzen sind. Kein Gedanke trennt Sie davon, Einheit mit Ihrem Atem, einer Kerzenflamme, einem Mantra zu erfahren. Sobald Sie feststellen, daß Sie im Zentrum sind, sind Sie schon nicht mehr ganz dort – Sie sind einen Schritt zurückgetreten, um das feststellen zu können. Sie können nicht feststellen, daß Sie im Zentrum *sind*: Sie können nur feststellen, daß Sie dort *waren.*

Es braucht Übung, um die tiefe Stille aufrechtzuerhalten. An manchen Tagen gelingt Ihnen das besser als an anderen. Seien Sie nicht entmutigt. Es gibt viele Bücher und Kurse über Meditation. Gehen Sie nicht mit sich ins Gericht. *Die Meditation ist ein Geschenk der Liebe: Sie ist der Berührungspunkt zwischen Ihrem gewöhnlichen Selbst und dem Transzendenten.*

- Zeichnen Sie, zeichnen Sie zu Musik, zeichnen Sie nach der Stille, nach dem Aufwachen, zeichnen Sie Bilder Ihrer Träume.
- Tanzen Sie, joggen Sie, gehen Sie spazieren und atmen Sie regelmäßig. Machen Sie T'ai Chi, Yoga, schwimmen Sie und so weiter.
- Schälen Sie eine Orange, und essen Sie sie bewußt.
- Legen Sie Wäsche, Unterwäsche, Strümpfe, und machen Sie sich dabei bewußt, wie jedes Stück sich anfühlt. Segnen Sie in Gedanken den Träger.

TAGEBUCHEINTRAGUNG

Jeder Mann sollte einmal in seinem Leben ein Brot backen. Die Welt würde anders aussehen. Eine bessere Methode zu begreifen, was Geburt bedeutet, gibt es nicht. Die Küche wird zum Schlafzimmer, der Holztisch zu einem umgedrehten Bett mit vier Pfosten. Die große Steingutschüssel mit dem blauen Rand ist der Ersatz für den Mutterleib. Der feingemahlene Weizen, die weiße Milch, die gelbe Butter, das Ei, oval, braun und rein, sind Geschenke der Großen Mutter. Die Hefe riecht nach Sex und Leben. Das Mischen und Kneten, das Zupacken mit den Händen sind zärtlich-aggressive Bewegungen der Vereinigung. Danach fühlt der Mann sich seltsam entspannt und verausgabt. Jetzt muß er darauf warten, daß sein Kind in der dunklen Schüssel unter dem Handtuch wächst. Er muß warten, bis es in der dunklen Hitze des Ofens seine endgültige Form erhält. Wenn er es herausnimmt, muß er sich verbrennen, damit er Schmerz spürt. Der muß sein. Und dann muß er sein goldenes Kind mit der Welt teilen.

Sanfte Rückkehr

Nach dem zeitlosen Augenblick der Stille wird Ihr Geist natürlich beginnen, wieder an die Oberfläche zu kommen. Erst ist da ein Gedanke: «Oh, ich war dort.» Dann werden Sie sich wieder Ihrer Focusing-Technik bewußt. Wenn Sie vorher eine Frage hatten, über die Sie nachdenken wollten, kann jetzt eine Erkenntnis kommen. Beobachten Sie wieder Ihre Gedanken, strecken Sie sich. Machen Sie sich Notizen, malen oder schreiben Sie in Ihr Tagebuch.

Ich nehme gewöhnlich mein Tagebuch oder einen Schreibblock mit zur Meditation, weil Dinge in mir auftauchen, die ich gern notieren möchte. Ich habe gern eine leere Seite vor mir liegen, wenn ich aus der Stille komme. Vom Tagebuchschreiben gleiten wir leicht hinüber zu einem meditativen Zustand und umgekehrt. Nach dem Meditieren entdecken Sie vielleicht, daß die Tagebuchseite ein paar Abschnitte mehr aufweist, obwohl Sie sich nicht bewußt erinnern können, geschrieben zu haben. Am Rand entdecken Sie vielleicht Zeichnungen, Botschaften des still gewordenen Geistes.

Die wahre Herausforderung nach der Rückkehr ist, einen Kern von Stille zu retten, der Sie in Ihr lautes Leben zurückbegleitet. Wir leben das Leben am besten, wenn wir bei allem, was wir tun, innere Ruhe bewahren. Dies ist nicht leicht, ist vielleicht sogar nicht ganz möglich, doch das ist es, was der Meditierende sucht: mit der Verbindung verbunden zu bleiben.

Die Meditation ermöglicht es uns, eines Tages aufzuwachen und zu erkennen, daß wir in einem großen Fluß dahintreiben. Der Fluß scheint irgendwohin zu fließen, aber wir wissen nicht genau, wohin. Vielleicht versuchen wir, ans Ufer zu gelangen, aber die Strömung läßt es nicht zu. Nach einer Weile bemerken wir die anderen Menschen im Fluß und auch die anderen Dinge, und es scheint kein Ufer zu geben. Wir beginnen, uns wohler zu fühlen. Das Leben im Fluß fängt an, normal auszusehen. Wir entdecken, daß wir mit den meisten Dingen des Alltags im Fluß weitermachen können. Wir entdekken außerdem, daß wir nicht einfach dahingetrieben werden, sondern daß wir mit dem Fluß in Beziehung treten können. Wir können tief hinabtauchen und wieder zur Oberfläche kommen, uns säubern, in Wirbel geraten und überlegen, wie wir in die Hauptströmung zurückfinden. Wir glauben, menschliche Wesen zu sein. Dann glauben wir, Fische zu sein. Schließlich erkennen wir: Wir sind der Fluß.

Meditation: Die Stille begrüßen

Wenn Sie diese Meditation oder eine andere aus diesem Buch verwenden wollen, suchen Sie sich einen ruhigen Ort, an dem Sie für etwa zwanzig Minuten ungestört sind. Bitten Sie jemanden, den Meditationstext vorzulesen, oder sprechen Sie ihn auf eine Kassette, die Sie dann abspielen. Die Auslassungspunkte markieren eine wichtige Pause – Stille innerhalb des Textes. Pausieren Sie so lange, wie es Ihnen gefällt. Fünf bis zehn Sekunden können beim Meditieren eine lange Zeit sein. Die doppelte Zahl an Auslassungspunkten heißt: noch längere Stille.

Schließen Sie die Augen, und entspannen Sie Ihren Körper . . . Nehmen Sie sich so viel Zeit, wie Sie brauchen, damit Sie sich wohl fühlen . . . Bewegen Sie die Muskeln . . . Strecken und entspannen Sie sich . . . überprüfen Sie, ob Ihr Rücken und Ihr Nacken gerade und in einer Linie sind . . . und Sie sich nicht verspannen. Es ist keine Verspannung da . . . nur ein angenehmes Gefühl, eine beginnende Ruhe . . . Nichts eilt mehr . . . Es gibt nichts mehr zu tun . . . oder zu denken . . . Entspannen sie sich einfach.

Achten Sie auf Ihren Atem . . . Lassen Sie ihn tief in Ihren Körper ein . . . Lassen Sie Ihren Atem in sich einströmen wie weiche, schwere Wolken, die Sie mit Stille erfüllen . . . Atmen Sie langsam ein . . . tief . . . Atmen Sie langsam . . . und tief aus. Lassen Sie Ihren Atem einsinken und wieder ausströmen . . . Ihr Atem ist der Rhythmus der Ruhe . . . Folgen Sie Ihrem Atem . . . Atmen Sie unwichtige Gedanken aus . . . Atmen Sie Stille ein . . .

Wie fühlt sich Stille an . . . Hat sie eine Farbe . . . Struktur . . . Gewicht . . . Vielleicht möchten Sie seufzen . . . oder lächeln . . . das ist in Ordnung . . . Vielleicht spüren Sie eine Schwingung . . . Das ist die Energie der Stille, die in Ihnen wirkt . . . Vielleicht hören Sie ein Klingen in den Ohren . . . Vielleicht hören Sie das leise Klopfen Ihres Herzens. Lassen Sie Bewegungen und Töne Ihres Körpers Teil Ihrer Stille werden . . . Lassen Sie Atem und Herzschlag Teil Ihrer Stille sein . . . Dieser Körper ist Ihr Zuhause . . . Sie sind erfüllt mit der Quelle allen Wissens . . . Sie sind in Harmonie mit Ihrem Körper, und Ihr Körper ist in Harmonie mit dem Universum . . .

Lassen Sie Ihre Bewußtheit an einen sicheren stillen Ort wandern . . . Vielleicht ist es nicht mehr länger der Raum, in dem Sie sitzen ... Sie können diesen Ort mit Ihrem geistigen Auge vielleicht deutlich sehen oder nur fühlen ... Er wirkt vertraut ... Dies ist das Licht, aus dem Sie gekommen sind ... Dies ist das Licht, zu dem Ihre Reise hinführt ... Hier, im Licht, ist alles in Ordnung ...

Schaffen Sie in dem Licht eine ideale Umgebung für das Schreiben ... Breiten Sie alle Dinge um sich aus, die Sie schützen und Ihre Reise symbolisieren ... Entfernen Sie alles, was nicht dazugehört ... Sehen Sie sich selbst an diesem Ort ... Sehen Sie sich, wie Sie ins Tagebuch schreiben ... Sie spinnen Stille in Worte ... Wenn Ihnen die Worte ausgehen, tauchen Sie Ihren Geist und die Feder wieder in die Stille ...

Wenn Sie bereit sind, öffnen Sie Ihr Tagebuch, und schlagen Sie die nächste leere Seite auf ... Lassen Sie die Leere der Seite zu weißem Licht werden, das aus Ihrem Tagebuch strahlt ... Baden Sie in diesem Licht ... Sie werden ganz erfüllt von diesem Licht ... Bitten Sie das Tagebuch, Ihnen zu enthüllen, was Sie an diesem Punkt Ihrer geistigen Reise sagen sollen ...

Wenn Sie die Botschaft erhalten haben, danken Sie dem Tagebuch ... Danken Sie dem Licht ... Verankern Sie diesen idealen Schreibort in Ihrem Geist ... Sie können jederzeit hierherkommen ... Sie sind dem Licht immer willkommen ... Langsam ... vorsichtig ... folgen Sie Ihrem Atem zurück in dieses Zimmer ... Tauchen Sie aus der Stille Ihres Körpers auf ... Es eilt nicht ... Strecken Sie sich ... öffnen Sie die Augen ... Nehmen Sie sich etwas Zeit, um das zu zeichnen oder zu notieren, was Sie von Ihrer Vision festhalten wollen.

II.
Die Bedingungen der inneren Reise

Das sich entwickelnde Selbst

Wir können nicht über das Ego hinausgehen – wenn wir es niemals erreicht haben. Wir brauchen das menschliche Ego, um das Jenseits-Ego zu assimilieren, zu bergen und zu kanalisieren, die Nicht-Ich-Kräfte, die uns berühren und die wir so begierig sind, auch zu berühren.

Ann Belford Ulanow

Mensch zu sein bedeutet, beides zu sein – Fleisch und Geist, Ego und Einheit. Solange wir leben, bleibt diese Dualität bestehen, und doch unterzieht sich das Selbstgefühl – das, was wir glauben, daß wir sind – im Laufe der spirituellen Reise einer fast völligen Umwandlung. Diese Umwandlung wird gewöhnlich durch Nachdenken bewirkt, durch die Bereitschaft, sich bewußt nach innen zu wenden und die Natur des Selbst zu erforschen.

Hin und wieder höre ich, daß es noch andere Wege gibt, Bewußtheit zu erfahren, als diesen Weg nach innen. Ich begreife das nicht ganz – ob es Leute gibt, die so viel angeborene Bewußtheit haben, daß sie nicht zu einem zweiten Leben erwachen müssen?

Wer sind Sie?

- Wenn Sie nicht «wüßten», wer Sie sind, wie würden Sie es herauskriegen?
- Wen würden Sie fragen?
- Erfinden Sie Antworten auf diese Fragen und schreiben Sie sie auf.
- Wer ist das Selbst, das in der Stille wohnt?
- Wie wächst Bewußtheit jenseits der Gedankenebene?

Dialoge von Ego und Selbst

- Schreiben Sie Dialoge, in denen jedes Selbst zu Wort kommt.
- Es ist nicht notwendig zu erklären, welche Stimme welchen Teil des Selbst darstellt. Lassen Sie den Gesprächen einfach ihren Lauf.

TAGEBUCHEINTRAGUNG

Ich: Du scheinst mir seit neuestem ziemlich nervös zu sein.
Ego: Ich habe Angst um dich.
Ich: Um mich oder um dich?
Ego: Wir sind ein und dasselbe.
Ich: Nein, das sind wir nicht, sonst könnten wir nicht miteinander sprechen. Wir sind jeweils Teil vom anderen, aber auch getrennt. Wie kann ich dir helfen, keine Angst zu haben?
Ego: Hör auf, so schnell zu wachsen.
Ich: Ich glaube, das kann ich nicht. Außerdem möchte ich es auch gar nicht. Das Leben läßt uns so schnell wachsen. Deshalb brauchst du keine Angst zu haben.
Ego: Ich fühle mich nicht sicher.
Ich: Was verstehst du unter Sicherheit?
Ego: Keine Überraschungen, nichts Bedrohliches.
Ich: Meine Definition ist, dem Unerwarteten zu trauen . . .

Oder ob es Menschen sind, die den Augenblick hinausschieben, da auch sie tief hinabtauchen müssen in ihr eigenes Unterbewußtes und die lange Strecke zur Oberfläche zurückschwimmen müssen wie wir anderen.

Der heilige Franziskus bezeichnete sich wiederholt als «Narr Gottes», doch er gründete einen höchst introspektiven Mönchsorden. Joseph Campbell spricht von der Fähigkeit, im Zentrum des sich drehenden Rades zu leben, statt an seine Speichen gefesselt zu sein und jede Umdrehung mitmachen zu müssen. Campbell fordert uns auf, aus dieser Position heraus «unserer Seligkeit zu folgen», doch sicherlich setzt er voraus, daß wir sehr viel lernen müssen, um uns so zentrieren zu können, daß wir erfahren, was Seligkeit ist, und es uns gelingt, uns von den Drehungen des Ego zu befreien.

Ob es noch einen anderen Weg zur Transzendenz gibt oder nicht – der Weg in diesem Buch basiert auf dem, den ich kenne, den ich gelehrt habe, und den Reaktionen und Antworten Hunderter und Tausender von Tagebuchschreibern.

In jeder religiösen und spirituellen Tradition scheint es ziemlich universale Reisebedingungen zu geben, die die geistige Suche konstituieren und fördern. Wie diese Bedingungen auch abgefaßt sein mögen – sie erfordern einen inneren Prozeß, der uns lehrt, uns nicht mehr mit dem Ego zu identifizieren und ein vollständigeres Selbst zu entdecken. Dies ist ein langwieriger Prozeß mit vielen Erkenntnisstufen und gelegentlichen Sprüngen an Bewußtseinsgewinn. Wenn, wie jene Quäker-Frau so klar sagte, es der Sinn der Innenschau ist, uns als spirituelle Wesen sehen zu können, dann trägt alles, was mit uns passiert, die Möglichkeit in sich, zu dieser sich verändernden Selbstdefinition beizutragen.

Das Selbst, das wir höchstwahrscheinlich am besten kennen, ist das Ego des Alltags, das wir geschaffen haben, um in der Welt zu bestehen. Dieses Ego setzt sich zusammen aus tief verwurzelten mentalen und emotionalen Mustern, Fähigkeiten, angelernten Verhaltensweisen, Körpersprache, Gesten und so weiter.

Die Meditation lehrt uns, daß Bewußtsein ein weites Gewand ist. Durch Meditation und andere Übungen der Stille haben wir Gelegenheit, uns der möglichen Tiefe und Breite des Selbst immer stärker bewußt zu werden. Gespräche mit dem Tagebuch, der Prozeß des Fragens und Antwortens – das alles hilft uns zu ergründen, was das Selbst ist. Und je genauer wir das Selbst betrachten, um so

... die Ego-Neurosen, die mich früher beherrschten, sind nicht völlig verschwunden. Was verschwunden ist, ist die Identifikation mit ihnen. Jetzt sind sie nur noch seltsam und faszinierend ... ein vorübergehendes Schauspiel ... immer mehr bin ich nur Bewußtheit. *Ram Dass*

Mythische Geschichten

Denken Sie über diesen Moment in Ihrem Leben nach und darüber, was mit Ihnen passiert.

- Schreiben Sie es als mythische Erzählung.
- Personifizieren Sie die Kräfte, mit denen Sie arbeiten, machen Sie sich Ihre eigene Vogelscheuche, Ihre eigene Fee, Ihren eigenen Zauberer.
- Entwerfen Sie die Landschaft Ihrer Pilgerfahrt. Beschäftigen Sie sich immer wieder mit der Geschichte, erweitern und verändern Sie sie, während Ihr Selbstgefühl und die Reise sich entwickeln.
- Fangen Sie einfach an mit: Es war einmal ...

umfassender wird es. Das Selbst enthält viele Stimmen, Vorstellungen, Ansichten und Fähigkeiten. Beim Schreiben erleben wir, wie wir als Konglomerat funktionieren, und finden das nicht einmal seltsam.

Jedesmal, wenn ich im Fernsehen Berichte über das Leben im Meer sehe, staune ich wieder, daß etwas, das wie ein einziges großes Ding aussieht – ein Korallenriff, zum Beispiel –, in Wirklichkeit aus einer unendlichen Zahl von individuellen Einheiten besteht. Jede Koralle hat ihr Eigenleben und ist doch unwiderruflich mit dem gemeinschaftlichen Ganzen verbunden. Viele Korallen werden zu einem Riff. Es ist sogar noch erstaunlicher, sich vorzustellen, daß wir genauso sind: Viele Selbste werden zu einem einzigen Wesen. Aber weil meistens das Ego denkt, fällt es uns so schwer, uns so zu sehen.

Das Ego-Selbst, das uns seit unserer Kindheit durch die Welt geführt hat, kann uns nicht bis zum Ende der spirituellen Reise begleiten, denn es ist zu begrenzt, zu sehr in seinen Vorstellungen der Einzigartigkeit und des Getrenntseins befangen. Schließlich muß eine größere Identität im Geist auftauchen und uns auf dem Weg zur Vereinigung mit dem Transzendenten vorangehen.

Das Ego versucht uns davon zu überzeugen, daß nur es da ist: die Urquelle von Identität, Schutz, Beistand und Überleben. Wie jeder gute Angestellte, der seinen Job abzusichern sucht, tut das Ego so, als sei es unentbehrlich. Es verbindet sich mit Verhaltensweisen und Gedankenmustern, die andere Aspekte des Selbst ebensogut ausführen könnten oder sogar besser, und heimst noch den Kredit dafür ein. Bis zu einem gewissen Grad ist das Ego tatsächlich unersetzlich. Denn ohne es wären wir keine Menschen. Selbst die größten Weisen, Heiligen und Propheten ringen noch mit ihrem Ego. Aber ihre mentale Struktur unterscheidet sich von Ihrer und meiner, weil sie ihre Wahrnehmung verändert haben – sie verstehen die wahre Natur des Selbst und sehen die Rolle des Ego als einen Aspekt dieses Selbst, nicht als seinen Kern.

Professor Ann Belford Ulanow weist mit Recht darauf hin, daß das Ego im Rahmen des spirituellen Prozesses den Teil von uns spielt, der die rohen Kräfte der Spiritualität den menschlichen Bedingungen anpaßt und als Zeuge fungiert (s. S. 63). Um als menschliches Wesen die Reise zu machen, müssen wir voll und ganz menschlich bleiben. Spirituelles Wachstum ist ein Prozeß der Erweiterung. Wir bleiben Ego *und* Geist, Körper *und* Seele. Das ist die Zweigleisigkeit

TAGEBUCHEINTRAGUNG
S = *Selbst*, W = *Waise* oder *Kind-Selbst*

S: Also, Waisenkind, erinnerst du dich noch, wie uns jene Erkenntnis kam und du den Sprung aus der Vergangenheit in meine Arme tatest? Jetzt ist es Monate später, und du scheinst dich immer noch als Waisenkind zu fühlen. Was ist los?
W: Ich weiß es nicht. Ich weiß nicht, wie ich mich ausdrücken soll. Ich fühl mich immer noch schlecht. Traurig. Verrückt.
S: Bleibst du in meinen Armen? Läßt du mich für dich sorgen?
W: Ja, aber das genügt nicht. Vielleicht bin gar nicht ich es, das Kind, das sich als Waise fühlt, vielleicht bist du es, der Erwachsene. Wir haben die ganze Therapie durchgestanden. Dabei habe ich dich gefunden. Wen hast du gefunden?
S: Ich habe Gott, den Geist, gefunden.
W: Du hast Gott, den Geist, in deinem Kopf, aber hast du den Sprung in Gottes Hände, in die Hände des Geistes, gemacht, so wie du von mir verlangt hast, daß ich in deine springe?
S: Nein. Ich möchte es gern, aber ich weiß nicht, wie – ich habe das Gefühl, als wartete ich darauf zu springen, aber ich kann noch nicht. Als ob ich auf Gott warten würde. Oder als ob ich auf meine Bereitschaft warten würde zu erkennen, daß Gott da ist und mich auffangen kann, wie ich dich auffing. Wie hast du den Sprung gemacht?
W: Ich sah dich. Ich erkannte, daß ich im Vergleich zu dir nur ein Schatten war. Du warst solide, wirklich, eine lebendige Kraft in der Welt. Wenn ich ein Vehikel haben wollte, um durchs Leben zu fahren und meine Träume zu verwirklichen – dann warst du es. Ich akzeptierte meine Schattenhaftigkeit und sprang in deine Wirklichkeit.

und das Paradoxe unseres Lebens. Ann Belford Ulanow sagt, daß wir das Ego behalten müssen, um ein Selbst zu haben, das bereit ist, dem Universum in dem Augenblick der lang ersehnten Vereinigung entgegenzutreten. Wie die Kupplung zwischen zwei Eisenbahnwaggons treibt uns die Reise das Gleis entlang auf den Geist zu, und wenn wir bereit sind, das Transzendente zu berühren, muß eine Wesenheit dasein, die von ihm berührt werden kann.

Im Tagebuch, vor allem in Dialogen, können wir diese vielen Stimmen beobachten und aus der Verwirrung herausfinden, die den erwachenden Geist befällt. Bei diesem Prozeß ist das Tagebuch von unschätzbarem Wert, weil es etwas Handgreifliches ist, wir können in ihm lesen, über das Gelesene nachdenken und uns dabei über viele Dinge klarwerden, und wir können im Tagebuch die Machenschaften der Gedanken verfolgen, die wir aufgeschrieben haben, und neue Möglichkeiten des Umgangs mit dem Geist finden. Das Aufschreiben Ihrer vielen Stimmen sollte kein Machtkampf dieser Stimmen um die «Führungsposition» sein, sondern eine Freude am Reichtum Ihrer inneren Erfahrungen, die Verpflichtung, die innere Führung wahrzunehmen und ihr zu folgen, sobald sie deutlich wird.

Während Sie mit dem Schreiben von Dialogen experimentieren, fällt Ihnen vielleicht das Vorhandensein einer wachsamen Stimme auf, die kommentiert und hilft, den Verlauf der Diskussion zu lenken. Freunden Sie sich mit ihr an. Lernen Sie, sie zu erkennen, unterhalten Sie sich mit ihr, und entdecken Sie, daß Sie sich auf sie verlassen können. Diese Stimme ist das Selbst, der Beobachter, Ihre Verbindung zum Transzendenten.

Die Bedingungen unserer Reisen mögen verschieden sein, aber die mythischen Elemente sind dieselben. Wenn das Ego zu unserem Diener wird und nicht mehr der Herr ist, können wir unsere Lebensgeschichte anders sehen: Wir interpretieren die Ereignisse in bezug auf ihren Sinn und unser Wachstum.

Dies mag unheimlich klingen, aber wir erleben es ständig. Wenn Sie Tagebuch führen, werden Sie mit der Zeit sehen, wie das Muster Ihrer Pilgerfahrt entsteht. Sie erleben, wie Ihre Identität sich durch den Dialog mit den Stimmen des Geistes und die Interaktion mit den Ereignissen in Ihrem Leben verändert.

Das Ego fühlt sich bei dieser Verschiebung nicht wohl. Da es sich als das einzige reale Selbst wahrnimmt, betrachtet es den Wechsel der Bewußtseinsebene als eine Art von Tod. Und so können Sie feststellen, daß Sie zu allem anderen, was in Ihnen vorgeht, auch noch

S: Ich verstehe. Ich muß aufhören, *mich* als die letzte Wirklichkeit zu betrachten – anstatt Gott.
W: Ich habe nichts dabei verloren – zumindest nichts so Wichtiges, daß ich mich noch daran erinnere – und alles gewonnen. Du wirst bei dem Sprung auch nichts verlieren, aber alles gewinnen. Mach dich bereit für Gott, und wenn er winkt – spring!

Das andere Selbst

- Wenn Sie nicht Ihr Ego sind, wer sind Sie dann?
- Schreiben Sie über das Selbst, das Sie werden.
- Bekennen Sie sich zu Ihrem Wachstum und Ihrer Kraft.
- Beschäftigen Sie sich mit Herzensdemut.

Das Ego versucht ständig, die spirituellen Lehren für seine eigenen Zwecke zu reklamieren und zu verwenden . . . Der Hauptpunkt jeder spirituellen Praxis ist es, aus der Bürokratie des Ego herauszutreten. Das heißt, herauszutreten aus dem ständigen Verlangen des Ego nach einer höheren, spirituelleren, transzendenteren Version von Wissen, Religion, Tugend, Entscheidung, Trost, oder was das Ego sonst sucht. *Chögyam Trungpa*

Das Ende der Unschuld

- Schreiben Sie über bestimmte Arten von Unschuld, die Sie geschätzt haben.
- Wie haben Sie diese Arten von Unschuld verloren?
- Wie fühlten Sie sich, als Sie sich von der moralischen Unschuld, der sexuellen Unschuld, der familiären Unschuld verabschiedeten?
- Wenn Sie die Unschuld verlieren, an was halten Sie sich dann?

trauern. Oder das Ego türmt in letzter Minute Ängste und Hindernisse vor Ihnen auf. Aber die ganze Sache hat einen Haken: Wenn das Ego so überzeugt davon ist, daß es das einzige Selbst ist, wen schreit es an? Wen versucht es zu beherrschen?

«Mich», sagen Sie. «Das Ego versucht, mich zu beherrschen.» Sehen Sie, und da haben Sie den Stellungswechsel schon vollzogen. *Sie* stehen außerhalb des Ego und sind Ihr *Selbst*.

Über das Ego hinauszugelangen mag am Anfang mühsam sein, als versuchten Sie, normal weiterzugehen, während ein kleines Kind sich an Ihr Bein klammert und schreit: «Geh nicht weg! Geh nicht weg!» *Die Reaktion des Ego auf die Vorstellung, daß es einen Ort gibt, der ihm verschlossen bleibt, ist der Wunsch, die Reise nur so weit mitzumachen, wie es dazu in der Lage ist.* Während Sie sich tiefer in Ihr Tagebuch wagen, in die Stille, in spirituelle Erfahrungen, unterbricht das Ego Sie immer wieder, um Ihnen zu sagen, daß Sie jetzt aufhören und sich zufriedengeben sollten, oder daß es gefährlich ist weiterzumachen.

Vielleicht haben Sie nicht genau in diesen Ausdrücken darüber nachgedacht, aber Sie sind mit der Stimme des Ego vertraut. Das Ego mischt Ablenkungen in Ihre Gebete und Meditationen. Das Ego erzählt Ihnen, was für ein großartiger Pilger Sie sind, und bestärkt Sie in Ihrer Selbstzufriedenheit. In den Augenblicken, in denen schwierige Entscheidungen getroffen werden müssen, stellt das Ego sich gewöhnlich auf die Seite der Bequemlichkeit und des Status quo. Es handelt als Advocatus Diaboli und rät Ihnen davon ab, größere Risiken einzugehen, als es selbst eingehen kann.

Aber je mehr Sie darauf bestehen, sich selbst außerhalb Ihres Ego zu erfahren, um so ruhiger wird dieses werden. Es wird schließlich sogar erkennen und zugeben, daß es ein Selbst gibt, das seine eigenen Wahrnehmungsmöglichkeiten übersteigt. Das Paradoxe dabei ist, daß Sie bereits außer Reichweite des Ego sind, ja es immer waren. Sie brauchen nur zu erwachen. Und – Sie sind bereits erwacht.

Wie ich herkam

Schreiben Sie jeden zweiten Tag oder als jede zweite Eintragung rasch einen ein bis zwei Seiten langen Bericht, der mit dem Satz beginnt:

- Wie ich herkam . . .
- Wohin ich gehe . . .

TAGEBUCHEINTRAGUNG

Wie ich herkam: eine kleine Stadt, die Gegend von Iowa. Ich war das Wunschkind eines Paares, das versuchte, spät im Leben Liebe und Glück zu finden. Immer war die Kirche im Hintergrund – Großspurigkeit, männlicher Dünkel, Bevormundung. Mein Vater war ein presbyterianischer Geistlicher. Er hatte alles verinnerlicht, die Form, nicht den Inhalt. Für mich bedeutete das Sonntagsschule, Bibelverse, Pflichtveranstaltungen. Die Jahreszeiten waren strukturiert durch religiöse Festtage. Ich werde auch, vor allem heute, von der Erziehung bestimmt, die ich erhalten habe. Dad sagte immer, ich würde heiraten und lange tot sein, womit er meinte: «Zuerst wirst du mal richtig erzogen.» Paß dich an und stifte keine Unruhe! Tu, was sich gehört! Trinke nicht! Rauche nicht! Stell keine Fragen über Sex, sprich nicht davon! Es ist ein Wunder, daß ich überhaupt Sexualität in mir entdeckt habe, aber ich habe fast alles ausprobiert – aus Protest, mit achtzehn, leise und heimlich . . . Aber es war viel zu schnell vorbei, Ehe, Kinder, Arbeit, alles hat seine Spuren in mir hinterlassen. Ich habe mehr reagiert als selbst etwas unternommen – zumindest, soweit es meine persönlichen Ziele betrifft. Steckt hinter allem ein Plan? Wer macht ihn? Was braucht man für eine Reise? Eine Vision – jemanden, mit dem man sie teilen kann, eine Möglichkeit, sie zu verwirklichen – Erkenntnisse. Ich bin eine neugierige Frau, die gern liest, gute Freunde hat und nicht ganz ausgefüllt ist. Die lacht, die mehr denken möchte. Die die Einsamkeit liebt.

Ihre spirituelle Geschichte

Da ist der Pfad, auf dem wir alle der Zukunft entgegengehen wollen. Da ist der Pfad, den wir bereits gegangen sind. Ich kann immer nur daran denken, an diesen Pfad, an diese Straße, die eine vollkommen gerade Linie ist, auch wenn sie rund um die Welt durch Hitze und Nebel und Regen und Schnee führt, und ich denke ständig, das ist mein Leben. Das ist mein Leben.

Deborah Keenan

Bei der Art von Reise, die die spirituelle Suche erfordert, ist manchmal die beste Möglichkeit herauszufinden, wohin man geht, die Erkenntnis, wo man gewesen ist.

Sie sind so weit gekommen durch Ihre Bereitschaft, Fremdes zu erkunden und sich überraschen zu lassen, durch die Bereitschaft, neue Informationen anzunehmen und in Ihr Leben einzubauen. Als Ergebnis enthüllt sich Ihnen die Suche in ihrer Vielfalt und Tiefe immer mehr. Ehe Sie sich zu sehr damit beschäftigen, wohin diese Reise Sie führt, ist es wichtig zu verstehen, wie sie Sie so weit gebracht hat.

Jeder von uns kommt von irgendwo, wenn er die Suche beginnt, von der Art, wie wir zuerst vom Transzendenten erfuhren, von der Art, wie unsere Familie und Kultur Gott darstellten. Diese Umgebung kann Sie gefördert oder eingeengt haben, auf jeden Fall wurden Sie dadurch geprägt. Dieses Kapitel gibt Ihnen die Chance, die guten Dinge aus Ihrer Vergangenheit bewußt anzunehmen und die schmerzlichen Erfahrungen ad acta zu legen.

Die spirituelle Suche ist eine Verpflichtung, das eigene Wahrheitsgefühl zu definieren. Im Laufe Ihrer Reise werden Sie vielleicht alte spirituelle Wunden entdecken und heilen, aber auch auf so manchen bedeutungsvollen Gedanken stoßen, um ihn nun zu bewahren.

Während Sie das individuelle Muster Ihrer spirituellen Geschichte betrachten, werden Sie viel über Ihre ursprüngliche Verpflichtung für die Reise erfahren und über die Art der nächsten Verpflichtung, die Sie bereit sind einzugehen.

Mythologen und Philosophen glauben, daß die Art und Weise, wie wir das Transzendente sehen, Masken sind, die wir Gott aufsetzen, um die geistige Wirklichkeit erfassen zu können. Diese begrenzte Vorstellung ist die Reisebedingung, mit der wir alle zu tun

Als Variante der vorangegangenen Übung kann man Tagebucheintragungen mit folgender Feststellung beginnen:

- Ich war jemand, der ...
- Ich bin jetzt jemand, der ...
- Ich möchte jemand sein, der ...

Anhäufen

Durch diese Schreibtechnik wird eine Menge an Material für Ihre spirituelle Entwicklungsgeschichte freigesetzt. Verwenden Sie ein Schlüsselwort oder eine Schlüsselvorstellung als Mittelpunkt, von dem aus Sie in freier Assoziation Ihre Fäden spinnen können. Hier ein Beispiel:

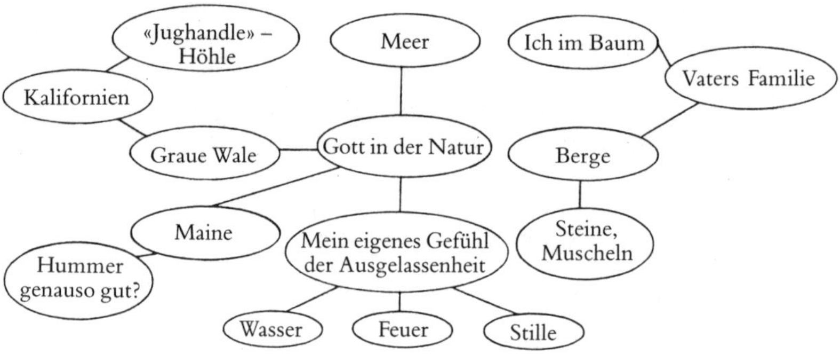

- Jedes Wort birgt Erinnerungen.
- Der Satz, der gewählt wird, um die Erinnerung zu repräsentieren, wird diese vollständig ins Gedächtnis rufen.

haben: Wir versuchen, das Numinose, zu dem wir hingezogen werden, uns so bildhaft wie möglich vorzustellen – im Rahmen unseres menschlichen Begriffvermögens. In kultureller, religiöser und persönlicher Hinsicht entwickeln wir unsere eigene «Gottesmaske».

Im Laufe der Jahrhunderte haben wir der Gegenwart des Transzendenten viele Namen gegeben: Spinnengroßmutter, Vater, Tao, Buddha-Bewußtsein, Shiva, Heiliger Geist, Christus, Seele, höhere Macht, inneres Licht, OM. Alle diese Bilder und Konzepte sind Metaphern. Wir verwenden die Namen, Symbole und Traditionen, die uns die Energie des Universums am besten verdeutlichen. Unsere spirituelle Geschichte setzt sich zusammen aus Geschichten über diese sich entwickelnde Wahrnehmung.

Wenn Sie sich diese Geschichten noch nie zuvor erzählt haben, werden Sie vielleicht über die Menge der hervorgerufenen Erinnerungen staunen. Diese Erinnerungen können sich im Tagebuch für eine Weile richtiggehend verselbständigen, aber wenn Sie sich keinen Zwang auferlegen, werden sich diese Gedankensprünge erschöpfen und Ihnen eine Fülle von Informationen hinterlassen.

Sie können Ihre religiösen Erfahrungen als hilfreich, unwichtig oder schädlich betrachten, das hängt von Ihrer Geschichte ab. Sie können zufrieden eine Kirche, eine Synagoge, einen Tempel oder eine Moschee besuchen oder mit einer großen Unsicherheit hinsichtlich Ihrer religiösen Erziehung belastet sein. Vielleicht haben Sie auch Ihre Ansichten über Religion radikal geändert oder eine eigene Spiritualität außerhalb einer Kirche gesucht. Das Tagebuchschreiben wird Ihnen helfen, alle diese Erfahrungen und Entscheidungen in einem neuen Licht zu sehen.

Religion und Geist

Für die meisten von uns beruht die Sprache der Kommunikation zwischen uns und dem Transzendenten auf irgendeiner Art formaler religiöser Erziehung. Ihre spirituelle Geschichte aufzuschreiben, ist eine Aufforderung, diesen Background zu überprüfen und Religion und Spiritualität zu integrieren, bis Sie die Einheit verstehen, die die Suche trägt, gleichgültig, welche Sprache Sie sprechen wollen.

Wenn Gedanken und Einfälle so schnell auftauchen, daß Sie ihnen kaum noch folgen können, notieren Sie sie am Rand oder machen Sie sich am Rand kurze Notizen dazu, während Sie Ihren Hauptgedan-

Tagebucheintragung

Ich im Baum: Ich sitze oben in der Platane auf unserem Hof in Indiana. Ich erinnere mich nicht, wie ich hinaufgeklettert bin, aber ich bin ganz hoch oben, so hoch, daß der Wind den Ast bewegt, auf dem ich sitze. Ein völlig neues Gefühl, vom Boden losgelöst, dem Wind ausgeliefert zu sein. Ich bin sechs Jahre alt, bezaubert. Ein Teil von mir denkt, ich sollte Angst haben, aber ich habe keine. Der Baum gibt mir festen Halt. Ich fühle mich eins mit dem Baum, dem Wind. Dies ist Ekstase – ich verschmelze mit der Welt. Meine Mutter kommt aus dem Haus und ruft mich. Ich antworte ihr aus dem Baum. Sie sieht sehr klein aus, sie ist so weit weg, als wäre «ich» noch viel größer als der Baum. Sie schreit auf vor Schreck. Ich lache über ihre Angst. Sie hat weiter Angst, und da lasse ich mich überreden und klettere hinunter. Aber ich vergesse mein Erlebnis nicht, klettere immer wieder auf Bäume und versuche, erneut dieses Gefühl der Freiheit zu erfahren.

- Wählen Sie einen Hauptbegriff, mit dem sich bestimmte kleinere Begriffe verbinden lassen, der aber nicht so weit gefaßt ist, daß Sie von der Reaktion auf ihn überwältigt werden.

Die spirituelle Lebenslinie

- Unterteilen Sie einige Tagebuchseiten in Jahresabschnitte, und lassen Sie dabei Platz für Notizen über Ihre Erfahrungen.
- Schreiben Sie mit Hilfe einer Zeittafel Erinnerungen auf.

ken weiter ausarbeiten. Benutzen Sie die Methode des fließenden Schreibens. Wirklich wichtige Informationen werden Sie nicht verlieren. Der Verstand gibt uns mehr als eine Chance, einen Gedanken wiederzufinden.

Religion ist die Fixierung von spontanen spirituellen Entscheidungen und Erfahrungen in einen Kodex und eine Doktrin. Religionen werden von Erleuchteten gegründet, die über ihren direkten Kontakt zum Transzendenten berichten und ein Korpus von Lehren für Gläubige hinterlassen. Später tauchen andere kenntnisreiche Führer in einer religiösen Tradition auf und ergänzen die ursprünglichen Lehren. Religion ist die Geschichte über die Beziehung einer bestimmten Gruppe von Menschen zum Göttlichen und über deren Vorstellung. Das Wissen wächst, und eine bestimmte Interpretation der Welt und des Geistes entsteht und wird weitergegeben. Rituale, Symbole, Gebete und Verhaltensvorschriften trennen die Glaubenden von den Nichtglaubenden.

Alle Religionen werden auf vielen Bewußtseinsebenen ausgeübt. Auf der exoterischen Ebene spielt sich der mehr oder weniger ritualisierte Gottesdienst der gläubigen Gemeinde ab. Die esoterische Ebene ist der Kontaktpunkt mit dem Mystischen. Auf das Tor zur Esoterik, die «Geheimlehre», wird in Andacht und Gebet angespielt, aber es wird nicht gezeigt. Durch die ganze religiöse Geschichte und Entwicklung hindurch ist das Esoterische im Exoterischen verschlüsselt vorhanden. Doch entdeckt werden kann die Esoterik nur durch direkte geistige Erfahrung, entweder indem man diese Grenzen spontan überschreitet oder indem man durch eine Initiation hinübergeleitet wird. Die Religionen verwischen manchmal die Grenze zwischen exoterischen und esoterischen Übungen. Wenn bei einer Andacht jemand in Trance fällt, in Zungen spricht, gesungen oder in Ekstase getanzt wird, oder es zu einer tiefen Kontemplation kommt, öffnen sich die Grenzen des Gottesdienstes für eine direkte Verbindung.

Während Sie Ihre spirituelle Entwicklungsgeschichte aufschreiben, entdecken Sie vielleicht Ereignisse, die nichts mit Religion zu tun haben, und solche, bei denen die Religion Ihnen ermöglichte, die esoterische Ebene zu berühren. Sie brauchen nicht aufzuhören, religiös zu sein, Sie müssen auch nicht religiös werden, um spirituell zu sein, doch Sie brauchen eine Umgebung, die Sie ermutigt, durch die äußerliche Form bis zum Geheimnisvollen vorzudringen. Ohne direkte Erfahrung des Transzendenten wird Religion zur leeren Form,

Es wird allgemein angenommen, daß zwischen denen, die das Wort «Gott» verwenden, und denen, die es nicht verwenden, eine große Kluft besteht. Aber die Kluft liegt woanders. Sie liegt zwischen denen, die dogmatisieren, positiv oder negativ, und jenen, die in großer Demut erkennen, daß etwas in ihnen Wirklichkeiten bezeugt, die für unser Leben bedeutungsvoll sein können, aber jenseits der Reichweite unseres Denkvermögens liegen.

Bestandsaufnahme der religiösen Einflüsse

- Wie sieht Ihre erste Erinnerung an einen Kirchen- oder Synagogenbesuch aus?
- Wie sehen Ihre ersten Erinnerungen im Zusammenhang mit einem Mitglied des Klerus aus?
- Wie sah die religiöse Erziehung Ihrer Eltern aus, und wie hat diese das, was man Sie gelehrt hat, beeinflußt?
- Wie hat sich Ihre religiöse Einstellung im Laufe der Jahre verändert? In der Jugendzeit? Im mittleren Alter? Im Alter?
- Welche gesellschaftlichen und historischen Ereignisse haben Ihre Meinung über Religion geprägt?
- Welchen religiösen Zeremonien folgen Sie noch? Warum?

TAGEBUCHEINTRAGUNG

Wenn ich Gott als Vater im Himmel sehe, habe ich große Schwierigkeiten, mir vorzustellen, daß Er Zeit oder Lust dazu hat, alles, was ich täglich in meinem Leben tue, zu überwachen. Wenn ich mir dagegen Gott als überall vorhandene Energie vorstelle – wie Licht oder Luft –, dann wird es möglich, sich eine direktere und vertrautere Beziehung vorzustellen.

und Sie verlieren Ihren Glauben. Exoterische Praktiken sollten nie die esoterische Erfahrung ersetzen, sie sollten nur eine Landkarte liefern, die den Gläubigen in die richtige Richtung weist. Die Religion liefert eine Sprache und Tradition, in der der Suchende sich sicher fühlen und eine spirituelle Verbindung aufnehmen kann, ohne einen bestimmten Vermittler zu brauchen. Der Suchende tut den Glaubenssprung, öffnet den Geist...

Für manche ist die Religion ein Problem, weil sie eine gesellschaftliche Institution ist und die Vorurteile der jeweiligen Kultur ebenso widerspiegelt wie die Wertvorstellungen ihrer Entstehungszeit und Tradition.

Einerseits will die religiöse Hierarchie die Einheit der Gläubigen wahren und die «Kirche» und ihren gesellschaftlichen Einfluß erhalten, andrerseits hängt die Lebensfähigkeit einer Religion von den persönlichen aus der Norm fallenden Erfahrungen jener ab, deren Kontakt zum Transzendenten das religiöse Verständnis wachsen läßt. Die Menschen, die etwas riskieren, werden zu Heiligen, Propheten, Gurus und Schamanen, die die Religion durch ihre Erfahrungen und die Deutung des Geheimnisvollen immer wieder neu beleben. Das heißt nicht, daß dies den Etablierten gefällt, aber sie können es auch nicht verhindern. Diese Spannung zwischen Beharren und Veränderung existiert in jeder Religion. Sie und ich sind Teil dieser Spannung, und wir versuchen, uns so gut wir können durchzulavieren.

Wenn Sie die exoterische Grenze überschreiten, sind Sie auf sich selbst angewiesen... aber das ist in Ordnung. Das ist der Schritt, den jeder Pilger tut, um das zu erleben, was Campbell als «die größere Gotteserfahrung» bezeichnet.

Das Aufzeichnen Ihres spirituellen Werdegangs gibt Ihnen Gelegenheit, Ihre geistige Unabhängigkeit zu erklären. Ob Sie innerhalb eines religiösen Rahmens bleiben und ihn als Stütze und Hilfe für Ihren eigenen Weg benutzen oder ob Sie diesen Rahmen sprengen und sich der Freiheit eines neuen Weges bewußt werden – immer legen Sie Zeugnis ab von Ihren geistigen Erfahrungen, egal in welchem Zusammenhang sie geschehen. Sie gestehen sich selbst die Zeit zu, die Sie brauchen, um einerseits alles, was gut war oder ist oder wiedergutgemacht werden kann, zu ordnen und mitzunehmen und andererseits mit allem, das Ihrem spirituellen Wachstum geschadet oder es eingeengt hat, Frieden zu machen, es zu vergeben und hinter sich zu lassen.

Sie müssen über das Bild [des Transzendenten], das Sie sich gemacht haben, hinausgehen. So ein Gottes-Bild wird zu einem letzten Hindernis, zu einer letzten Schranke. Sie klammern sich an Ihre eigene Ideologie, an Ihre eigene kleine Art zu denken, und wenn dann eine größere Erfahrung mit Gott kommt, eine Erfahrung, auf die Sie nicht gefaßt sind, fliehen Sie davor, indem Sie sich an dem Bild in Ihrem Geist festhalten. Dies nennt man seinen Glauben bewahren . . .
Ich habe keinen Glauben. Ich habe Erfahrung. Ich habe die Erfahrung des Wunders des Lebens. *Joseph Campbell*

Bestandsaufnahme der spirituellen Einflüsse

- Wie sahen Ihre bedeutungsvollsten spirituellen Erfahrungen aus, die Sie außerhalb eines religiösen Rahmens hatten? Was hat Sie daran erschreckt oder verwirrt?
- Welche Rolle hat die Natur bei Ihrem spirituellen Erwachen gespielt?
- Erinnern Sie sich an einen Ort, den Sie als «heilig» empfunden haben?
- Hatten oder haben Sie jetzt einen Ort, den Sie als Quelle des Friedens und der Einheit für sich betrachten? Beschreiben Sie diesen Ort – egal ob er in Wirklichkeit oder in Ihrer Phantasie existiert.
- Was für eine Rolle haben andere Leute gespielt?

Mein Sohn rief, daß Gott in seinem roten Feuerwehrauto sei. Er wollte ihn mir zeigen. Ich lief, so schnell ich konnte, und schoß wie der Blitz durch die Küchentür in den Sommertag hinaus, aber bis ich hinkam, war Gott schon weg. Mein Sohn lächelte und erklärte, ich hätte ihn nur um ein paar Sekunden verpaßt.

Sie werden diese überprüften Erfahrungen als Basis brauchen, denn eines Tages – falls es nicht schon geschehen ist – muß Sie die Reise aus der spürbaren Ordnung in die spürbare Unordnung führen. Sie kommen bei Ihrer Suche in den Sturm.

Die Ereignisse beim Namen nennen

- Welche Gründe können Sie für Ihre augenblickliche Unordnung und für Ihre Verzweiflung erkennen?
- Wie lange geht das schon so?
- Welche Anzeichen wollten Sie nicht wahrhaben? Welche Möglichkeiten, der Unordnung zu begegnen, haben Sie nicht genutzt?
- Was wissen Sie intuitiv über diese Zeit Ihres Lebens?
- Auf welche Weise sind Sie bereit, den Prozeß der Unordnung zu lenken?
- Mit welchen alten Erwartungen von Ordnung wird aufgeräumt?
- Was für eine neue Ordnung entsteht?
- Was für Annahmen scheint sie mit sich zu bringen?
- Was für Annahmen lassen Sie los?
- Inwieweit ist das Leben jetzt anders?
- Wie hat Ihre Wahrnehmung sich verändert?
- Auf was lehrt die Verzweiflung Sie zu achten?
- Was für Gutes kann diese Zeit für Sie haben?

Versuchen Sie nicht, diese Fragen alle auf einmal zu beantworten, diese Aufstellung soll lediglich Anhaltspunkte liefern, soll Ihnen helfen, Ihre Erfahrungen als normal zu betrachten.

Die Rolle der Unordnung

Grad in der Mitte unsrer Lebensreise
Befand ich mich in einem dunklen Walde,
Weil ich den rechten Weg verloren hatte.
Dante

Als ich dreiundzwanzig Jahre alt war, ein paar Wochen, nachdem ich schriftlich festgehalten hatte, daß ich eine Reise machen würde, und mich darauf vorbereitete, nach Europa zu fahren, fragte mich eine ältere Freundin, die ich sehr bewunderte, ob ich je so etwas wie die «dunkle Nacht der Seele» erlebt hätte. Ich hörte diese Formulierung, die vom heiligen Johannes vom Kreuz stammt, zum erstenmal. Es ist stets ein Sich-in-Erinnerung-Rufen: Wenn Sie jemals eine dunkle Nacht der Seele durchgemacht haben, dann kennen Sie sie; aber während Sie mittendrin stecken, wissen Sie es vielleicht nicht. Damals dachte ich, daß dies eine romantische Vorstellung sei. Sie ist es nicht. Eine dunkle Nacht ist eine niederschmetternde, verwirrende, schmerzliche Erfahrung, die normalerweise ein Teil der Suche ist und auf die man sich gefaßt machen muß.

In dem Frühling, da ich vierzig wurde, mir die nötige Kreativität zum Schreiben fehlte, ich das Gefühl hatte, daß alles, worüber ich Bescheid wußte, nicht mehr zählte, und ich keine Ahnung hatte, was als nächstes kommen würde, verwendete eine Freundin in meiner Schreibgruppe das Wort Verzweiflung. «Du klingst verzweifelt», sagte sie. Sofort brach ich in Tränen der Erleichterung aus, jemand hatte meinen Zustand erkannt und ihm einen Namen gegeben. Jetzt konnte ich mich mit ihm auseinandersetzen und reagieren. Ich konnte die Bezeichnung als festen Untergrund nehmen und mich darauf stellen.

Das Leben mit der Gravitation ist eine seltsame Sache: Wir können nicht springen, ohne uns vorher von etwas Festem abgestoßen zu haben. Solange wir unsere Verzweiflung nicht zugeben oder jemand oder etwas uns hilft, sie beim Namen zu nennen, befinden wir uns im freien Fall. Wir haben keine Möglichkeit, genug festen Boden zu finden, um zu springen. Und was die Verzweiflung von uns verlangt, ist Toleranz während des freien Falls, und dann den Mut, vertrauensvoll den Sprung zu tun.

John Brantner, viele Jahre Lehrstuhlinhaber für Psychiatrie an der University of Minnesota, war ein Philosoph, der sich darauf speziali-

Wenn man bei einer Erfahrung innehält und der Angst ins Gesicht sieht, gewinnt man Kraft, Mut und Vertrauen. Man kann sich sagen: «Ich habe diesen Schrecken durchgestanden, also kann ich auch mit der nächsten Sache fertig werden.» Man muß das tun, was man glaubt nicht tun zu können. *Eleanor Roosevelt*

Überlegungen zur Ordnung

Beobachten Sie einen Tag lang alle Ihre Methoden und Möglichkeiten, Ordnung zu bewahren. Schreiben Sie etwas darüber in Ihr Tagebuch.

- Worin besteht der Zweck dieser Verhaltensmuster?
- Wie haben Sie sie entwickelt?
- Welche Annahmen liegen Ihren Ritualen zugrunde?
- Formulieren Sie schriftlich Ihre eigenen Definitionen der in diesem Kapitel besprochenen Begriffe.
  Definieren Sie:
  Ordnung
  Unordnung
  Verzweilfung
  Neue Ordnung
  Transformation
- Wenn Sie finden, daß «Ihr Leben in Ordnung ist» – was bedeutet das für Sie?
- Wenn Sie finden, daß Ihr Leben «in Unordnung gerät» – was heißt das?
- Wie bereiten Sie sich auf das vor, was nach der Verzweiflung kommt?

Gönnen Sie sich etwas

Kaufen Sie sich ein neues Tagebuch, und suchen Sie ein fröhliches Bild aus, eine Postkarte oder einen Spruch, und kleben Sie diese(n) auf den Umschlag.

siert hatte, den Menschen beim Verständnis von Verzweiflung, Trauer und Zerrissenheit zu helfen, alles Lebenselemente und spirituelle Erfahrungen, die wir gern übersehen. Obwohl uns von Heiligen und Weisen gesagt worden ist, daß es wirklich eine dunkle Nacht gibt, daß wir uns tatsächlich im Wald verirren werden, sind wir doch schockiert und überrascht, wenn wir uns dort wiederfinden. Es gehört zur menschlichen Natur zu hoffen, daß die Spiritualität uns vor dieser Erfahrung bewahren wird, daß wir genug Glück und Glauben aufbringen, um nicht zu leiden.

In Brantners Weltsicht ist dies nicht nur unmöglich, es ist nicht einmal wünschenswert. Er definiert Verzweiflung als einen integralen Bestandteil des menschlichen Reifeprozesses, als einen Weg zu lernen, der nicht gemieden werden sollte. Und so scheint es wirklich zu sein. Die Verzweiflung ist eine so universale Erfahrung bei Menschen, die die Bewußtheit suchen, daß Sie und ich gut daran täten, sie zu akzeptieren, zu benennen und uns möglichst bereitwillig darauf vorzubereiten, sie zu ertragen.

Jeder von uns hat bestimmte Erwartungen an das Leben. Wir stehen morgens mit der Annahme auf, ungefähr zu wissen, wie der Tag verlaufen wird. Wir umarmen unsere Lieben, fahren vorsichtig durch den Stoßverkehr, machen einen Bogen um Leitern und blikken nach beiden Seiten, ehe wir eine Straße überqueren. Diese kleinen Rituale schaffen ein Gefühl der Ordnung. Ordnung wird als eine Gunst des Lebens betrachtet, die uns gewährt wurde. An den meisten Tagen funktioniert sie, lange Zeit hindurch, aber wir verkaufen dafür ein Stückchen unserer Seele. Wir kommen so weit, daß wir Ordnung für selbstverständlich halten, aber wir müssen uns mit der Realität auseinandersetzen.

Es gibt Zeiten, da die spirituelle Suche unserer Erwartungen bis an die Grenzen strapaziert und uns unser Gefühl für Ordnung entrissen wird. Die Harmonie, von der wir uns einbildeten, daß sie zwischen uns und dem Leben bestünde, scheint unwiderruflich dahin zu sein. Wir können darüber nicht richtig nachdenken. Wir sind desorientiert, es verschlägt uns die Sprache. Und die meisten von uns haben weder Zeit noch Gelegenheit, auf einen Berggipfel zu steigen, um sich über die Sache klarzuwerden. Das Alltagsleben erfordert, daß wir weiter funktionieren, egal was passiert. Man verlangt von uns, daß wir wenigstens der Form halber unseren täglichen Pflichten nachgehen, arbeiten, unsere Beziehungen pflegen. Dies sind Zeiten, wo eine halbe Stunde Tagebuchschreiben, früh am Morgen oder

Wenn man die Grenze erreicht, was man weiß, muß man eines von zwei Dingen glauben: Es wird ein Boden dasein, um darauf zu stehen, oder man bekommt Flügel, um zu fliegen.

Jeden Tag eine Segnung

Ehe Sie schlafen gehen, halten Sie inne, und lassen Sie den Tag Revue passieren.

- Schreiben Sie einen kurzen Bericht über eine Sache, die Ihnen am Tag aufgefallen ist und die Sie als spirituelles Geschenk betrachten wollen.
- Beenden Sie die Eintragung mit dem Wort: Danke.

Vielleicht wollen Sie diese kurzen Eintragungen irgendwie markieren, damit Sie sie beim Blättern im Tagebuch sofort wiederfinden, oder Sie nehmen ein besonderes kleines Notizbuch dafür her, das stets griffbereit neben Ihrem Bett liegt.

TAGEBUCHEINTRAGUNGEN: SEGNUNGEN

Ich hörte im Schneesturm einen Kardinalvogel singen: Danke,

Als ich nach der Arbeit einkaufte, erzählten ein Unbekannter und ich uns in der Schlange vor der Kasse Witze, wir haben uns gegenseitig richtig hochgeschaukelt. Danke.

Heute morgen weinte ich nach dem Abendmahl in der Kirche und sagte leise – danke, daß ich nach Hause gefunden habe.

spät am Abend, das größte Geschenk sein kann, das wir uns machen können.

Verzweiflung ist die erste Reaktion der menschlichen Psyche auf Unordnung. Verzweiflung ist ein Schockzustand. Wir haben erwartet, daß gewisse Dinge wahr sind, und diese Dinge scheinen nicht mehr länger wahr zu sein. Der Verstand weiß nicht, was für Botschaften er senden soll oder welches Verhalten helfen würde.

Unordnung kann innerlich oder äußerlich entstehen. Wenn in unserem Glaubenssystem über Sinn und Zweck des Lebens etwas zusammenbricht, dann wird die Unordnung durch verborgene, unsichtbare, oft unbewußte Kräfte geschaffen. Die Psychologie hat Verzweiflung als den Zusammenbruch der Kommunikation zwischen dem Selbst und der Welt definiert. Wenn sich die Welt nicht entsprechend unseren tiefsten Hoffnungen und Überzeugungen verhält, wird der Verstand ins Chaos gestürzt. Wir wissen nicht, was wir glauben sollen. Wir wissen nicht, welche Überzeugungen in Frage gestellt sind.

Das Tagebuch kann dann Ihre einzige Möglichkeit sein zu erkennen, was eigentlich in Unordnung ist. Es ist schwierig, mit anderen darüber zu sprechen, zu sagen: «Meine Erwartungen werden nicht erfüllt. Ich kann den Schmerz fast nicht mehr aushalten...» Ihre Aufgabe beim Tagebuchschreiben ist es, die besondere Art des Problems in Worte zu fassen, sich die Überzeugungen, die zerbrochen sind, bewußt zu machen, sie zu flicken beziehungsweise durch wohl erwogene andere Überzeugungen zu ersetzen. Bei diesem Prozeß ist der Dialog Ihr wirksamstes Werkzeug, zusammen mit dem Schreiben nach der Meditation und dem Erleben der Trauer, zu dem Sie sich Zeit nehmen sollten. Der Bruch mit alten Überzeugungen ist ein natürlicher Teil der spirituellen Reise – wie auch die Entwicklung reiferer Überzeugungen.

Bestimmte Fragen zu notieren kann bei der Wiederherstellung eines Gefühls der mentalen Ordnung ebenfalls hilfreich sein, aber dies ist nur eine der Möglichkeiten, wie Sie während einer Krise Tagebuch führen sollten. Die Übung, sich jeden Tag für einen Segen zu bedanken, hilft Ihnen, von einer negativen zu einer positiven Einstellung zu gelangen: Sie erkennen an, daß täglich neu eine Verbindung zum Transzendenten entsteht, und Sie suchen in dem, was geschieht, nach dem Guten. Diese Übung ist Ihre Erdung.

Unordnung wird auch durch äußere Ereignisse in unser Leben getragen: Geschäftlich haben Sie keinen Erfolg, Ihnen wird gekün-

Trauerarbeit

- Ziehen Sie sich jeden Tag zehn Minuten lang an einen Ort zurück, wo Sie ungestört sind.
- Fragen Sie sich, worum Sie trauern könnten.
- Trauern Sie.

Grace erkannte mit einer Plötzlichkeit, die sie bis in ihr tiefstes Inneres von Trauer und auch Zorn erbeben ließ, daß das Leben nicht aufgehört hatte, genau wie auch an jenem Tag die Sonne unweigerlich aufgegangen war . . . Die Welt drehte sich weiter. Und weiter. Und das erschütterte sie mehr als der Tod ihrer Mutter. Daß das Leben, nachdem jemand gestorben ist, einfach weitergeht, das quält die Lebenden, dachte sie. Es ist die Gleichgültigkeit der Erde gegenüber dem, was stirbt, die sich so beklemmend um die Herzen der Trauernden legt und ihren Kummer verstärkt.

digt, Ihre Beziehung oder Ihre Ehe geht auseinander, Ihr Kind wird all Ihren Bemühungen zum Trotz drogensüchtig, Sie selbst oder ein Familienangehöriger verletzt sich oder wird krank. Oder der allgemeine Zustand der Welt beunruhigt Sie, Sie denken an die Tausende von Menschen, die tagtäglich im Elend sterben, und Sie fühlen sich hilflos, weil Sie nichts unternehmen, ja im Prinzip auch nichts tun können, um solche Katastrophen zu verhindern. Diese Geschehnisse brechen in die Ordnung Ihres Lebens ein und verändern es – oft unwiderruflich –, ohne vorher um Erlaubnis zu fragen. Kein Mensch sucht das Unglück: Wir versuchen, damit fertig zu werden.

Wieder kann das Tagebuch der beste Platz sein, um die Reaktionen abzuladen, die einen Zusammenbruch begleiten: Gefühle der Wut, der Angst, der Verwirrung. Das Tagebuch hält unsere Zweifel an Leben und Geist fest, während wir so offen werden, daß wir unseren neuen Erfahrungen in einen erweiterten Sinn für Ordnung einbauen können.

Das Leben ist weder ordentlich noch unordentlich, das Leben *ist* einfach. Unordnung entsteht, wenn unsere Annahmen – manchmal ziemlich drastisch – in Frage gestellt werden. Durch die so entstehende Herausforderung lernen wir, das Leben neu zu sehen, unsere Annahmen zu überdenken und uns veränderten Reisebedingungen anzupassen.

Wenn Sie verzweifelt sind, haben Sie das Gefühl, daß das Leben seinen Teil des Paktes nicht einhält. Das einzige Problem dabei ist, daß es gar keinen Pakt gab. Sie haben das nur angenommen. Sie werden immer wieder mit Ihren eigenen Vorstellungen über das Leben konfrontiert. Benutzen Sie das Tagebuch, um zu prüfen, was für Vorstellungen das sind. Unterhalten Sie sich mit Ihrem Glaubenssystem, dem inneren Kind, den Vorstellungen selbst. Schreiben Sie Dialoge auf mit den Ereignissen, die die Krise beschleunigt haben, und mit den Menschen, die in diese Ereignisse verwickelt waren. Suchen Sie nach den Lektionen, die man aus einem Zusammenbruch lernen kann. Bitten Sie um Erkenntnisse, aber fordern Sie sie nicht. Schließlich wird es Ihnen möglich sein, die Unordnung als annehmbar zu betrachten und sich die Verzweiflung zum Freund zu machen.

Zum Freund! All jene dunklen Nächte mit dem Kopf auf der Fensterbank, den qualvollen Fragen und dem Fehlen tröstlicher Antworten; der würgenden Angst, als Sie erkennen, daß Sie keine Kontrolle mehr haben über die Dinge; dem Zorn, daß man Sie auf

Geschehnisse umtaufen

- Wenn «Verzweiflung» keine negative Assoziation in Ihnen hervorriefe, wie würden Sie sie erleben?
- Wenn «Unordnung» nicht negativ besetzt wäre, wie würden Sie diese Zeit in Ihrem Leben erfahren?
- Was, glauben Sie, würde passieren, wenn Sie diese negative Annahme aufgäben und sich von Unordnung und Verzweiflung leiten ließen?
- Was hindert Sie daran, das zuzulassen?
- Zeichen Sie eine metaphorische Karte dessen, was Sie beschäftigt.
- Führen Sie einen Dialog mit Bildern aus Träumen und Meditationen, oder zeichnen Sie sie.

Ihrer Reise aufhält und in Stücke reißt, während die anderen weiter fröhlich Golf spielen. Ja, auch das ist Ihre Suche.

Die spirituelle Reise ist ein schrittweiser Prozeß des Aufgebens von Illusionen. Jedesmal, wenn eine Illusion in sich zusammenfällt, erleben wir eine vorübergehende Unordnung, weil wir nicht sicher sind, wie wir uns an das Leben, so wie wir es jetzt sehen, anpassen sollen. Die Verzweiflung bietet uns als Geschenk ein Verfahren an, mit dem, was ist, Frieden zu schließen, und mit neuen Vorstellungen vertraut zu werden. Diese Methode besteht darin, allmählich zu verstehen, was «aufgeben» heißt: das Ego für den Geist aufgeben, die Vergangenheit für die Zukunft, die Verzweiflung für die Freude. Das Aufgeben ist für die meisten von uns keine leichte Sache: Durch Verzweiflung beginnen wir, es zu lernen. Wir werden immer wieder dazu herausgefordert, mit dem Mangel an Kontrolle fertig zu werden und uns dem Vertrauen zu überlassen.

Der *Schatten* ist ein von Jung geprägter Begriff, mit dem häufig der Teil des Selbst umschrieben wird, der zuvor unbekannt gewesen war. Der Schatten einer Frau kann das innere Bild einer kraftvollen männlichen Gestalt sein, der eines Mannes etwa eine zarte weibliche Gestalt. Der Schatten ist weder negativ noch positiv; er ist einfach nicht erforscht. Die Verzweiflung wühlt den Schatten in der Reise und in uns selbst auf.

Wir unternahmen die Suche als eine Möglichkeit, dieses fehlende Element zu erkunden. Wir stellten uns vor, daß wir ein bewußteres Leben leben, unser ideales Selbst werden würden. Vielleicht glaubten Sie wie ich eine Zeitlang, daß irgendein einschneidendes Ereignis diese Transformation bewirken, daß etwas *mit* Ihnen passieren würde.

Wir neigen dazu, uns durch Versprechungen von Wachstum und spiritueller Vereinigung verzaubern zu lassen und die Frage zu vermeiden, wie genau diese Verwandlung eigentlich vonstatten geht. Die Verzweiflung ist das Ereignis, das Verwandlung bewirkt. Die Verzweiflung ist unsere Chance, mit dem Feuer zu kämpfen und diesen Kampf zu bestehen.

Die Tagebuchschreiber erscheinen in meinen Seminaren voll von Verzweiflung, die ausgedrückt und erkundet werden muß. Eine alleinerziehende Mutter, die nicht mehr weiter weiß, als bei ihr multiple Sklerose festgestellt wird. Ein Mann, der das Geschäft seines Großvaters ohne Fortune führt und Angst hat, daß die Firma Pleite macht und er seine Söhne und Töchter nicht mehr ernähren

Fürchte dich nicht, denn ich habe dich erlöst; ich habe dich bei deinem Namen gerufen; du bist mein!
Wenn du durch Wasser gehst, will ich bei dir sein, daß dich die Ströme nicht ersäufen sollen; und wenn du ins Feuer gehst, sollst du nicht brennen, und die Flamme soll dich nicht versengen. *Jesaja 43, 1–2*

kann. Eine Nonne durchlebt eine Glaubenskrise. Die Anhänger eines Gurus verstehen nicht, wieso dieser an Krebs sterben konnte wie jeder andere Mensch auch ... Die Liste von Unordnung verursachenden Ereignissen ist endlos, jeweils besonders und universell zugleich. Stets jedoch wird uns die Chance gegeben zuzulassen, daß ein alter Lebenszyklus zu Ende geht. Wir werden dazu aufgefordert, wie Phönix zu sein, der Vogel der ewigen Regeneration.

Es bleibt uns nichts anderes übrig, als im Baum des Lebens unser Nest aus Sandelholz zu bauen und darauf zu warten, daß die Sonne es in Brand setzt. Wir brauchen dieses Ausbrennen. Wir wissen es und haben trotzdem Angst.

Nach dem Staunen suchen

- Denken Sie an schmerzvolle Augenblicke zurück, und suchen Sie nach dem Staunen, das in ihnen verborgen war.
- Schreiben Sie auf, was Sie damals vielleicht nicht festgehalten haben.
- Wenn Sie mögen, machen Sie sich am Rand zusätzliche Notizen über Freude, Staunen, Erkenntnis.
- Falls Sie das tun, datieren Sie Ihre Eintragungen.

- Wenn Sie nicht schon entschieden hätten, daß eine bestimmte Erfahrung schmerzlich war, wie würden Sie sie dann sehen?
- Wo ist das Staunen dabei verborgen?
- Wie hat diese «Verletzung» Sie ganz gemacht?

Gerade im Leid selbst, in seinen Tiefen, im Herzen seiner untröstlichen Bitterkeit glänzt der Schein von Gottes Erbarmen. Wenn wir an unserer Liebe festhalten, fallen wir bis zu dem Punkt, wo die Seele schreien muß: «Mein Gott, warum hast du mich verlassen!» Wenn wir an diesem Punkt bleiben, ohne aufzuhören zu lieben, berühren wir schließlich etwas, das nicht Leid ist, nicht Freude, eine notwendige und reine Essenz, etwas, was über die Sinne hinausgeht und Freude und Trauer gemeinsam ist: die Liebe Gottes.

Simone Weil

Die Rolle des Staunens

Das Leben ergreift für keine Seite Partei. Es ist unsere Sache, das Bündel zu nehmen, uns auf die Seite des Lebens zu stellen und dorthin zu gehen, wohin es uns führt.
P. L. Travers

Bis jetzt scheint die spirituelle Reise eine ziemlich ernste Angelegenheit zu sein, aber es gibt eine Belohnung für unsere Bereitschaft, aus der Verzweiflung zu lernen, und diese Belohnung ist das Staunen. Das Staunen ist die helle Seite, die Oberseite, eine spielerische, glückliche Qualität der Suche. Es trifft uns wie der Sonnenschein nach dem Regen und erfrischt unser Herz. Wir werden herausgerissen aus uns und festgenagelt mitten in der Welt.

Ich erinnere mich an meine erste Bahnfahrt – ich reiste mit meinen Eltern von Indiana nach Montana. Es war Sommer, ich war fünf, mein Bruder Carl drei Jahre alt. Die Bodenplatten der Verbindungsgänge zwischen den Waggons klapperten über den Kupplungen. Und dort stand ich besonders gern, weil ich die Geschwindigkeit des Zuges spürte, der über die Schienen raste. Unsere Eltern ließen uns gewähren. Wir standen da, mit gespreizten Beinen, wiegten uns im Rhythmus des stampfenden Bodens und schrien. Das war ein herrlicher Ort, voll Lärm und Licht und Bewegung. Unsere Eltern, in der halboffenen Tür des Waggons stehend, hielten uns fest, unsere kleinen Körper an ihre Hüften gepreßt, als wären wir Zentauren, während der Brustkasten, Arme und Gesicht sich im heißen, brausenden Luftstrom hin und her bewegten, der an der Zugseite entlangwehte. Unsere Münder standen offen, die Worte wurden uns von den Lippen gerissen und ins Land hinausgeworfen. Ich kann immer noch den Klang meiner Stimme hören, als ich rief: «Ich fliege! Laß mich los . . . Ich fliege . . .»

Staunen ist nicht die Verleugnung der Wirklichkeit. Durch das Staunen erkennt man die Kraft des Verstandes zu verwandeln, festzustellen, zu entscheiden, was eine Erfahrung bedeuten soll. Ich kann auf jene Zugfahrt mit Staunen zurückblicken, weil ich mich sicher fühlte. Ich konnte meinen Eltern zurufen, sie sollten mich loslassen – aber sie taten es nicht. Hätten es nie getan.

Wir sind jetzt dem Universum gegenüber in der gleichen Lage. Um zu staunen, muß man sich sicher fühlen. Wir müssen unvernünftige Wünsche hinausschreien dürfen, auch den Wunsch, fliegen

TAGEBUCHEINTRAGUNG

Spät im Oktober ist das Rosa rund um den See zunächst kaum wahrzunehmen. Aber es ist da, und bald kann man zwei Arten unterscheiden. Das Rosa der Natur: Granitsteine, die am Ufer in pastellfarbenem Schweigen aufgehäuft sind, zwischen Brombeeren, deren Blätter einmal leuchtend waren und nun verblaßt sind, wie kleine Schüsseln mit Tomatencremesuppe, die in der schwachen Sonne auskühlt. Der Boden eines umgekippten Kanus, das einmal grellrot war, hat seine Stimme durch Sonne und Wasser verloren und ist zu einem flüsternden Rosa verblichen. Rosen an einem Kettenzaun genießen einen letzten Rundblick, ehe ihr Rosa unter braunen Blättern begraben wird. Unnatürliches Rosa: Eine Frau joggt in einem grellrosa Anzug vorbei. Der Rhythmus der nur für sie bestimmten Musik dringt aus ihren Kopfhörern und hämmert, hämmert, hämmert, während sie vorbeiläuft. Die weißen Sohlen ihrer Turnschuhe blitzen auf wie ein Rehschwänzchen. Die beiden Rettungsschwimmertürme in hellem Rosa sehen aus wie Spielzeugmöbel, die ein vergeßliches Riesenkind zurückgelassen hat. Wer hätte gedacht, daß Rosa eine melancholische Farbe sein kann?

Fragen über das Staunen

- Wie könnten Sie auf das, was jetzt in Ihrem Leben passiert, mit Staunen reagieren? Mit Freude?
- Was wären Sie bereit zu tun, damit mehr Freude in Ihr Tagebuch und in Ihr Leben kommt?
- Wenn das Leben neutral ist – welche Farbe geben Sie ihm?

zu können, und doch wissen, daß das Transzendente uns nicht losläßt und wir nicht ins Verderben rennen. Wenn wir diese Gewißheit einmal haben, können wir das Leben unbeschwert auf eine Art und Weise erforschen, wie die meisten von uns es seit sie sehr, sehr jung waren nicht mehr getan haben.

Staunen und Verzweiflung sind die beiden Seiten einer sich drehenden Münze. Wenn Sie sich der einen Seite öffnen, öffnen Sie sich auch der anderen. Sie entdecken eine Fähigkeit zur Freude, die vorher nicht da war. Das Staunen ist das Versprechen einer Wiederherstellung: So tief, wie Sie tauchen, so hoch können Sie auch hinaufsteigen. So weit, wie Sie bereit sind, sich in den Schatten zu wagen, so weit werden Sie auch ins Licht vorstoßen.

Sie haben sich vielleicht daran gewöhnt, in und über Krisen zu schreiben. In Krisensituationen ist der Drang zu schreiben besonders stark und überwindet unsere gewöhnliche Zurückhaltung, über uns selbst zu sprechen. Möglicherweise haben Sie vom Staunen noch nicht viel gemerkt und nicht viel darüber geschrieben. Vielleicht fragen Sie sogar: Was soll man denn darüber schreiben?

Die meisten von uns besitzen ein ziemlich großes Vokabular, um Schmerz zu beschreiben, als wäre das Tagebuch ein Arzt, der viele Einzelheiten braucht, um die richtige Diagnose zu stellen. Eine spirituelle Reise bleibt unvollkommen, wenn nicht ein gleich großes Vokabular entwickelt wird, im Hinblick auf Staunen, Freude, Ekstase, Liebe, Transformation.

Es passiert, glaube ich, so: Sie machen eine Zeit der Veränderung durch. Sie sind in innerem und äußerem Aufruhr. Sie haben Schmerzen. Sie begreifen nicht, warum die Dinge geschehen oder was sie bedeuten. Sie beten darum, daß Sie irgendwann verstehen werden und den Vorfällen einen Sinn geben können. Inzwischen machen Sie einfach weiter. Jeden Morgen zwingen Sie sich, aufzustehen und dem Tag ins Gesicht zu schauen, die übliche Routine zu absolvieren und mit allem fertig zu werden, womit Sie fertig werden müssen.

Und dann sehen Sie einen Vogel am Futterhäuschen, der nicht wegfliegt, wenn Sie kommen, sondern sitzen bleibt und Sie mit seinen schwarzen Knopfaugen anschaut. Oder ein Bekannter, den Sie schon fast vergessen hatten, ruft an und erzählt Ihnen von einer Bemerkung, die Sie vor zwei Jahren machten und die sein Leben völlig verändert habe. Oder Sie gehen mit einem Kind spazieren, das auf dem Weg eine Feder liegen sieht, an Ihrer Hand zerrt, damit Sie darauf aufmerksam werden, und plötzlich öffnet sich Ihr Herz. Der

Die Schönheit der Dinge liegt im Kopf des Betrachters – in der Übersetzung der wahren übermenschlichen Werte durch den menschlichen Geist.

Momente der Verwunderung

- Wenn etwas Wunderbares passiert, halten Sie inne, treten Sie zurück und nehmen Sie sich die Zeit, es aufzuschreiben, während Ihr Herz noch voll davon ist.
- Betrachten Sie das Leben – gibt es nicht so viele Wunder, daß Sie eigentlich immerzu über sie schreiben müßten?

Zumachen und Öffnen

- Meditieren Sie über Bilder des Zumachens und des Öffnens.
- Beim Einatmen sagen Sie leise: «Öffnen ...»
- Beim Ausatmen sagen Sie leise: «Zumachen ...»
- Schreiben Sie nach der Meditation über Ihre Eindrücke, oder zeichnen Sie sie.
- Fragen Sie sich: Wofür bin ich offen?
  Wann mache ich zu?

Augenblick überwältigt Sie, Sie spüren Staunen, Güte, Ganzheit. Trotz aller Bedrängnis ist das Leben plötzlich so süß, daß Sie es kaum ertragen können, wie Honig auf der Zunge.

Diese Augenblicke der Freude scheinen aus dem Nirgendwo aufzutauchen. Es sind Überraschungen. Plötzliche Lichtstrahlen. Sie umgehen den Intellekt und landen direkt in Ihrem Herzen. Sie werden von Staunen und Dankbarkeit über dieses unbedeutende kleine Ereignis überwältigt, weil es gerade das war, was Sie brauchten. Und Sie sollten dies Erlebnis respektieren, indem Sie darüber schreiben.

Das Staunen ist etwas sehr Persönliches. Wenn Tagebuchschreiber von ihren Eintragungen über das Staunen erzählen, hört sich das für Außenstehende nicht außergewöhnlich an, weil das Staunen in einem spirituellen Bezug erfahren wird, der persönlich und flüchtig ist. Aber Sie werden es nicht vergessen. Wenn Sie sich einen Tag später diese segensreichen Momente wieder in Erinnerung rufen, diese Augenblicke des erlebten Staunens wieder lesen, werden die Worte mehr als das Ereignis selbst erneut dieses Gefühl in Ihnen wecken.

Wenn wir längere Zeit Schmerzen und Aufregungen haben, wollen wir nur noch eines: Erleichterung. Wir fangen an, nach jedem und allem zu suchen, das uns helfen kann, damit fertig zu werden. Unsere Suche sensibilisiert uns so, daß unsere Beobachtungen viel schärfer sind als in weniger traumatischen Zeiten. Kleine Dinge werden zu Symbolen der Hoffnung, des Überlebenswillens und unserer Entschlossenheit, dem, was wir durchmachen müssen, einen Sinn zu geben. Wir suchen nach Zeichen einer Ordnung, die größer ist als die persönliche Unordnung, in der wir stecken.

Wenn unser Leben in Unordnung ist, werden wir zu sehr verletzlichen Menschen. Unsere Nerven liegen so dicht unter der Haut, daß jede Reibung mit dem Leben schon zuviel ist. Wir sind für das Beste und das Schlimmste offen. Wir haben nur zwei Möglichkeiten der Entscheidung: Entweder wir machen noch weiter zu, oder wir öffnen uns noch mehr. Wenn wir noch weiter zumachen, sterben wir. Vielleicht nicht sofort, aber der Sterbeprozeß beginnt. Unser Herz verkümmert. Die Verzweiflung bleibt. Wenn wir uns mehr öffnen, leben wir. Vielleicht merken wir nicht sofort, daß wir um eine spirituelle Ecke gebogen sind, daß ein neues Leben begonnen hat, eine Regeneration, Hoffnung. Das Staunen geschieht, wenn man beschließt, zu leben, die Erfahrungen zu ertragen und ihnen einen Sinn zu geben.

Sie leben bereits, natürlich, Sie schlagen sich durchs Leben, so gut

Neues Vokabular

- Wenn die Worte nicht kommen wollen, nehmen Sie Buntstifte oder farbige Filzstifte – und zeichnen Sie.
- Wenn keine Bilder kommen, stellen Sie das Radio an, und tanzen Sie.
- Es gibt viele Möglichkeiten, wie Sie sich und Ihre Beziehung zum Leben ausdrücken können.
- Vielleicht ist heute ein Spaziergang Ihre Tagebucheintragung.

TAGEBUCHEINTRAGUNG

Wir hatten die Aufgabe, in den Wald zu gehen und in der Natur Bilder für unser Leben zu finden ... Ich kam zu einer kleinen Lichtung und sah dort drei Rehe grasen. Ehe sie mich entdeckten, lehnte ich mich gegen einen Baum und rührte mich nicht mehr. Die Tiere kamen näher, und ich stellte fest, daß es ein Reh mit zwei Kitzen war. Sie kamen noch näher. Die Mutter sah mich, erstarrte und beäugte mich. Wachsam stellte sie die Ohren auf. Ich bewegte mich nicht. Sogar mein Atem ging ganz flach. Sie machte ein paar Schritte auf mich zu und beobachtete mich – jeder Muskel an ihr in Alarmbereitschaft. Sie schnupperte in die Luft. Ungefähr zehn Minuten lang wanderte sie um mich herum, die beiden Jungen wachsam im Schlepptau. Schließlich war sie nur noch fünf Meter von mir entfernt. Die Kitze folgten ihrer Mutter, sie waren entspannt und sorglos. Sie waren interessiert an ihrer Mutter, an mir, am Boden, den sie beschnupperten, an den Zweigen, die sie knabberten. Und da erkannte ich, wofür diese Szene stand: für Vertrauen. Die Jungen legten sich in den Schnee, um auszuruhen. In bin 56 Jahre alt und fange gerade erst an, meine eigene Geschichte zu hören. Ich muß still dasitzen und leise atmen. Möge Gott mit mir so viel Geduld und Mitgefühl haben wie ich mit diesen Tieren im Wald.

Sie können, aber haben Sie sich auch *bewußt* «auf die Seite des Lebens» gestellt, wie Travers das ausdrückt?

Ich weiß nicht, warum den Leuten dies oder jenes passiert. Ich weiß nicht, warum die Karriere des einen einem raketenhaften Aufstieg gleicht, während die Arbeit eines anderen, die genauso hervorragend ist, unbemerkt bleibt. Ich weiß nicht, warum manche Ehen glücklich sind und andere nicht. Ich weiß nur eines: In jedem Fall muß sich der einzelne entscheiden, ob er innerlich wachsen will oder nicht. Und diese Entscheidung für oder wider inneres Wachstum wird sein ganzes Leben bestimmen und ihn um viele Kurven und Ecken führen.

Es gibt einen Augenblick des Ja-Sagens, der erlebt werden muß, ein Anstoßen der Waagschale. Wir alle machen das durch. Dieser Augenblick mag, wenn er sich nähert, nicht außergewöhnlich erscheinen, und doch hat er eine Bedeutung, die uns für immer prägt. Ich erinnere mich an einen solchen Moment. Es war auf einem glatten Highway, als alle Wagen sich auf dem Eis drehten. Fast wäre ich in einen riesigen Auffahrunfall geraten. Während ich vorsichtig weiterfuhr, merkte ich, wie ich zitterte und rief: «Ich will leben! Ich will leben!» In jedem Leben gibt es solche Sekunden, wenn wir die Grenze einer Bindung überschreiten, von der wir nicht einmal wußten, daß sie da war.

Haben wir einmal beschlossen, eine positive Beziehung zum Leben einzugehen, beginnen wir zu begreifen, daß die Dinge eine Bedeutung haben und daß wir uns, wenn wir diese Bedeutung verstehen, ein umfassendes Bild von der Entwicklung des Lebens machen können. Die Suche nach der Bedeutung – auf universeller und individueller Ebene – ist bei der geistigen Reise die treibende, Überleben spendende Kraft. Die Bedeutung führt uns aus der Verzweiflung zum Staunen, aus der Verwirrung in die Klarheit, aus dem Zögern ins Vertrauen, und der einzige Ort, wo man Bedeutung findet, ist der der Wichtigkeit kleiner Dinge.

Aus der Tiefe Ihres Schmerzes beginnen Sie, wahre, spontane Freude zu erfahren. Die Spannbreite Ihrer Gefühle vergrößert und erweitert sich, wird wieder so, wie Sie in Ihrer Kindheit war oder hätte sein sollen. Sie fangen an, für sich selbst und Ihr Leben wieder Hoffnung zu schöpfen. Sie entdecken eine Kette von kleinen Wundern, die Sie weiterträgt, Ihnen Auftrieb gibt und Zuversicht, wenn Sie verzagt sind.

Das Staunen ist für die Suche wesentlich, weil es uns den Mut

Der erste Tag

- Stellen Sie eine Liste der Dinge auf, über die Sie staunen. Seien Sie erfinderisch, verrückt oder ernst dabei.
- Versetzen Sie sich in den Geist eines Kindes. Sehen Sie die Dinge mit den neuen Augen spiritueller Neugier.
- Was wäre, wenn heute wirklich der erste Tag Ihres Lebens wäre?
- Stehen Sie bei Tagesanbruch auf, und schreiben Sie. Was sehen Sie?
- Über was haben Sie einen Tag nach Ihrer Geburt gestaunt?
- Über was staunen Sie heute?

verleiht, weiter neugierig zu sein und Fragen zu stellen. Es besteht immer die Möglichkeit, daß die nächste Antwort voller Wunder ist. Und so machen wir weiter, und je weiter wir kommen, um so wunderbarer wird die Suche.

Als ich mit meiner Nichte Erin ein paar Wochen vor ihrem vierten Geburtstag mit dem Auto irgendwohin fuhr, fragte sie mich plötzlich vom Rücksitz aus: «Wie haben wir uns getroffen?» Ich erklärte ihr, daß ich einen Tag nach ihrer Geburt ins Krankenhaus gekommen sei.

«Hast du mich in den Armen gehalten?» fragte sie.

«Ja. Ich überlegte, wer dieser neue Mensch wohl sei, der da in meinem Leben aufgetaucht war und den ich noch nicht kannte.»

«Möchtest du wissen, was ich dachte?»

«Natürlich ...»

«Ich habe überlegt, wie es kommt, daß ich in einem Babykörper stecke, während alle andern schon so groß sind.»

Meditation: Gesegnete Augenblicke

Wenn Sie diese Meditation oder eine andere aus diesem Buch verwenden wollen, suchen Sie sich einen ruhigen Ort, an demSie für etwa zwanzig Minuten ungestört sind. Bitten Sie jemanden, den Meditationstext vorzulesen, oder sprechen Sie ihn auf eine Kassette, die Sie dann abspielen. Die Auslassungspunkte markieren eine wichtige Pause – Stille innerhalb des Textes. Pausieren Sie so lange, wie es Ihnen gefällt. Fünf bis zehn Sekunden können beim Meditieren eine lange Zeit sein. Die doppelte Zahl an Auslassungspunkten heißt: noch längere Stille.

Schließen Sie die Augen, und entspannen Sie Ihren Körper . . . Nehmen Sie sich so viel Zeit, wie Sie brauchen, damit Sie sich wohl fühlen . . . Bewegen Sie die Muskeln . . . Strecken und entspannen Sie sich . . . Überprüfen Sie, ob Ihr Rücken und Ihr Nacken gerade und in einer Linie sind . . . und Sie sich nicht verspannen. Es ist keine Verspannung da . . . nur ein angenehmes Gefühl, eine beginnende Ruhe . . . Nichts eilt mehr . . . Es gibt nichts mehr zu tun . . . oder zu denken . . . entspannen Sie sich einfach.

Achten Sie auf Ihren Atem . . . Lassen Sie ihn tief in Ihren Körper ein . . . Lassen Sie Ihren Atem in sich einströmen wie weiche, schwere Wolken, die Sie mit Stille erfüllen . . . Atmen Sie langsam ein . . . tief . . . Atmen Sie langsam . . . und tief aus. Lassen Sie Ihren Atem einsinken und wieder ausströmen . . . Ihr Atem ist der Rhythmus der Ruhe . . . Folgen Sie Ihrem Atem . . . Atmen Sie unwichtige Gedanken aus . . . Atmen Sie Stille ein . . .

Gehen Sie in Ihrer Vorstellung in ein Zimmer, das angenehm und ruhig ist . . . Setzen Sie sich in einen Lieblingssessel oder auf ein großes Kissen . . . Sie werden sich jetzt ein paar Filme über Ihr Leben ansehen . . . Wenn Sie bereit sind, ziehen Sie vor sich eine Filmleinwand herunter . . . Diese Filme stellen Szenen Ihrer gesegneten Augenblicke dar . . . Zeiten in Ihrem Leben, als Sie sich beschützt fühlten . . . berührt . . . geborgen durch eine heilige Gegenwart.

Nehmen Sie jede Szene an, die kommt . . .

Es werden drei Szenen sein.

Die erste Szene schildert den Beginn, den Augenblick, da Sie Ihre Suche annahmen. Beobachten Sie sich in diesem Augenblick . . . Wie alt sind Sie? . . . Wo sind Sie? . . . Welche Hilfe haben Sie? . . . Was für ein Geschenk wird Ihnen in diesem Augenblick angeboten? ... Gibt es heute etwas, von dem Sie wünschten, Sie hätten es sich damals schon sagen können? ... Wenn Sie es für richtig halten, geben Sie sich diese Information jetzt ...... Segnen Sie die Person, die Sie waren. Wünschen Sie sich alles Gute ......

Die zweite Szene ist eine Heilung, ein Augenblick, in dem Sie mehr ein Ganzes wurden. Beobachten Sie sich in diesem Augenblick ... Wie alt sind Sie? ... Wo sind Sie? ... Welche Hilfe haben Sie? ... Was für ein Geschenk wird Ihnen in diesem Augenblick angeboten? ... Was hätten Sie in jenem Augenblick gern angenommen, von dem Sie nicht wußten, daß Sie ein Recht darauf hatten? ... Wenn Sie es für richtig halten, geben Sie sich dieses Geschenk jetzt ...... Segnen Sie die Heilung dieser Person. Wünschen Sie sich alles Gute ......

In der letzten Szene erhalten Sie das Gefühl einer neuen Richtung ... Beobachten Sie sich in diesem Augenblick ... Wo sind Sie? ... Wer ist bei Ihnen? ... Was für Hilfe haben Sie? ... Was ist das für eine Richtung, die Ihnen angeboten wird? ... Was für ein Geschenk wird Ihnen angeboten, das diese Richtung ermöglicht? Segnen Sie diese Person, die in diese Richtung geht ... Wünschen Sie sich alles Gute ...

Wenn Sie bereit sind, kehren Sie in das Zimmer mit der Filmleinwand zurück. Folgen Sie Ihrem Atem zurück in dieses Zimmer. Tauchen Sie aus der Stille auf ... Sie haben es nicht eilig ... Strecken Sie Ihren Körper ... Öffnen Sie die Augen ...

Nehmen Sie sich etwas Zeit, um das zu zeichnen oder zu notieren, was Sie von Ihrer Vision festhalten wollen.

III. Formen der Führung

Die Führung durch den Körper

Hier in diesem Körper sind die heiligen Flüsse: Hier sind die Sonne und der Mond und auch die Orte der Pilgerfahrt.
Ich kenne keinen anderen Tempel, der so glückselig ist wie mein eigener Körper. *Saraha*

Im Jahre 1969 fuhr ich zusammen mit mehreren Freundinnen von San Francisco, wo wir wohnten, nach Laguna Beach, wo wir in einem Haus, das der Mutter einer Freundin gehörte, das Wochenende verbringen wollten. Es war zufällig eine Zeit, wo die Pazifikküste eines ihrer Wunder hervorbrachte. Die Flut, die in jener Nacht hereinkam, trug Milliarden von Mikroorganismen, die auf dem Sand glitzerten und den Wellen eine unheimliche Leuchtkraft verliehen.

Wir fünf Freundinnen rannten am mitternächtlichen Strand entlang, lachten und sprangen auf dem Sand herum, um zu sehen, wie das Wasser funkengleich durch die Dunkelheit sprühte. Eine nach der anderen wurden wir still, immer mehr verzaubert, zogen unsere

Bilder vom kindlichen Körper

- Schreiben Sie über frühe Körperbotschaften.
- Schreiben Sie über Ihre ersten sinnlichen Erinnerungen, als Sie sich als kleines Kind Ihres Körpers bewußt wurden.

TAGEBUCHEINTRAGUNG

In meiner ersten richtigen Erinnerung stehe ich auf dem Toillettensitz und beobachte meinen Vater beim Rasieren. Es war im alten braunen Badezimmer, in der ersten Wohnung meiner Eltern, also kann ich noch keine zwei gewesen sein, gerade so alt, daß ich alleine stehen konnte. Ich zog gern die Wasserspülung, weil ich dann spürte, wie der verborgene Wasserstrahl die alte Porzellanschüssel erschütterte. Mein Vater ließ mich so oft ziehen, wie ich wollte. Es bereitete mir ein ungeheures körperliches Vergnügen, und ich erinnere mich, daß ich so begeistert lachte, wie es nur kleine Kinder können.

Tagebuchschreiben wie Stammesangehörige

Zusammen mit Ihrer Tagebuchgruppe oder anderen vertrauenswürdigen Freunden:

- Bemalen Sie sich.
- Schmücken Sie sich gegenseitig den Körper.
- Machen Sie Gipsabdrücke, schreiben Sie etwas darauf und dekorieren Sie sie.
- Tanzen und trommeln Sie, und werden Sie ein wenig wild.
- Meditieren Sie zusammen.
- Bilden Sie einen Energiekreis.
- Gehen Sie zusammen in die Stille. Rezitieren Sie.

Kleider aus und wateten in die Brandung. Wir entfernten uns beim Schwimmen nicht zu weit voneinander. Die Neonwellen bedeckten unsere Körper – jedes Haar, jede Hautfalte, den Raum unter unseren Fingernägeln und zwischen den Zehen.

Ich sah, wie mein ganzer Körper zu Licht wurde. Ich konnte fast durch die Haut hindurch die Blutgefäße erkennen, die sich wie Flüsse dahinschlängelten, und die Knochen, die an den Sehnensträngen baumelten, gegen das Wasser drückten, uns vorwärts schoben und uns in dem leuchtenden Durcheinander an der Oberfläche hielten.

Eine Freundin schwamm nicht weit von mir, auf ihrem langen Haar schimmerten winzige Sterne. Sie tauchte um mich herum wie ein Delphin und lachte. Jede Luftblase trug eine Kerze zur Oberfläche. Ihre Wimpern glänzten hell über den dunklen Augen.

Meine Freundin und ich haßten unseren Körper. Wie viele junge Frauen jener Zeit waren wir mit einer lächerlichen Idealvorstellung von Schönheit aufgewachsen, der wir nicht entsprachen. Ihre Beine waren stramm wie Baumstämme. Meine Brüste waren zu klein. Wir sprachen nie darüber, doch so, wie wir uns selbst behandelten und wie wir über uns redeten, wußten wir, daß der Haß da war. In dieser Nacht im Meer waren wir Meerjungfrauen. Wir drehten uns auf den Rücken und winkten mit sternübersäten Händen zur Milchstraße empor. «Du bist schön!» rief ich ihr zu. «Wenn du nur dein Haar sehen könntest.»

«Du bist auch schön», rief sie zurück. Wir sagten die Wahrheit und wußten es. In jenem Augenblick sahen wir uns so, wie wir wirklich waren. Hier in dieser magischen Flut erkannte ich zum erstenmal, daß Körper und Geist eins sind. Um das Licht zu lieben, das mich umgab, mußte ich den Körper lieben, der im Licht war.

Jedes spirituelle Wachstum wird durch das Medium unseres menschlichen Selbst erfahren. Auch uns im Westen wird allmählich klarer, daß Körper und Geist eins sind. Wenn Saraha schreibt: «Ich kenne keinen anderen Tempel, der so glückselig ist wie mein eigener Körper», dann verkündet er damit die Fähigkeit des Körpers, mit dem Geist gemeinsam die Tiefen der spirituellen Suche ausloten zu können.

Schuld an der Schwierigkeit, Körper und Geist harmonisch in die Reise zu integrieren, sind teilweise unsere kulturellen und religiösen Traditionen, die offen körperfeindlich (gewesen) sind. Man kann den Körper nicht als Tempel verehren und ihn gleichzeitig verachten. Man kann das Körperliche nicht in Extreme wie Askese oder

Man muß lange nackt gewesen sein, ehe man wirklich unverhüllt sein kann.

Nackt Tagebuch schreiben

- Suchen Sie sich einen Ort, wo Sie ungestört sind und die Temperatur angenehm ist, und ziehen Sie sich aus.
- Schreiben Sie in Ihr Tagebuch, lesen Sie, stricken Sie, legen Sie ein Puzzle, tanzen Sie, machen Sie Yoga.
- Was ist das für ein Gefühl, nur mit der Haut «bekleidet» herumzuhantieren?
  Machen Sie keine negativen Kommentare zu Ihren Beobachtungen. Beobachten Sie einfach nur.
- Was wäre, wenn Sie noch nie zuvor einen Körper gesehen hätten?
- Betrachten Sie alle Teile Ihres Körpers, die sich bewegen.
- Beobachten Sie, wie alles funktioniert.
- Zeichnen Sie in Ihr Tagebuch den Umriß Ihrer Hände. Zeichnen Sie Bilder der Energie, die von ihnen ausströmt.
- Legen Sie sich auf ein großes Blatt Papier, und lassen Sie von jemandem die Umrisse Ihres Körpers nachzeichnen. Schreiben und zeichnen Sie in diesem Bild.

Körperbewußtsein

- Stellen Sie fest, wie oft Sie eine Bemerkung über Ihren Körper machen.
- Wie möchten Sie ihn verändern?
- Senden Sie Ihrem Körper gewöhnlich negative oder positive Botschaften? Notieren Sie sie.
- Wie würden Sie sich fühlen, wenn Sie keinen körperlichen Fehler hätten, an den Sie ständig denken müssen?
- Benutzen Sie Ihren Körper, um zu verhindern, daß Sie Ziele erreichen? Wie tun Sie das?
- Verwenden Sie Ihren Körper, um sich zu helfen, Ziele zu erreichen? Wie machen Sie das?
- Halten Sie ein Zwiegespräch mit Ihrem Körper.

Ausschweifung aufteilen und erwarten, daß der Leib seine Rolle als spirituelles Gefäß begreift. Durch diesen Antagonismus lernen wir, in unserem Geist oder in unserem Körper zu leben, aber nicht in beidem zusammen.

Das Tagebuch ist ein sicherer und persönlicher Ort, um uns mit unserer physischen Natur auseinanderzusetzen, und für viele von uns müssen Worte gesagt, Gefühle ausgedrückt, Geschichten bezeugt werden. An dem Entschluß, «körperlich nach Hause zu kommen», ist etwas Wichtiges und Heilendes. *Der Körper kann erst zu einem Teil Ihres spirituellen Lebens werden, wenn Sie mit Ihrer Energie «in» ihm sind.* Und Sie können erst in ihm sein, wenn Sie die Kluft zwischen Körper und Geist überwunden haben.

Ich weiß nicht, warum der eine Körper «toller» ist als ein anderer, oder warum manche Menschen mit Behinderungen oder Krankheiten zu kämpfen haben. Ich weiß nur, daß jeder Körper eine menschliche Seele beherbergt und diese Seele durch ein Leben führt, gleichgültig, wie schwierig die physischen Bedingungen sind. Den Körper anzunehmen ist eine Grundvoraussetzung für spirituelle Klarheit. Wenn Sie Ihren Körper nicht gut behandeln, suchen Sie jemanden, der Ihnen hilft, Ihre Einstellung, Ihre Gewohnheiten und Ihr Verhalten zu ändern. Es gibt Gruppen, die bei gestörtem Eßverhalten helfen, bei sexuellen Störungen, chronischen Krankheiten und Behinderungen verschiedenster Art. Wenn Sie süchtig sind nach irgend etwas, sorgen Sie dafür, daß diese Abhängigkeit aufhört. Einstellungen und Haltungen ändern sich schnell. Sie werden Hilfe finden, um vernünftige Entscheidungen zu treffen.

Unser Körper ist das Instrument, durch das wir spirituelle Ekstase erfahren. Vergnügen, im und durch unseren Körper erlebt, ist ein echter Aspekt des Transzendenten. Vielleicht haben Sie die Werke eines ekstatischen Mystikers gelesen – solche Menschen gibt es in allen geistigen Traditionen. Wenn ein Mystiker oder eine Mystikerin schreibt, daß er oder sie «in Gott entrückt» ist oder «sich in heiliger Ekstase windet» – was für ein physischer Zustand, glauben Sie, wird da beschrieben? Wenn Sie nicht bereit sind, spirituelles Vergnügen durch Ihren Körper zu erfahren, kann das erschreckend und verwirrend sein.

Esoterische Traditionen betrachten den Körper als ein Energiefeld, das durch die Bewußtheit aufrechterhalten wird. Yogische Traditionen behaupten, daß jede Zelle eine bestimmte Intelligenz besitzt und ein unabhängiges, aber mit allen anderen Zellen koordi-

Ich glaube, daß der menschliche Körper ein geradezu ingeniöser Beweis für die Kraft des Bewußtseins ist, Energie in Materie und Materie in Energie zu verwandeln.
... Der Körper ist ein natürlicher Umwandler. Er ist der Stein des Weisen, fähig, andere Formen von Energie und Materie in sich selbst zu verwandeln.

Chakras und Tagebuchschreiben

Chakra-Energie wird in der Meditation oft erlebt. Halten Sie Ihr Tagebuch bereit, um Bilder und Eindrücke zu notieren.

- Konzentrieren Sie sich jeweils auf ein Chakra. Meditieren Sie darüber, wie Sie es mit weißem Licht füllen.
- Zeichnen Sie das Aussehen des Chakra, ehe Sie mit ihm zu arbeiten beginnen, und dann noch einmal, wenn Sie sich eine Weile mit ihm beschäftigt haben.
- Unterhalten Sie sich mit einem Chakra, das blockiert zu sein scheint.
- Unterhalten Sie sich mit einem Chakra, und bitten Sie um Führung.

niertes Leben führt. Die Körperenergie als Ganzes entspringt der Lebenskraft jeder einzelnen Zelle, die in Einklang mit den anderen arbeitet, um die Lebensform zu erzeugen, die wir darstellen. Die chinesische Tradition verfolgt den elektrischen Kreislauf des Körpers durch das komplizierte Netzwerk von Akupunkturpunkten und Meridianen. Ärzte und Philosophen des Mittelalters nahmen an, der Körper habe «sieben Säfte», die mit den sieben wichtigsten Organen zusammenhingen und im Gleichgewicht sein müßten, um die geistige und physische Gesundheit des einzelnen zu erhalten.

Alle diese Lehren nehmen an, daß im Körper etwas ist, das ihm Kraft gibt. Wenn er das Vehikel für die geistige Reise ist, dann ist die Lebenskraft sein Brennstoff. Wir sind von Energie durchtränkt, die mit der Frequenz schwingt, die unsere persönliche Lebensform zu ihrer Erhaltung braucht. Wir schwingen mit verschiedenen Frequenzen und auf verschiedenen Intensitätsebenen, und die Welt um uns herum ebenso.

Alles, was lebt, sendet energetische Schwingungen aus. Jeder empfängt und gibt Energie weiter. Die Kirlian-Fotografie hat die leuchtende Energie, die von unseren Fingerspitzen ausstrahlt, ein Kohlblatt umgibt oder von Gegenständen ausgeht, die wir gewöhnlich nicht als lebendig betrachten, auf Film gebannt. Die Energie eines Kolibris unterscheidet sich stark von der eines Steins, aber beide schwingen mit ihrer, ihrem Wesen eigenen Lebendigkeit. Diese Vibrationen sind als Licht registrierbar.

Dieses elektrische Energiesystem ist universal. In spirituellen Traditionen sind die Energiemuster, die die Menschen als Teil ihrer spirituellen Disziplin beschreiben und entdecken, im wesentlichen die gleichen. Auch wir können diesen Schwingungszustand durch verschiedene Methoden hervorrufen, und wenn wir ihn erreicht haben, werden wir die gleiche Energie erfahren.

Eine Möglichkeit, sich diese Energiemuster vorzustellen, ist, sieben Hauptenergiezentren zu visualisieren, die im Körper entlang dem Rückgrat liegen. Das Sanskrit-Wort dafür ist *Chakra.* Wenn Sie Ihren Körper geistig zurückgewinnen, werden Sie sich dieser Zentren als Energiefelder bewußt werden, wo Schwingungen sich zu sammeln scheinen und von wo sie ausstrahlen. Schwingungen sind ein natürlicher Zustand für uns: Unser Körper schwingt ständig, es ist uns nur mehr oder weniger bewußt, wir sind mehr oder weniger darauf eingestellt und leiten mehr oder weniger starke Spannung durch unsere Zellen.

TAGEBUCHEINTRAGUNG

Im oberen Teil meiner Brust spüre ich unerklärliche, wechselnde Schmerzen. Erst treten Sie an einer Stelle auf, dann an einer anderen. Manchmal läßt der Schmerz für längere Zeit nach, dann kommt er wieder. Ich habe Angst vor diesem Schmerz. Ich habe darum gebetet, daß er verschwindet. Ich bin zum Akupunktur-Spezialisten gegangen, zum Ernährungsberater, Chiropraktiker und schließlich zu einem Arzt, der eine Mammographie und eine Röntgenaufnahme machen ließ. Ohne Befund.
Heute nacht erwachte ich und dachte, es würde mir die Brust zerreißen. Von den schmerzenden Stellen schienen heiße Energiefunken wegzufliegen. «Wer seid ihr?» wollte ich wissen.
Eine innere Stimme antwortete: «Ich bin Liebe.»
«Was?»
«Liebe.»
Ich legte die Hände auf die Brust und weinte wegen der vielen Untersuchungen, die diese zarten Stellen über sich hatten ergehen lassen müssen, wegen der vielen Behandlungen und Tests, die ich durchgemacht hatte. «Liebe?» fragte ich. «Ihr seid einfach Liebe?»
Mein spirituelles Herz hatte sich geöffnet.

Sex, Sinne und Tagebuch

- Wie ist Ihre Libido? Warum ist sie so? Warum nicht anders?
- Wie spiegelt Ihr Körper Ihre mentale, emotionale und spirituelle Verfassung wider?
- Wie stärken und ernähren Sie sich körperlich?
- Wann haben Sie sich zum letzten Mal in Licht verwandelt?

Die schon sehr alte Chakra-Theorie kennt verschiedene Traditionen, doch normalerweise werden die Hauptzentren wie folgt definiert:

7. Das Sahasrāra-Chakra: Es liegt über dem Scheitelpunkt des Kopfes und ist das Tor des Körpers zum Universum. Farbe – Purpur.
6. Das Ājñā-Chakra (das «dritte Auge»): Es liegt in der Mitte der Stirn, gerade über den Brauen, und ist der Sitz der Intuition und hellseherischer Fähigkeiten. Farbe – Indigo.
5. Das Vishuddha-Chakra: Es liegt am unteren Ende des Halses, gerade über der Verbindung der Schlüsselbeine, und repräsentiert Kreativität und Ausdrucksvermögen. Farbe – Himmelblau.
4. Das Anāhata-Chakra: Es liegt in der Herzgegend und ist die Quelle des Mitgefühls. Farbe – Goldgelb.
3. Das Manipūra-Chakra: Es liegt in der Nabelgegend,im Bereich des Solarplexus, und ist die Quelle persönlicher Kraft. Farbe – Helles gelbliches Grün.
2. Das Svādhishthāna-Chakra: Es liegt an der Wurzel der Genitalien bzw. oberhalb des Schambeins und unterhalb des Nabels und ist die Quelle körperlicher Gesundheit und Potenz. Farbe – Pink.
1. Das Mūlādhāra-Chakra: Es liegt zwischen den Genitalien und dem Anus und ist die Quelle der Libido, der Lebenskraft, des Lebenswillens. Farbe – Orangerot.

Wenn Sie regelmäßig meditieren oder beten, werden Sie sich dieser Energiezentren im Körper wahrscheinlich bewußter werden. Die Meditation kann Ihren Körper einschalten, als würde die Spannung plötzlich erhöht. Hände, Füße, Ihr ganzer Körper kann vor Energie vibrieren. Vielleicht entdecken Sie, daß Sie leicht hin und her schaukeln, als wollten Sie sich auf Ihren Herzrhythmus einstimmen. Muskeln können zucken. Sie können das Gefühl haben, daß die Schwingung Ihres Körpers übertrieben ist oder daß Ihr Bewußtsein die Neigung hat zu verschwimmen, bis Sie nicht mehr ganz sicher sind, ob sich Ihr Körper und Sie am selben Ort befinden. Das sind natürliche Energiephänomene. Sie dauern nur so lange, wie Sie «auf Empfang» sind. Wenn Sie Angst bekommen, zu analysieren beginnen oder sich von der Erfahrung zurückziehen, ist wieder alles vorbei. Öffnen Sie die Augen: Kehren Sie in Ihre äußere Umgebung zurück, und verändern Sie Ihre Körperhaltung. *Sie allein tragen die Verantwortung dafür, ob und wie weit Sie sich dem Universum öffnen.* Nehmen Sie

Wie man sich schützt

- Wenn Sie sich Ihrer Liebesenergie öffnen, werden Sie auch für andere Energien, die Sie umgeben, durchlässiger. Während Sie sich noch in der Stille befinden, stellen sie sich von weißem Licht umgeben vor, als wären Sie das Eigelb in einem Ei aus Licht. Diese Schale ist transparent. Sie können hinaussehen und werden gesehen, doch sie ist auch eine Schranke. Hinter dieser Schranke sind Sie für wahllos auf Sie einströmende Energien nicht erreichbar. Menschen, die Ihre Energie abzapfen wollen, können Ihnen nichts anhaben, Sie sind für die ungeordneten Energien anderer Menschen und deren Machenschaften nicht mehr anfällig.
- Sitzen Sie in Ihrer Hülle aus Licht, und umgeben Sie sich bewußt mit Gedanken, die Sie zu Ihrem Schutz brauchen.
- Beten Sie um Führung.
- Bitten Sie das Transzendente, Ihnen bestimmen zu helfen, wen und was Sie in Ihr Leben lassen sollen.
- Tun Sie es langsam, ruhig.
- Es besteht keine Eile.

Der Körper als Gebetshaus

- Schildern Sie, was Sie in Ihrem Körper erleben, wenn Sie meditieren oder beten. Zensieren Sie nicht. Ordnen Sie Sinneswahrnehmungen nicht ein, beurteilen Sie sie nicht. Stellen Sie nur fest.
- Wie interpretieren Sie diese Gefühle?
- Haben Sie mit dieser Energie bestimmte Absichten?
- Welcher Teil von Ihnen hat diese Absichten?
- Sind Sie vom spirituellen Standpunkt aus betrachtet eindeutig?

nur die Energiemenge auf und übermitteln Sie nur so viel, wie Ihnen angenehm ist und Ihrer Situation entspricht.

Diese Energieveränderungen sind nicht besonders dramatisch. Sie können in die Energie hineingehen oder sie verlassen, indem Sie einfach den Brennpunkt Ihrer Aufmerksamkeit verändern. Einschneidende Veränderungen, vor allem wenn sie bei Gruppenübungen durch den Leiter initiiert werden, können gefährlich und einengend sein, weil sie Sie von dem Pfad wegholen, von dem Sie intuitiv wissen, daß er der richtige für Sie ist. *Energie ist etwas Reales und deshalb auch das Herumspielen mit ihr.* Achten Sie genauso sorgfältig darauf, welchen Arten von Energie Sie sich aussetzen, wie Sie darauf achten, was Sie essen. Lassen Sie nur in den Körper hinein, was gut für ihn ist. Das gilt auch für die Energie, die Sie hereinlassen oder einladen, hereinzukommen. Machen Sie die Schutzübung, und behalten Sie sich immer das Recht vor zu gehen, wenn Sie sich in einer Situation nicht wohl fühlen.

Sexuelle Erregung und spirituelles Erwachen wird beides in den Chakras erfahren. Wenn das Energiezentrum an der Basis des Rückgrats sich durch Gebet oder Meditation öffnet, ruft es Gefühle hervor, die *man uns gelehrt hat*, als sexuell zu identifizieren. Sie sind nicht sexuell erregt, Sie sind einfach energetisiert. Wenn Sie Ihre Aufmerksamkeit auf die Hände lenken, werden Sie feststellen, daß sie genauso intensiv summen wie das Becken. Sie sagen dann nicht: «Meine Hände sind erregt.» Oder: «Mein drittes Auge ist erregt.» Sie sagen: «Die Energie fließt in meinen Händen, in meinem Herzen, in meinem dritten Auge und in meinem Becken . . .» Die Energie des Universums ist bedingungslose Liebe. Sie erleben eine Art von übernatürlicher Leidenschaft, die durch verstärkte Energieübermittlung erzeugt wurde. Menschen, die dieses Energieniveau aushalten, scheinen ein wenig mehr zu «glühen» als wir anderen. Wenn sie das im Rahmen ihrer Spiritualität tun, übermitteln sie anderen Menschen Energie und konzentrieren ihre Energie auf das Transzendente. Dies ist die Entrückung, von der die Mystiker sprechen.

Sexuelle und spirituelle Energie sind nur ihrer Intention und ihrem Fokus nach verschieden.

Die sexuelle Energie ist präzise. Die Sexualenergie sucht Erleichterung durch eine intensive Einstellung auf einen bestimmten Punkt. Diese Einstellung wird immer schärfer, bis sie sich in einem Orgasmus entlädt. Sie verlangt eine Reaktion, Polarität, das Zusammentreffen mit einer gleichen Leidenschaft. *Spirituelle Energie ist diffus.*

Dem Menschen ist die Fähigkeit zum Meditieren angeboren. Es ist nichts, was man lernen muß. Man muß sich mit der Erfahrung Zeit lassen, aber im Wesentlichen muß man den Akt des Meditierens selbst nicht strukturieren. . . . nach Belieben auf natürlichem Weg herbeigeführte höhere Bewußtseinszustände erfahren, vom Selbst zum höheren Selbst überwechseln durch nichts weiter als das Senken der Augenlider, das Schmelzen eines festen Umrisses in einen weichen, amorphen, grenzenlosen zu erleben, zu beginnen, sein Erbe als bewußte, universale Wesenheit zu beanspruchen – all das kann durch die Kunst der Meditation erreicht werden.

Überlegungen zur Anziehungskraft

- Wenn Sie sich spirituell zu jemandem hingezogen fühlen – schreiben Sie darüber.
- Lassen Sie zu, daß Sie schreiben, was immer Sie schreiben wollen.
- Schildern Sie Ihre Phantasien, Hoffnungen, Enttäuschungen, Wünsche, Fragen, widersprüchliche Gefühle, Vorwarnungen.
- Schreiben Sie Dialoge zwischen sich und der anderen Person.
- Bitten Sie um Führung.
- Schreiben Sie Dialoge zwischen sich und Ihrer spirituellen Führung.
- Machen Sie sich darauf gefaßt, verwirrt zu sein. Nutzen Sie Ihr Tagebuch, bis Sie klarsehen.

Die spirituelle Energie sucht Erleichterung durch Zerstreuung des Brennpunkts. Sie möchte unterschiedslos fließen, überall als Licht dasein, ungefaßt, durch den Körper leuchtend, als Segnung für die Erde, die Luft, andere Menschen, ohne Zwang oder das Bedürfnis nach einer Reaktion.

Wenn die Energie sexuell auf einen Punkt zufließt, können Sie sie spirituell zerstreuen, indem Sie Ihre Aufmerksamkeit verlagern (auf das Herz, die Hände, den Kopf) und dann die Energie freigeben. Sie werden spüren, wie sie abfließt, zurück zu ihrer Quelle im Universum.

Während wir versuchen, in einem geöffneten Energiesystem zu leben, sollten wir uns darauf gefaßt machen, daß wir durch Körpersignale und die soziale Konditionierung unseres Verstandes verwirrt werden. Wir werden Dinge akzeptieren, die einfach falsch sind. Wir werden Vorgänge spontan anders interpretieren als im Rückblick. Wir können das Tagebuch als einen Ort wählen, um zu sortieren, Klarheit zu erhalten, ehe wir handeln oder andere Menschen deswegen angehen. Trotzdem wird dies kein perfektes Verfahren sein. Nur Sie selbst aktivieren die Energie. Niemand sonst. *Sie* beschließen, sich der Energie zu öffnen.

Es hat Zeiten gegeben, da ich in meinem Vorgarten im Gras lag, die Wärme der Sonne aufsog, die Kühle der Erde, den raschelnden Schatten eines Baums – ebenso erotisch eingestimmt wie bei einer sexuellen Erfahrung. Dies ist unser Planet, unser Zuhause. Wir sind so angelegt, daß wir auf gleiche Schwingungen reagieren. Wenn Sie sich für die Reise des Körpers öffnen, öffnen Sie sich einer Liebesbeziehung im Körper, die Zelle für Zelle geschieht.

In Anbetracht der Enthüllungen über sexuelle Ausschreitungen beim Klerus, bei Predigern, Gurus und anderen Leuten, die sich zu Autoritäten in spirituellen Dingen aufwerfen, *müssen wir gegenseitig die Verantwortung dafür übernehmen, daß wir bestimmte Grenzen einhalten und im Hinblick auf die Energie ethische Grundsätze entwickeln.*

Die geistige Anziehungskraft kann ein Geschenk des wechselseitigen Austauschs zwischen Student und Lehrer sein, solange sie nicht vom Studierenden oder vom Lehrer ausgebeutet oder umgeleitet wird. Der spirituell geeinte Körperverstand besitzt eine Intelligenz, die über unser übliches Begriffsvermögen hinausgeht. Wir geraten in Schwierigkeiten, wenn wir es auf das anwenden, was in der Körper/Geist-Realität geschieht. Wenn wir versuchen, Erfahrungen, die auf veränderten Bewußtseinszuständen beruhen, in die ge-

TAGEBUCHEINTRAGUNG

Ich kann den Unterschied zwischen sexueller und spiritueller Energie erkennen, obwohl sie beide vom selben Ort in meinem Körper ausstrahlen. Die sexuelle Energie will den Orgasmus und ist dann zufrieden. Der Orgasmus geht durch die spirituelle Energie hindurch wie ein Lichtpunkt auf einem Radarschirm. Es ist nicht besonders befriedigend und irgendwie nicht wichtig.

Der Körper als Freund

- Wann war Ihr Körper Ihr bester Freund? Wie war das?
- Auf welche liebevolle Weise haben Sie sich um Ihren Körper gekümmert?
- Auf welche Weise haben Sie Ihren Körper absichtlich verletzt?
- Wie haben Sie Ihren Körper bewußt geheilt?
- Wie fühlten Sie sich in Ihrem Körper (bzw. werden Sie sich fühlen) mit zehn Jahren, mit zwanzig, vierzig, achtzig Jahren?
- Was könnten Sie tun, das Ihnen soviel wie möglich hilft, Ihren Körper zu lieben?
- Warum tun Sie es nicht?
- Werden Sie es tun?

wöhnliche Wirklichkeit zu integrieren, werden wir verwirrt und handeln durch das Ego-Selbst, statt durch das geistige Selbst.

Der Körper will Ekstase. Dann weiß der Körper, daß er lebendig ist. Ekstase gibt es in Hülle und Fülle – durch leuchtende Meere, durch plötzliche Erkenntnisse, wenn man sein Herz dem Leben und anderen Menschen öffnet. Körper und Geist gemeinsam fordern uns heraus zu erkennen, was von uns als lebendiger Energie wirklich verlangt wird. Und dann sollen wir dieser Erkenntnis folgen, ohne uns beirren zu lassen. Wir müssen das tun, was uns das Licht zu tun lehrt. Wir müssen vorsichtig sein, uns schützen und immer mehr lernen.

In fast allen spirituellen Traditionen gibt es Geschichten über hochentwickelte geistige Führer, die, wenn sie sterben, einfach zu Licht werden können. Sie lösen die Energie auf, die sie als menschliche Form zusammenhielt, und kehren zu dem Grundelement zurück, aus dem wir alle bestehen: Licht.

Traumdeutung

Es gibt viele Arten der Traumdeutung und -analyse. Die hier skizzierte ist eine Methode, bei der Sie sich auf sich selbst verlassen müssen und die Sie in Ihrem Tagebuch verwenden können.

- Wenn Sie sich an einen Traum erinnern, schreiben Sie die bedeutsamsten Symbole auf, oder zeichnen Sie sie.
- Erzählen Sie den Traum im Präsens, als würden Sie ihn noch einmal träumen.
- Machen Sie einen Kreis um die Symbole, die am wichtigsten zu sein scheinen (vergessen Sie nicht, daß Ihr Traum-Selbst ein Symbol ist).
- Stellen Sie jedem Symbol die folgende Frage: «Wer oder was bist du, und was sollst du mir in meinem Traum sagen?»
- Atmen Sie langsam ein und aus.
- Schreiben Sie die erste Antwort auf, die Ihnen in den Sinn kommt – auch wenn sie nicht vernünftig zu sein scheint.
- Gehen Sie zum nächsten Symbol über, oder sprechen Sie mit einem Symbol, bis seine Bedeutung klar ist.

Träume: Die Führung im Schlaf

Man träumt nicht, man wird geträumt. Wir erleiden den Traum. Wir sind das Objekt. C. G. Jung

Die Traumwirklichkeit hat die Menschen schon immer fasziniert. Wir wissen, daß wir im Bett liegen, behaglich unter die Decke gekuschelt. Im Zimmer ist es gewöhnlich dunkel. Wir wissen auch, daß wir uns nicht bewegen. Es ist nämlich tatsächlich so, daß der Körper während des Träumens in eine Art leichten Lähmungszustand gerät, *damit* wir uns nicht bewegen und unsere Traumhandlungen ausagieren können. Und doch, wenn wir aufwachen, erinnern wir uns an Licht, Ton, Bewegung, Gesellschaft, die im Traum dagewesen sind. Dinge sind geschehen – wenn auch nur im Geiste –, die unsere Stimmung heben oder uns bedrücken, Erwartungen verändern, auf Beziehungen einwirken. Wir sind nicht mehr genau dieselbe Person wie vor acht Stunden – und dagegen können wir nichts tun. Wir können keine Kontrolle ausüben und verhindern, daß wir wieder träumen. Jedesmal, wenn wir schlafen, unterwerfen wir uns der nächsten Drehung des Rouletts der unbewußten Bildvorstellungen. In unseren Träumen haben wir eine Beziehung zur Suche, die nur innerhalb des Geistes geschieht, und diese Beziehung ist eine Wechselwirkung. Wir sind beides – der Träumende und das Geträumte.

Jeder Mensch träumt, allerdings erinnert sich nicht jeder an seine Träume, nicht jedem gefällt, was er träumt, nicht jeder weiß, was er mit diesen Bildern anfangen soll. Bei der spirituellen Reise wird eine Art Handel abgeschlossen. «Okay», sagt der Geist, «du möchtest, daß ich über bestimmte Dinge nachdenke. Nun, ich habe auch ein paar Sachen, über die ich möchte, daß du nachdenkst. Hier sind meine Forderungen.» Und schon tauchen Träume auf. Bizarr und faszinierend, voller Energie und Symbolik ruhen sie in den Kammern des Geistes und warten darauf, daß wir erwachen, das Tagebuch aufschlagen und sie aufschreiben.

In unseren Träumen bereisen wir den Planeten und den Kosmos, unbekümmert um geographische Schranken, Zeit, Geschlecht, Rasse. Der König wird zum Bettler, der Bettler zum König.

Träume sind eine äußerst symbolische und bildhafte Form der Kommunikation, man muß lernen, sie zu verstehen, um sie in die spirituelle Reise integrieren zu können. In Träumen gelten die übli-

TAGEBUCHEINTRAGUNG – ANTWORTEN AUF DIE FRAGEN:

ICH: Wer oder was bist du und was sollst du mir in meinem Traum sagen?
NEUES HAUS: Ich bin das neue Leben, das aus dem gegenwärtigen hervorgeht, mit ihm verbunden, aber von der Vergangenheit frei ist.
BÄR: Ich bin deine Imagination, deine Kreativität. Ich bin riesig. Ich werde immer größer. Ich möchte mit dir spielen. Ich lebe an deiner Peripherie deines Lebens, egal, wie beschäftigt du bist.
WALD: Ich bin die Welt. Es gibt mehr wunderbare Dinge auf der Welt, als du dir vorstellen kannst.
GESCHÖPFE und INDIANER: Wir sind die Geister, die dich leiten. Wenn du nichts mit uns anzufangen weißt, scheinen wir wild und ungezähmt zu sein. Wenn du betest, werden wir die Energie dieser Gebete umsetzen. Wenn du uns so siehst, wie wir wirklich sind, können wir dir unsere heiligen Namen enthüllen.
HOLZFÄLLER: Ich bin deine männliche Seite, der Handelnde, der es mit der Welt aufnimmt. Ich führe die Geister und werde von ihnen geführt. Wir sind untrennbar verbunden miteinander. Wir alle zusammen sind notwendig, damit in der Welt wirksam gehandelt werden kann.
BRIEF: Ich bin das Versprechen, daß der Mann mit allem da draußen fertig wird und nur dein Bestes will.
POW-WOW: Ich bin der Wendepunkt. Du wirst an einen Ort gebracht, wo alles geschieht, wo alles verwandelt werden kann.
SCHWESTER (B.): Ich bin dein unerwecktes Selbst. Es ist Zeit für mich aufzuwachen, nicht zurückzubleiben.

chen Gesetze von Zeit, Raum, Schwerkraft, Ursache und Wirkung nicht immer. *Träume sind Rätsel, und der Geist möchte, daß wir sie lösen.*

Manche Kulturen verstehen Träume als Botschaften aus einer anderen Wirklichkeit. Im alten Griechenland reisten die Leute aus der ganzen damals bekannten Welt zum Orakel von Delphi, um dort zu träumen und ihre Träume deuten zu lassen. In der modernen westlichen Tradition hatten Träume nicht diesen hohen Stellenwert, aber das hat sich in den letzten Jahrzehnten – nicht zuletzt aufgrund der zentralen Rolle, die Träume im Rahmen der Psychoanalyse spielen – entscheidend geändert. Träume sind eine ergiebige Quelle der spirituellen Führung und können von jedem Träumenden frei interpretiert werden.

Bei Tagebuch-Seminaren ist der längste Kurs immer die Arbeit mit den Träumen. Die Teilnehmer bringen ihre «gesammelten Träume» mit, und wir machen uns daran, sie zu interpretieren, zu zeichnen, manchmal auch, sie auszuagieren – und niemand will nach Hause gehen. Es ist eine solche Erleichterung, über diese andere Welt, in der wir ein Drittel unseres Lebens verbringen, zu sprechen, sich mitzuteilen und sie zu erkunden. Es muß etwas zu bedeuten haben: Wir sind «dort» fast soviel wir «hier».

Der folgende Traum wurde von der Träumenden nach den einfachen Richtlinien gedeutet, die auf Seite 124f. stehen. Die kursiv gesetzten Worte und Sätze sind Symbole, die sie durch Fragen und Antworten interpretieren wollte.

J. und *ich* in einem *neuen Haus,* oder in diesem Haus, das umgebaut wurde. Unmengen von Bäumen umgeben es. Ein riesiger *Bär* ist im *Wald.* C. und E. kommen vorbei. Unter der Veranda sind heftige tierische Laute zu hören. Wir trampeln mit den Füßen, und all diese pelzigen *Geschöpfe* kommen heraus. Einige sind Tiere, andere in Felle gekleidete *Indianer.* Ein ungepflegter, aber freundlicher Mann ist unter ihnen, wohl ihr Anführer. Er ist *Holzfäller* in den *Wäldern* der Umgebung. Sie gehen weg, um irgendwo Bäume zu fällen. Er schreibt mir einen schönen *Brief* über den Geist des Waldes. Alle Indianer schicken mir eine Liste mit ihren wirklichen Namen und der Aussprache dieser Namen.

B. und ich werden von einem weißen Lehrer zu einem *Pow-wow* mitgenommen. Man bringt Sachen mit, die man tauschen möchte. Ich habe *alten Schmuck* dabei und schachere mit *zwei Frauen, denen es Spaß macht, mir zu erzählen, daß sie in Wirklichkeit*

FRAUEN, DIE MÄNNER SIND: Wenn du voll integriert bist, kannst du entweder das eine oder das andere sein, oder beides, oder alles, was du bist. Im Geist bist du androgyn. Deine physische Natur ist nur eine Hülle. Spiel mit ihr. Gleichgültig, wie du aussiehst, du bist nicht die, die du zu sein scheinst. Du bist eine Seele.
ALTER SCHMUCK: Was du auch aufgibst, was du auch für diese Verwandlung eintauschst – es wird dir nicht fehlen. Du behältst, was wichtig ist, und gibst alte Schmuckstücke her, die keinen Wert mehr für dich haben oder deren Wert du nicht mehr verstehst.
INITIATION: Die alten Frauen wecken die unbewußte Frau (das Selbst). Dies ist die Aufforderung, dir deiner Macht als Frau bewußt zu werden. Beim Ritual mußt du etwas im Ganzen hinunterschlucken, ohne zu ersticken. Du mußt deine Kehle öffnen, entspann dich, damit du es hinunterläßt, ohne dich anzuklammern, zu verkrampfen oder Angst zu bekommen.
ICH: Was muß ich schlucken?
ALTE FRAUEN: Dein wahres Verstehen.
J.: Dies ist nicht mein Pow-wow. Ich werde auf meinem eigenen Weg dorthin gelangen. Die Pfeife wird mich führen.

Traumarbeit und Spiele

- Zeichnen Sie Ihre Träume mit einem andersfarbigen Stift auf als Ihre übrigen Eintragungen, damit Sie sie leicht wiederfinden.
- Machen Sie eine Liste wiederkehrender Themen und Symbole.
- Was für Bedeutungen könnten sie haben?
- Schreiben Sie Ihren Träumen Briefe, lassen Sie einen Briefwechsel daraus werden.

Männer sind. Sie möchten ein paar Schmuckstücke haben. Es wird getrommelt, es herrscht ein großes Stimmengewirr. Dann geht eine Frau in die *Initiations*hütte. Das Rezitieren wird immer lauter, bricht ab. Es herrscht völlige Stille. Die Frau singt oder sagt undeutlich etwas und wird von anderen *älteren* Stammesfrauen an einen verborgenen Platz getragen. Bei der Einweihung geht es darum, etwas zu schlucken, ohne zu ersticken ... B. ist hier, um es zu machen. Wir behalten die ganze Sache im Auge. Die Frau wirkt ein wenig mitgenommen, aber scheint in Ordnung zu sein. Mir fällt *J.* ein. Als Pfeifenträgerin gehört sie hierher. Diese Leute würden sie verstehen, und sie würde eine gute spirituelle Gemeinschaft finden.

Um Ihre Träume festzuhalten, führen Sie ein Traumtagebuch – Notizblock, Zeichenblock oder sogar ein kleiner Kassettenrecorder sollte stets neben Ihrem Bett bereitliegen. Träume sind etwas Flüchtiges, sie graben sich nicht so tief ins Gedächtnis ein wie bewußte Gedanken. Sie driften. Wachen Sie von selbst auf, ohne Wecker oder Radio. Verändern Sie nach dem Erwachen nicht plötzlich Ihre Lage. Halten Sie nach einem Traumbild Ausschau. Sie werden erleben, daß Sie eine solche Vielfalt von Träumen haben, wie Sie es nicht für möglich gehalten hätten. Wenn Sie Ihre Träume besser kennenlernen wollen, pflegen Sie sie, als wären es Freunde. Wenn sie mit Ihnen «sprechen», antworten Sie ihnen. Behandeln Sie Träume mit Respekt, indem Sie sie aufschreiben, sie interpretieren und ihre Bedeutung für Ihr Leben anerkennen. Denn dies ist eine wohlwollende Beziehung: Beide, der bewußte und der unbewußte Aspekt Ihres Geistes sind bestrebt, Ihnen beim Wachsen zu helfen.

In Zeiten von intensivem Wachstum, Streß oder Euphorie kann die Erinnerung an Träume gestört sein. Sie träumen zwar, aber Ihnen wird keine zusätzliche Information mehr gegeben, auf die Sie reagieren könnten, wenn Sie wieder ganz «bewußt» sind.

Die folgenden Traumkategorien mögen Ihnen dabei helfen, sich über die Art der Botschaft Gedanken zu machen, die das Unterbewußte sendet, und zu erkennen, wie Sie sie auf Ihrem spirituellen Weg am besten einsetzen können.

Bildvorstellung im Dämmerzustand. Das ist ein traumähnlicher Zustand zwischen Wachen und Schlafen, wenn Sie nicht genau wissen, ob Sie träumen oder nicht. Die Bilder neigen dazu, eine Mischung aus Wach- und Traumsymbolen zu sein. Sie «sehen» zum Beispiel

Bildvorstellung im Dämmerzustand

Ich lag im Bett; plötzlich bemerkte ich einen riesigen Fliederstrauß auf dem Frisiertisch, und ich konnte mir nicht erklären, wie er dorthin gekommen war, denn jetzt blüht kein Flieder.

Aufarbeitung des Alltags

Ich wollte eigentlich meinen Bruder anrufen und fragen, wie es dem Baby geht. Doch ich wurde müde und legte mich ins Bett, ohne ihn anzurufen. Deshalb träumte ich von ihnen – es geht ihnen gut.

Unterhaltung

Fast jeden Sonnabend, wenn ich zwei Stunden länger schlafe als an den anderen Werktagen, habe ich eine Art Kinotraum mit einer Menge Handlung. Es ergibt nicht immer einen Sinn, es ist eher so, als würde man im Fernsehen mehrere Kanäle auf einmal sehen, aber ich bin so mit Träumen beschäftigt, daß ich das Aufwachen vergesse. Und das ist der Hauptzweck des Ganzen, glaube ich. Mein Geist hat seinen Spaß, und ich brauche kein Popcorn zu kaufen.

Problemlösung

Manchmal träume ich von dem Haus, in dem ich aufgewachsen bin, und sehe mich und die Familie dort, in den sechziger Jahren. Manchmal spiele ich mich selbst in verschiedenen Altersstufen, oder mein Bruder ist ein Kind, wenn er zum Zimmer hinausgeht, und erwachsen, wenn er wieder hereinkommt. Ich glaube, ich versuche, Gespräche mit den anderen zu führen und Geschehnisse zu klären, die meine Familie nie ganz geklärt hat. Wenn das nicht funktioniert, merke ich zumindest, wo ich feststecke, oder sehe den Fortschritt, den ich mache. Ich achte immer auf die treibende Kraft im Traum – sie kann mir eine Menge verraten.

Ihr Schlafzimmer, aber ein Traumsymbol taucht auf, das in der Realität nicht vorhanden ist. Sie glauben, daß Sie etwas sagten oder hörten, aber es wurde nichts gesprochen.

Aufarbeitung des Alltags. Diese Träume enthalten Informationen und Symbole vom Tag: die letzte Fernsehsendung, die Sie sich ansahen, Teile aus einem Roman, den Sie gerade lesen, Bruchstücke aus einem Gespräch. Diese sogenannten «Tagesreste» haben die Tendenz, Sie daran zu erinnern, Dinge zu erledigen oder zu klären, bei denen Sie im wachen Leben unterbrochen wurden.

Unterhaltung. Unterhaltsame Träume sind eine Art der Selbsthypnose, bei denen der Geist innere Filme ansieht, statt aufzuwachen. Sie haben meistens eine Geschichte und sind so voller Symbole, daß die Vorstellung, sie zu entziffern, erdrückend sein kann. Mit diesen Träumen gibt das Unterbewußte sozusagen an, indem es phantastische Ereignisse aneinanderreiht. Sie treten häufig in den ersten Stunden des Schlafs auf, wenn Sie dazu neigen, lange wachzuliegen (Bettgeschichten aus dem Inneren Ihres Geistes), oder am frühen Morgen, wenn Ihr Geist versucht, Ihren Körper zu überreden, nicht aufzuwachen.

Problemlösung. Diese Träume sind häufig das Ergebnis einer mentalen oder spirituellen Aufgabe, die Sie sich stellen. Sie können Träume ganz bewußt rufen, indem Sie sagen: «Ich brauche heute nacht einen Traum, der mir hilft, dies oder das besser zu verstehen.» Oder Sie stellen fest, daß sich Ihre Aufgabe spontan aus bestimmten Ereignissen ergibt. In solchen Träumen kommt es oft zu Auseinandersetzungen mit anderen Menschen, mit denen Sie ein Problem haben, das Sie zu lösen versuchen. Wenn Sie dieses Problem nicht anders lösen können, dann träumen Sie vielleicht die Lösung. Träume, die Probleme lösen, schwimmen in der Zeit, betonen die Vergangenheit oder vermischen Zeitabschnitte. Sie können mit Lebenden oder Toten bevölkert sein, mit Menschen, die in Ihrem Leben im Augenblick agieren oder nicht. Zeit ist irrelevant, Raum gegenstandslos. Die Frage, ob die Traumlösung in der wachen Welt funktioniert, ist belanglos. Es zählt nur, *daß* der Verstand das Problem löst und damit einen Punkt des inneren Friedens erreicht.

Macht, Opfer, Gewalt. Träume über diese Dinge repräsentieren die Schatten des Lebens. Sie lassen erkennen, wo Sie stark sind und wo Sie sich als Opfer fühlen. Träume, die Bilder von Gewalt, Aggression oder anderen Störungen beinhalten, sind häufig Übermittler von besonders wichtigen Botschaften des Geistes. Sie lehren Sie, das

MACHT, OPFER, GEWALT

Manchmal habe ich Träume vom Ende der Welt: Alles liegt in Schutt und Asche, Bomben fallen, Häuser und ganze Landstriche brennen, Leute versuchen, sich zusammenzuschließen und an irgendeinen sicheren Ort zu flüchten.
Die Bilder sind schrecklich, doch die Träume haben auch eine hoffnungsvolle Qualität. Ich glaube, ich mache meinen Frieden mit dem Atomzeitalter und benütze die Träume, um eine Möglichkeit zu finden, über Leben und Tod auf persönlicher und planetarischer Ebene nachzudenken.

Machtträume

- Welche Arten von Macht wollten Sie nicht in sich akzeptieren oder nicht wahrhaben?
- Welche Art von Macht sind Sie jetzt bereit zu beanspruchen?

Mehr Traumarbeit und Spiele

- Verwenden Sie Traumbilder und -szenen als Stoff für Gedichte und Geschichten.
- Halten Sie nach Traumgestalten Ausschau, die sie gern besser kennenlernen würden.
- Lassen Sie ein wichtiges Traumbild Wirklichkeit werden. Wenn Sie von einem Zauberstein träumen, suchen Sie einen Stein, der diesen Zauber für Sie darstellt. Legen Sie ihn auf Ihren Schreibtisch, neben das Tagebuch.

direkt und symbolisch zu betrachten, was Sie nicht wahrhaben wollen.

Es ist ein seltsames Phänomen, daß, während wir am Tag auf unserem spirituellen Pfad voranschreiten, unsere Nächte merkwürdig widersprüchlich sind. Einige Leute berichten, daß sie gerade in den Zeiten schreckliche Alpträume hatten, in denen sie ihr spirituelles Wachstum besonders spürten.

Alpträume nehmen die Schattenteile des Selbst auf die Reise mit. Sie illustrieren, welche Aspekte des Selbst bei dem sich formenden spirituellen Selbstbild ausgeschlossen sind. Sie weisen auf das hin, was in Gefahr ist, verleugnet zu werden. *Bei der spirituellen Reise geht es darum, ein Ganzes zu werden, nicht um Aufspaltung, und in Träumen tritt das ganze Selbst hervor, um vom Geist geprüft und angenommen zu werden.*

Bei beunruhigenden Träumen handelt es sich gewöhnlich darum, die Wahl zu treffen, ob wir Macht fordern oder verleugnen wollen. Meistens werden Machtbilder in unserer Kultur als aggressiv und gewalttätig dargestellt oder sie instrumentalisieren Beziehungen und Gefühle. Unsere Leinwandhelden und inzwischen auch viele -heldinnen sind Experten im Schießen. Das Töten des anvisierten Feindes wird immer mehr durch die bildliche Darstellung von explodierenden Körperteilen, Fahrzeugen, Gebäuden, Flugzeugen und Planeten gezeigt. Ihr Bewußtsein registriert diese Bilder, und wenn es sich mit Ihnen über Macht unterhalten will, ruft es sie von Ihrer visuellen Datenbank ab.

Haben Sie keine Angst vor diesen Träumen. Es sind nur Energieformen, ohne Bindung an das Leben im Wachbewußtsein. Sie werden erst zu Bildern von Gut oder Böse, wenn Sie sie in die Welt der Tat hineintragen. Wenn Sie mit diesen Bildern in Ihrem Tagebuch ein Gespräch führen, werden Sie entdecken, daß es in den Botschaften, die sie Ihnen bringen, darum geht, sich zu wandeln.

Vorausschau. Präkognitive Träume sind Visionen von Ereignissen, die noch nicht eingetreten sind. Sie träumen buchstäblich der Zeit voraus. Für den rationalen Verstand ist dies erstaunlich, doch es ist ein fast universelles Phänomen. Die Naturwissenschaften sind gerade dabei, das Wesen der Zeit neu zu überdenken. Während wir den Raum erkunden und dabei eine «neue Physik» entwickeln, tauchen verschiedene Vorstellungen von Zeit auf und faszinieren uns. Es ist für manche Leute etwas völlig Alltägliches, von Dingen zu träumen, die erst geschehen werden, und auch, daß diese in einer wiederer-

Ich erinnere mich, wie ich in der dritten Klasse zu der Neuen hinging und sagte: «Hallo, Julie.» Niemand konnte verstehen, wieso ich ihren Namen kannte. Nicht nur das: Ich wußte außerdem, daß wir gute Freundinnen werden würden, und das wurden wir auch.

Ich führe im Schlaf Gespräche, ehe ich sie in Wirklichkeit führe. Wenn ich jemanden lange nicht gesehen habe, weiß ich über seinen Besuch im voraus Bescheid und spreche in der Nacht zuvor mit ihm. Manchmal treffen wir uns dann gar nicht, weil der Besuch bereits «stattgefunden» hat. Die Energie ist verschwunden.

Woher kommt dieser Unterschied zwischen Vergangenheit und Zukunft? Wieso erinnern wir uns an die Vergangenheit und an die Zukunft nicht ...? Die Gesetze der Naturwissenschaft unterscheiden nicht zwischen Vergangenheit und Zukunft. *Stephen Hawking*

ASTRALE TRAUMREISEN

Ich suchte nach einem guten Freund aus der College-Zeit, den ich aus den Augen verloren hatte. Eines Nachts trafen wir uns im Traum in einer Art erleuchtetem Tunnel und unterhielten uns lange und freundschaftlich. Wir erzählten uns alles mögliche über unser Leben in den letzten zwanzig Jahren. Es war sehr angenehm. Offenbar mögen wir uns immer noch sehr. Ich bekam, wonach ich suchte: eine Möglichkeit festzustellen, daß es ihm gutgeht, und ihm zu sagen, daß es mir auch gutgeht. Mehr wollte ich nicht. Früher haben wir uns einmal viel bedeutet, und diese Bindung ist auf einer bestimmten Ebene bis zu einem gewissen Grad erhalten geblieben. Ich bezweifelte nicht eine der Neuigkeiten, die wir im Traum ausgetauscht haben – obwohl ich mich nicht mehr so deutlich an alles erinnere. Es ist eigentlich mehr ein Eindruck davon, wer wir heute sind.

kennbaren Form dann wirklich passieren. Das Vorauswissen kann von trivialen Einzelheiten bis zu bedeutsamen Familienkrisen und Ereignissen reichen, die international Schlagzeilen machen.

Wenn die Vorstellung von gekrümmter Zeit und Präkognition für Ihren rationalen Verstand zu beängstigend ist und er sie nicht akzeptieren kann, werden Sie derartige Träume einfach nicht behalten, aber Sie können Déjà-vu-Erlebnisse haben, die auf diesen nichterinnerten Träumen beruhen. Déjà-vu ist das unheimliche Gefühl, einen bestimmten Augenblick schon mal erlebt zu haben, obwohl das nicht der Realität entspricht.

In einem spirituellen Sinn lädt das präkognitive Träumen Sie dazu ein, die Wirklichkeit anderer Wirklichkeiten zu betrachten und die traditionelle Vorstellung von Zeit und Raum in Frage zu stellen. *Nicht Sie machen die Dinge geschehen: Sie sind einfach dabei, wenn sie geschehen, auch wenn Ihre «Lebenszeit» diese Ereignisse noch nicht eingeholt hat.*

Astrale Traumreisen können als symbolisch oder real erfahren werden. Das hängt davon ab, was Sie vom Astralkörper halten und von der Fähigkeit des Geistes, sich – für eine Weile – vom physischen Körper zu lösen. Astrale Träume können Bilder vom Fliegen beinhalten, die Vorstellung, daß Sie Menschen in einem Lichttunnel begegnen (statt in einer natürlichen Umgebung), oder Sie sehen Dinge aus einem Blickwinkel, den man vom Körper aus nicht hat. Sie sehen zum Beispiel von der Zimmerdecke aufs Bett, oder Sie sehen alles wie durch ein Teleskop.

Ob Sie nun glauben, daß Sie tatsächlich Ihren physischen Körper verlassen oder nicht – das astrale Träumen erlaubt Ihnen, im Schlaf wichtige spirituelle Arbeit zu verrichten. Es macht Problemlösungen auf einer tiefen Seelenebene möglich, Sie können dadurch Menschen und Situationen, die Ihnen viel bedeuten, überprüfen und Beziehungen auf eine Art aufrechterhalten, wie es Ihnen im Wachzustand nicht möglich wäre. Vielleicht sind wir von unserem eigenen Bedürfnis nach Heilung abgeschnitten, in Haltungen des Nichtverzeihens erstarrt, uns unserer Pflichten nicht bewußt, getrennt durch Zeit oder Tod. Das astrale Träumen bietet uns auf der Seelenebene Möglichkeiten, Verbindung aufzunehmen und zu heilen. Während unsere Persönlichkeit lernt, bemüht sich unser Seelen-Selbst weiter um Integration und inneren Frieden.

Vergangene Leben, Karma, Reinkarnation. Entsprechende Träume können Sie auch haben, wenn Sie nicht an vergangene Leben, Karma

Vergangene Leben

Als ich in Israel war, träumte ich, daß ich dort mit meinen Freunden spazierenging, und als ich an mir hinunterblickte, stellte ich fest, daß ich keine westliche Kleidung trug. Ich wollte mit den Leuten reden, die an mir vorbeikamen, aber ich wußte, daß ich ihre Sprache nicht beherrschte. Da ermunterte ein Freund mich: «Du kannst sagen, was du möchtest, dies ist eine andere Zeit.» Ich fing an, Arabisch zu sprechen, jedenfalls klang es so. Nichts wies darauf hin, daß wir in der heutigen Zeit lebten, da war nur dieses staubige kleine Dorf.

... selbst wenn der bewußte Geist, was die Realität vergangener Leben als historische Erinnerung betrifft, höchst skeptisch ist, das Unbewußte ist ein echter Glaubender und wartet nur darauf, gefragt zu werden.

Spirituelle Geschenke

Ein schöner Mann kam in mein Zimmer und stellte einen Sack voll Gold in meinen Schrank. Ich kannte diesen Mann, obwohl ich ihn noch nie gesehen hatte. Ich wußte, er wollte mir etwas Wichtiges und Nützliches geben. Ich fühlte mich beruhigt und sank in noch tieferen Schlaf. Am nächsten Morgen war das edle Metall verschwunden – aber sein symbolischer Gegenwert blieb mir erhalten.

Geht vom Traum nach außen. *C. G. Jung*

oder Reinkarnation glauben. Charakteristisch dafür sind Ereignisse, die Sie nicht erklären können, obwohl sie im Traum einen Sinn ergeben und Ihnen bekannt erscheinen. Während dieser Träume stellen «Sie» etwa fest, daß Sie eine Sprache sprechen, die Sie gar nicht können, oder jemand anders sind, in einer Zeit und an einem Ort, der Ihnen bekannt vorkommt und doch auch wieder nicht.

Wenn Sie einmal die Möglichkeit akzeptiert haben, daß Sie in einer anderen Zeit und an einem anderen Ort jemand anders waren, sind diese Träume häufig vernünftiger als gewöhnliche Träume. Für sie ist eine Art richtiger Geschichte typisch, keine chaotische dramatische Handlung wie in Ihren unterhaltsamen Träumen, es ist eher so etwas wie *cinéma verité.* Es sind Teile aus einem Leben, nur nicht aus dem Leben, das Sie gerade zu führen glauben. Sie «kennen» vielleicht einige der handelnden Personen, obwohl sie nicht so aussehen, wie sie Ihnen im Augenblick vertraut sind. Das Geschlecht kann anders sein, und die Lebenssituation von der augenblicklichen in verschiedener Hinsicht abweichen.

Träume über vergangene Leben bringen interessante spirituelle Geschenke, ganz gleich, wie Sie sie deuten. Vielleicht verwenden Sie sie, um Ihre Vorliebe für bestimmte Personen, Orte oder Tätigkeiten zu erklären. Sie können nach Problemen und Fragen Ausschau halten, die anscheinend von einem Leben ins nächste übernommen wurden: Über was versucht Ihre Seele, sich klarzuwerden?

Spirituelle Geschenke. Diese Träume sind Gaben des Unbewußten, die sich auf Vorkommnisse in Ihrem wachen Leben beziehen. Ein Teil des Geistes versucht, einem anderen Teil symbolische Erkenntnisse zu übermitteln. Wenn Sie kreative Visualisation praktizieren oder mit einem inneren Führer arbeiten, können diese Bilder, Gestalten und Aktivitäten in die Träume hineinwirken. In diesen Träumen erscheint häufig eine Gestalt von eindeutig menschenfreundlichem Charakter, wie nebenstehendes Beispiel zeigt, eine Respektsperson, die Ihnen im buchstäblichen Sinn ein Geschenk macht.

Ihre Träume sind eine Art von spiritueller Führung, die allein Ihnen gilt. Es gibt viele Bücher über die Bedeutung von Träumen, Symbolen, Deutungstechniken. Wenn Sie diese Bücher lesen, werden die Träume beginnen, durch die Symbole zu Ihnen zu sprechen, die Sie am interessantesten finden. Wenn Sie keines dieser Bücher lesen, werden Sie und Ihre Träume eine Sprache der persönlichen Deutung entwickeln, die Sie beide verstehen.

Wir beginnen das Leben in einer Welt, die sich uns so darstellt, wie sie ist. Jemand – unsere Eltern, Lehrer, Psychoanalytiker – hypnotisiert uns, die Welt in der «richtigen» Weise zu «sehen» und zu deuten. Diese Menschen beschriften die Welt, geben den Geschöpfen und Ereignissen in ihr Namen und Stimmen, so daß wir danach die Welt in keiner anderen Sprache mehr lesen können und nicht zu hören vermögen, daß sie noch andere Dinge zu uns sagt. Unsere Aufgabe ist es, diesen hypnotischen Zauber zu brechen, damit wir wieder hörend und sehend und vielsprachig werden. Dadurch lassen wir die Welt mit neuen Stimmen zu uns sprechen und alle ihre möglichen Bedeutungen in das neue Buch unseres Daseins schreiben.

Ein laufendes Konto

- Unterhalten Sie in Ihrem Tagebuch ein laufendes Konto über Ihre intuitiven Vermutungen.
- Lassen Sie einige Seiten hinten im Tagebuch leer, und notieren Sie dort Ihre intuitiven Eingebungen. Datieren Sie diese Eintragungen.

TAGEBUCHEINTRAGUNG

19. 3. Ich werde den Job nicht bekommen, um den ich mich beworben habe.
20. 3. Nachdem ich die Projektleiterin getroffen habe – den Job nicht zu kriegen ist ein Segen!
22. 4. Unsere Pläne für die Sommerferien werden in Erfüllung gehen, auch wenn es jetzt nicht danach aussieht.

Ich: Job, warum warst du nicht der richtige für mich?
Job: Du hattest recht mit der Projektleiterin. Sie ist sehr unsicher. Du hättest nur ungern für sie gearbeitet.
Ich: Also, was hast du dann für mich auf Lager?
Job: Ruf Ron an. Er hat Neuigkeiten, die zu etwas Gutem führen. Hör ihm genau zu, es ist nicht das, was du erwartest.

Die innere Führung der Intuition

> *Erst wenn wir still sind, fangen wir an, die Stimme zu hören, die wirklich unsere eigene ist – und die die Quäker «die stille kleine Stimme in uns» nennen . . . Die Quelle dieser Stimme – die tonlos sein kann und doch gehört wird – hat viele verschiedene Namen: der innere Führer, Schutzengel, Geistführer, das kollektive Unbewußte oder ganz einfach Intuition. Eigentlich hören wir alle an jedem Tag unseres Lebens das Flüstern dieser Stimme, aber viele achten nicht darauf.*
>
> *Rick Fields*

Mir gefällt die Vorstellung, daß ich morgens an meinem großen Fenster stehe, voll Hoffnung, daß die geheime Stimme mich sicher durch die nächsten zwölf Stunden geleiten wird, bis die täglichen Pflichten erledigt sind und ich wieder Bademantel und Hausschuhe anziehen kann. Manchmal durchzucken mich solche Gedanken, wenn ich über die Gärten des Vorortes blicke, die Teetasse in der Hand, halbwach, und überlege, ob ich der Zeitung oder meinem Tagebuch die erste halbe Stunde meine Aufmerksamkeit widme. Wenn ich vernünftig bin, wähle ich das Tagebuch.

Wie jeder, der einmal einem Impuls nachgegeben hat, weiß, ist es gar nicht so einfach, zwischen Eingebungen der Intuition und «normalen» Vermutungen zu unterscheiden. Wir gehen Beziehungen ein, die voll herrlicher Möglichkeiten zu sein scheinen und sich ein paar Wochen oder Monate später in nichts auflösen. Wir wenden auf einer Straße, überzeugt, daß keine Funkstreife in der Nähe ist, und plötzlich blitzt rotes Licht im Rückspiegel auf. Wir stürzen zum klingelnden Telefon, ganz sicher, daß es ein wichtiger Anruf ist, und dann will uns nur jemand Glühbirnen verkaufen. Wir möchten wetten, daß das Kind ein Junge wird, und dann ist es ein Mädchen. Wir wissen genau, daß ein geschäftliches Projekt eine todsichere Sache ist, und dann platzt es bei den endgültigen Verhandlungen. Wir scheinen häufig keine intuitive Unterstützung zu bekommen. Wir müssen uns sammeln und einstimmen, um die Führung durch die Intuition erkennen und entsprechend darauf reagieren zu können.

Intuition ist die direkte Wahrnehmung einer Wahrheit oder einer Tatsache, ohne daß erst ein Denkprozeß ablaufen muß. Sie wissen einfach.

Einfachheit und Intuition

- Üben Sie sich darin, Ihrer inneren Stimme zuzuhören und ihr zu vertrauen.
- Heben Sie, während Sie Tagebuch schreiben, das Wesentliche einer Intuition hervor (z. B. indem Sie die Worte unterstreichen).
- Suchen Sie nach intuitiven Sätzen wie:
- «Ich weiß, es ist Zeit zu . . .»
- «Ich weiß, ich brauch . . .»
- «Weil es richtig ist, zu . . .»
- «Das ist für mich nicht gut, weil . . .»

TAGEBUCHEINTRAGUNG

Intuition: Schreib den Roman zu Ende.
Ich: Ich weiß nicht, wie die Geschichte ausgeht. Die handelnden Personen sind mir nicht mehr so klar.
I: Du wirst es wissen. Schreib den Roman zu Ende.
Ich: Ich muß ins Büro gehen. Ich muß Geld verdienen.
I: Es wird genug Geld dasein. Dies ist deine wahre Arbeit. Schreib den Roman zu Ende.

Bekräftigung Ihrer Intuition

- Machen Sie eine klare, positive schriftliche Aussage über Ihre intuitive Führung.
- Ziehen Sie auf Ihrer Tagebuchseite eine senkrechte Mittellinie. Links schreiben Sie eine Bekräftigung Ihrer Intuition, rechts den ersten Einwand, der Ihnen in den Sinn kommt.
- Wiederholen Sie die Bekräftigung, rechts kommt der nächste Einwand.
- Machen Sie so lange weiter, bis sich Ihre Einwände erschöpft haben.
- Hören Sie mit einer Bekräftigung auf.

Und Sie wissen, daß Sie nicht wissen, wieso und warum Sie wissen.

Wir sind im Gebrauch der Intuition gehemmt, weil wir durch unsere Erziehung das Gefühl, die Welt zu «kennen», verloren haben. Wir Jourard sagt, sind wir hypnotisiert worden, die Welt auf eine bestimmte Weise zu sehen. Wir sind kontinuierlich dazu erzogen worden, jeden Gedanken durch unseren – angeblich – rationalen Verstand zu überprüfen. Doch Rationalisierung ist für die Intuition ohne Bedeutung, weil die Intuition nicht dem Verstand entspringt. Sie ist ein Geschenk. Die Intuition kommt *zu* uns, sie wird nicht *von* uns gemacht. Doch da die Intuition von unserem Verstand nicht erklärt werden kann, neigt der Intellekt dazu, sie abzulehnen. Es ist ein wenig so, als bekäme man das Meer geschenkt und würde antworten: «Weil ich all das viele Wasser nicht mit meinem kleinen Eimer ausgeschöpft habe, bin ich nicht sicher, ob es tatsächlich Wasser ist...»

Das Problem mit der Intuition ist, daß man sie nur unter einer Sammelnummer erreicht. Eine Menge Stimmen und Impulse und Wünsche drängen sich Tag und Nacht um sie. Während wir um irgendeine Art Führung bitten, was wir mit unserem Leben als nächstes tun sollen, meldet sich eine andere Stimme in der Leitung und schlägt vor, wir sollten zugreifen und noch ein zweites Stück Schokoladenkuchen essen. Das meiste ist ziemlich peinlich, was unter dieser Sammelnummer gesagt wird, deshalb wollen wir es gar nicht erst hereinlassen, und so werfen wir immer wieder auch die Intuition mit hinaus.

Glücklicherweise bietet uns das Tagebuchschreiben eine Methode, wie wir intuitive Fähigkeiten ohne soziale Störungen entwickeln können. Am Rand meines Notizbuchs stelle ich häufig eine mit Datum versehene Liste meiner persönlichen Vorhersagen auf – Eingebungen, die mir über bestimmte Punkte meines Lebens gekommen sind. Wenn ich diese Aufstellung Monate später wieder lese, kann ich feststellen, wo ich ins Schwarze getroffen habe und wo nicht. Wenn das betreffende Thema noch aktuell ist, schreibe ich häufig darüber und versuche herauszufinden, warum ich keine Klarheit bekomme. Auf diese Weise lerne ich immer mehr über den Unterschied zwischen Intuition und Impuls. Ich weiß nicht, ob jeder von uns diesen Unterschied auf genau die gleiche Weise erleben würde, aber das Tagebuch gibt uns Gelegenheit zum individuellen Experimentieren. Die Dialogvorschläge dieses Kapitels stellen noch

Geschenke annehmen

Schreiben Sie über ein Geschenk, das Sie vom Universum annehmen würden.

- Warum nehmen Sie dieses Geschenk an und nicht ein anderes?
- Was für Geschenke könnte das Universum versuchen, Ihnen zu geben, die Sie nicht nähmen?

Test über das Wohlwollen

Stellen Sie sich die nachfolgenden Fragen, und schreiben Sie Ihre Antworten auf:

- Fühle ich mich ruhig als Reaktion auf den Vorschlag, wohlwollend zu sein – eine Art von «Oh, natürlich»?
- Habe ich irgendwie den Eindruck, daß ich das schon kenne?
- Bin ich aufgeregt und/oder begeistert?
- Wenn ich irgendwie Angst hätte – würde sie mehr auf meinen Zweifeln beruhen oder auf einem klaren Gefühl, daß dies «falsch» für mich ist?
- Was muß ich tun, um mich darauf vorzubereiten, diese Anweisung auszuführen?
- Wie eng möchte ich mit meiner Intuition in Verbindung bleiben?
- Welche Unterstützung habe ich oder könnte ich haben?

eine weitere Untersuchungsmethode dar, die zu befriedigenden Ergebnissen führt – auf den Tagebuchseiten und in unserem Leben.

Es gibt fünf charakteristische Merkmale der Intuition, die bei der Unterscheidung zwischen Führung und Impuls hilfreich sein können.

1. *Die Intuition ist ruhig und still.* Sie ist nie drängend, großartig, zwanghaft oder manipulativ. Sie rät uns nicht, was andere Leute tun sollten, sondern was *wir* tun sollten.
   Diese intuitive Botschaft besitzt Autorität, ein würdevolles «Tu dies, tu es jetzt ...», das ohne dramatische Auftritte, Wiederholungen oder Bitten auskommt. Entweder sind wir wach und hören zu, oder wir sind es nicht. Dann geht die Botschaft an uns vorbei. Wir akzeptieren sie, oder wir beurteilen sie.
2. *Die Intuition ist hilfreich und leitend,* niemals beurteilend, kritisch, beschämend oder Vorwürfe machend. Sie sieht die Welt als Ursache und Wirkung.
   Einer der deutlichsten Hinweise auf den Unterschied zwischen spiritueller Führung und Impuls ist, ob die Aussage mit emotionalem Nachdruck gemacht wird oder nicht. Eine Stimme, die ihre Sätze mit Verlockungen für das Ego, die Persönlichkeit, den Status in der Welt belädt, kommt nicht von der Intuition. Diese «weltlichen» Angelegenheiten spielen im Reich der Intuition keine Rolle und werden daher auch nicht berücksichtigt.
3. *Die Intuition ist ein vollständiger Gedanke, eine Aussage.* Sie hält keinen Vortrag, erklärt nicht, geht nicht ins Detail. Die Anweisung ist immer einfach. Wir sind es, die Argumente und Gründe vorbringen und darüber diskutieren, warum wir dies oder das nicht tun können, was gerade vorgeschlagen wurde.
   In Tagebuchdialogen wie dem nebenstehenden gibt die Stimme der Intuition gewöhnlich ihre Botschaft durch, hier zum Beispiel die Anweisung, den «Roman zu beenden», und die Stimme des Selbst sucht nach Gründen, Ausflüchten und Möglichkeiten, die gestellte Aufgabe auszuführen oder zu vermeiden, während die intuitive Stimme nur einfach ihre Forderung wiederholt.
4. *Die Intuition kommt zu Ihnen und ist in Ihnen,* ohne daß Sie das Gefühl haben, Sie hätten sie geschaffen. Vielleicht erfahren Sie sie sogar deutlich als eine Beziehung zu «jemand anderem».
   Manche Leute finden es hilfreich, sich eine bestimmte Quelle vorzustellen. Anderen wieder nützt es mehr, wenn sie sich die

Das Zimmer Ihrer Phantasie

- Ehe Sie an manchen Tagen in Ihr Tagebuch schreiben, sammeln Sie sich eine Minute, visualisieren Sie folgendermaßen:

Stellen Sie sich vor, daß der Raum hinter Ihren Augen und zwischen Ihren Ohren ein Zimmer sei, ein Zimmer Ihrer Phantasie. Entwerfen Sie dieses Zimmer ganz nach Ihren Wünschen. Stehen Sie eine Weile ganz ruhig da, und nehmen Sie seine Friedlichkeit in sich auf. Wenn Sie bereit sind, laden Sie einen Boten ein, zu Ihnen in das Zimmer zu kommen. Dieser Bote hat eine Nachricht für Sie, die Ihre spirituelle Suche und Ihr spirituelles Schreiben betrifft. Halten Sie nach dieser Botschaft Ausschau, und nehmen Sie sie in Empfang. Danken Sie Ihrem Boten. Wenn Sie soweit sind, öffnen Sie die Augen und schreiben Ihr Bild auf.

Einen Führer finden

- Wenn Sie Ihren Wunsch geäußert haben, passen Sie auf, wie er sich erfüllt.
  Ich brauche einen Freund, keinen Menschen, sondern jemand weiseren, jemand wie die Eltern, die ich gern gehabt hätte. Jemand, der mich auf der Reise weiterführt.
- Schreiben Sie über das Bild, das Sie als Führung bekommen, und entwickeln Sie eine Beziehung zu ihm.
  Ich möchte einen Schutzengel. Als ich klein war, unterhielt sich meine Großmutter mit den Heiligen, als könnten Sie zum Teetrinken kommen. Ich möchte einen Engel, der zum Teetrinken kommt, Fragen beantwortet, warnend den Kopf schüttelt, wenn ich einen falschen Schritt tun will.

Intuition als Teil der Urenergie und Intelligenz des Universums denken. Es gibt keine falsche oder richtige Methode, um die Verbindung herzustellen – die Verbindung wird funktionieren, egal, wie Sie sie sich vorstellen.

Die Intuition ist ein ständiger Strom von Informationen, die wir bis auf seltene Augenblicke der Empfänglichkeit ausfiltern. Sich der inneren Führung öffnen, bedeutet, mitten in den Strom einer Beziehung zu geraten, mitten hinein in eine Unterhaltung, die schon ewig dauert und die einem längst vertraut ist. «Oh, da bist du ja», sagten Sie zu Ihrer Intuition, als hätten Sie sie verloren gehabt. «Oh, da bist *du* also», erwidert die Intuition.

5. *Die Intuition ist wohlwollend.* Unser Wohl liegt ihr immer am Herzen.

   Den Botschaften der Intuition zu entsprechen, ist nicht immer leicht. Sie können einen Weg in Frage stellen, dem wir folgen wollten, und uns von ihm ablenken, aber sie führen uns nie in die Irre. Wenn Sie eine Anweisung erhalten, die Ihnen eindeutig angst macht, bei der Sie ein tiefes Unbehagen verspüren, sollten Sie sich mit ihr unterhalten, ihre Quelle prüfen und sich auch über Ihre eigene Verwirrung klarwerden.

   Die Intuition ist eine Art spiritueller Kommunikation. Wenn wir glauben, daß das Transzendente uns wohl will, sollte man auch die Intuition als wohlwollend ansehen. Die Herausforderung für unseren Verstand ist, die Intuition zu akzeptieren, obwohl wir nicht verstehen, wie sie zu ihren Schlußfolgerungen kommt, und das zu nutzen, was nicht Denk-Ergebnis ist, sondern uns als ein Geschenk zuteil wurde.

Die Intuition ist ein Beweis dafür, daß das Transzendente in uns ebenso existiert wie überall sonst. Die Intuition ist ein Beweis für eine wechselseitige Beziehung zwischen dem kleinen Selbst und etwas viel Größerem – der Seele, dem Heiligen, einem göttlichen Licht, wie immer Sie es auch nennen wollen.

Die Intuition ist für den spirituellen Reisenden wichtig, weil es auf der Suche Augenblicke geben wird, wo sie der einzige Führer ist, den wir haben. Wenn Sie Ihrer Intuition nicht trauen, wenn Sie nicht wissen, wie man innehält, nach innen geht und lauscht – dann wird keine andere sichere Führung dasein. Die Landkarte, die Sie von Ihrer Suche zeichnen, ist eine Karte Ihrer eigenen Intuition über das, was für Sie richtig ist.

• Beschreiben Sie es.

Ich möchte mit meiner Höheren Macht in Verbindung bleiben. Ich brauche den Austausch mit einer Hilfsquelle, die größer ist als ich. An die ich mich in einer Krise wenden kann.

• Unterhalten Sie sich mit ihm.

Ich sah eine würdevolle Frau, sehr groß, vielleicht einen Meter achtzig oder neunzig groß. Ich fragte sie, was sie hier wolle . . . Sie sagte: «Ich bin gekommen, um dich den restlichen Weg zu führen.» Ich wußte sofort, was sie meinte. Ich war einverstanden.

• Zeichnen Sie es.

Ich möchte eine führende Hand auf meiner Schulter liegen haben, die mich richtig lenkt. Ich verspreche, daß ich langsam gehen werde, sensibel reagierend auf jede Berührung. Diese Hand ist männlich, mit einem machtvollen Ring am Zeigefinger, die Hand eines Zauberers. Ich zeichnete die Hand meines Großvaters und steckte ihr den Ring an, den ich im Geiste sah.

• Tanzen Sie mit ihm.

Ich fuhr die Straße entlang und hörte diesem schönen Lied zu – ein Song der «Hearts of Space». Plötzlich tauchte ein Mann in meinem Geist auf. Er war schwarz und schön, gekleidet in weiße Gewänder. Wir tanzten und tanzten zu dieser Melodie. Mein Herz öffnete sich plötzlich in seinen Armen. Ich fühlte mich geborgen. Ich kann ihn alles fragen.

Um intuitiver zu werden, lassen Sie's langsamer angehen, fragen Sie, warten Sie, suchen Sie nach einer Antwort, die den obengenannten Kriterien entspricht.

Es gibt viele Methoden, wie man eine Energie bestimmen und ein Bild der inneren Führung erschaffen kann. Wenn Sie um eine Verkörperung bitten, wird sich eine zeigen. Vielleicht erscheint sie in einem Traum, als Vision während der Meditation, als Stimme oder als Tier, als ein Gegenstand der Natur, als eine Melodie. Ihre Aufgabe ist es, um ein Symbol zu bitten – und es dann wahrzunehmen.

Achten Sie in Ihrem Tagebuch darauf, um was Sie bitten, und lassen Sie einen wechselseitigen Austausch zu zwischen dem, was Sie glauben, sehen zu wollen, und dem, was die Intuition Ihnen anbietet. Die Beispiele auf der gegenüberliegenden Seite stammen aus einem Seminar. Jeder Teilnehmer entwickelte ein persönliches Bild seiner Intuition und eine Beziehung zu ihr. Selbst wenn die Leute anfangs über ihre Bilder erstaunt waren, erkannten sie, nachdem sie einige Wochen mit ihnen gearbeitet hatten, daß sie genau das bekommen hatten, was sie am dringendsten brauchten. Diese Gestalten und Bilder werden sich mit der Zeit ändern. Sie werden neue Bilder begrüßen müssen, während alte verblassen.

Wir verwenden Bilder, um das unendliche, unfaßbare Transzendente in symbolische Ausdrücke zu übersetzen, mit denen wir in Beziehung treten können. Wir beten zu einem «Du», nicht zu einem «Es». Wir haben die Himmel mit Engeln «bevölkert» und Erde und Himmel in die Familie aufgenommen: Bruder Sonne, Schwester Mond, Mutter Erde. Wir suchen nach Möglichkeiten, zur Energie des Universums eine Beziehung aufzubauen.

Eine solche Kommunikation ist ein großer Trost. Wir möchten diese Reise nicht allein machen, und wir können sie auch nicht allein machen. Sie wissen inzwischen, daß da etwas ist, das antwortet, zu helfen scheint. Etwas nimmt das Dankeschön zur Kenntnis, das am Ende des Tages gesprochen und in Ihren Tagebucheintragungen über gesegnete Augenblicke geschrieben wird. Sie *werden* geführt, und Sie lernen, Ihrer Führung zu folgen.

Der Traum von der Reise taucht immer wieder auf. Mit den Jahren hat sich der Ort der Abreise im Traum verändert. Ich fange an vielen verschiedenen Plätzen an, die mir vertraut oder fremd sind. Aber wenn ich einmal unterwegs bin, ist die Reise immer die gleiche. Ich reise viele Tage lang . . . ich reise allein . . . Hinter dem letzten Ort liegt weites, unberührtes Land. Es dehnt sich so weit, daß man keinen Horizont erkennen kann . . .
Der Baum und das Meer verkünden ihr Vorhandensein gleichzeitig. Die Erde endet am Meer, der Baum wächst an dieser Grenze. Wir wandern auf die große Pinie zu und treten in den Baum ein. In der Dunkelheit verschwindet mein Hund, doch das bedrückt mich nicht weiter. Ich kreisedurch die vielen konzentrischen Baumringe, schrumpfe dabei und werde mit jedem Ring älter. Schließlich endet die Spirale. Ich erreiche den kleinen dunklen Fleck des Ursprungs. Wenn ich dieses innerste Zentrum berühre, erkenne ich, daß ich bereits dort bin. Ich bin dorthin gereist, wo ich bin.

Rituale erkennen

Schreiben Sie in Ihrem Tagebuch über folgendes:

- Welche Rituale befolgen Sie augenblicklich als Teil Ihres spirituellen Lebens?
- Warum befolgen Sie sie?
- Was bedeuten sie Ihnen?
- Welche Verbindungen können Sie dadurch herstellen?
- Was fehlt Ihnen bei Ihrem Ritual?
- Entwerfen Sie ein Ritual, das einige dieser Bedürfnisse erfüllt.

Das heilige Ritual

Wenn ihr die Zwei zu Eins macht, wenn ihr das Innere wie das Äußere macht und das Äußere wie das Innere, und das Obere wie das Untere, und wenn ihr das Männliche und das Weibliche zu einem Einzigen macht, so daß das Männliche nicht mehr männlich, das Weibliche nicht mehr weiblich ist, werdet ihr in das Reich eingehen.

Das Thomas-Evangelium, 22

Das Ritual besteht aus einer praktischen Übung der Spiritualität, die uns hilft, für die Verbundenheit unseres Lebens mit dem Transzendenten empfänglicher und bewußter zu werden. Das Ritual ist der Akt der Heiligung einer Handlung – auch ganz gewöhnlicher Handlungen –, so daß diese eine Bedeutung erhält: Ich kann eine Kerze anzünden, weil ich Licht brauche – oder weil die Kerze das Licht darstellt, das ich brauche.

Das Ritual ist eine Möglichkeit, die Gegenwart des Transzendenten spürbar zu machen. Ein Ritual ist der Funke, der nicht erlöschen darf. Vor zehntausend Jahren trugen unsere Vorfahren die Kohle ihres Feuers von einem Zufluchtsort zum nächsten. Durch eine Hülle aus Moos geschützt, gehegt und immer wieder angefacht, war diese Kohle die Grundlage des Überlebens, ein Geschenk des Himmels. Sie nährten sie mit Grashalmen, behutsam, einen nach dem anderen in die glimmenden Stücke werfend, bis sie die Wucht des Anzündens ertragen und erneut zu einer Flamme auflodern konnten. Wenn es dunkel wurde, wenn sie Wärme brauchten, weckten sie das Feuer wieder auf.

Wenn es auch so aussieht, als sei unser Leben von diesen frühen menschlichen Anfängen weit entfernt, so brauchen Sie und ich doch auch einen Funken Bewußtheit, den wir nähren und weitertragen. Wir brauchen Rituale, die die Bedeutung der Suche und des Geistes bestätigen, die «das Äußere wie das Innere machen und das Obere wie das Untere».

Wir mögen nicht immer das Gefühl haben, daß wir auf den Geist zentriert sind, aber nicht deshalb, weil der Geist sich bewegt: Wir bewegen uns. Unsere Beziehung verändert sich, wird durch Ereignisse und Erkenntnisse erschüttert oder gestärkt. Wir werden bewußt. Wir werden verwirrt. Von Zeit zu Zeit müssen wir neu entfacht werden. Das ist die Aufgabe des Rituals.

Wie lange man schon meditiert, die Jahre des Gebets und der okkulten Ausbildung – das alles spielt keine Rolle, denn die Wahrheit kommt plötzlich oder sie kommt gar nicht. Was nicht heißen soll, daß die Vorbereitung bedeutungslos war ... Sie macht uns nicht nur so stark, daß wir den Blitz aushalten, wenn er einschlägt, sie versetzt uns auch in die Lage, den Blitz auszulösen.

Auf dem Papier beten

- Schreiben Sie Ihre Gebete ins Tagebuch.
- Sagen sie dem Göttlichen laut, was Sie denken, schreiben Sie es auf, und betrachten Sie es.
- Schreiben Sie traditionelle Gebete auf, die Sie auswendig hersagen können.
- Betrachten Sie diese Worte. Denken Sie über ihre Bedeutung nach: Überlegen Sie, was Sie mit ihnen meinen.
- Entwickeln Sie eine neue, frische Beziehung zu der Art von Gebeten, die Sie bevorzugen.

Das Mantraschreiben

- Wenn Sie mit einem Mantra arbeiten, schreiben Sie es auf, wieder und wieder und immer wieder.
- Achten Sie nicht auf die Schrift, schreiben Sie automatisch.
- Machen Sie sich von der Form des Schreibens frei.

Dialoge mit dem Transzendenten

- Sprechen Sie das Transzendente auf eine Weise an, die Ihnen angenehm ist.
- Atmen Sie tief durch, und lassen Sie das Transzendente durch Ihre Feder antworten.

Das Faszinierende am Ritual ist, daß es als Tor zu veränderten Bewußtheitszuständen fungiert, zu unserem eigenen Gefühl der Ehrfurcht. Es fasziniert uns, was der Geist wahrnehmen kann, was wir alles erfahren können, das über unser Alltagsbild von der Wirklichkeit hinausgeht. Diese Erfahrung ist manchmal herzzerreißend, manchmal überschäumend. Wir kommen dem Geheimnis näher, lassen es zu, daß wir verstehen. Wir werden gehäutet, geöffnet.

Wie Rachel Pollack sagt: Die Wahrheit kommt plötzlich. Das Ritual sprengt das gewöhnliche Selbst auf, es wird in den Bann des Universums gezogen, und sei es auch nur für einen Augenblick. Wir kommen in Kontakt mit der esoterischen Wirklichkeit, manchmal nach sorgfältig durchgeführten Ritualen der Vorbereitung und manchmal in Augenblicken des Staunens, die wir nicht geplant hatten. Wie ich in Kapitel zwei sagte: Manchmal packt uns etwas, und wir werden, fast ohne daß wir es wollen, geöffnet.

Wenn wir ein Ritual absolvieren, das uns zum Transzendenten führen soll, verändert sich unsere Energie. Wir werden zentrierter, es ist uns deutlicher bewußt, was wir tun. Die Sinne sind geschärft. Die Gefühle geordnet. Wir sind für das Ausstrahlen und das Empfangen von Energie offener als sonst. Wir sind sensibilisiert für das, was wir tun, für das, worum wir bitten, und für das, was wir schließlich erhalten könnten. *Das Ritual versetzt uns aus dem Gewöhnlichen in das Ungewöhnliche, es weckt uns aus der Starre unseres üblichen Tuns auf und erfüllt unser Handeln mit Bedeutung.* Auf diese Weise bietet es uns eine weitere Form der Führung an.

Das Zimmer, in dem ich zu Hause schreibe, ist ein ritueller Raum. Auch mein Büro – obwohl im Augenblick vollgepackt mit Stößen von Tagebüchern, Ordnern mit kopierten Seiten aus anderer Leute Tagebücher, Bücherbergen, verschiedenen Kapitelentwürfen und Notizen, die ich mir selbst von überall her schicke – hat für mich eine geheime Bedeutung. Das Herz des Zimmers, das dann wieder zum Vorschein kommt, wenn die ganze Unordnung verschwunden ist, ist ein Kode für die Rituale, die ich praktiziere. Die Leute kommen und gehen, bemerken dies oder jenes, aber sie wissen nicht, daß dieser Stein, jene Muschel, der Platz einer Kerze, die Bedeutung einer kleinen Skulptur oder eines Bildes, dieses Zimmer für mich «anzünden» und zu einem heiligen Raum werden lassen. Aber ich weiß es.

Es gibt Tage, an denen ich die Sätze in meinem Tagebuch einfach so hinfetze, und andere, an denen das Schreiben eine Art Gebet ist. Es

TAGEBUCHEINTRAGUNG

Ich: Christina fragte mich, ob ich mich entschließen werde, die Person zu sein, die ich sein soll. Und falls ja, mit welchen Folgen? Meine Frage an dich, Gott – wer soll ich sein?
Gott: Du selbst.
Ich: Na, hör mal, das ist doch keine Antwort.
Gott: Sei heute du selbst, jetzt, in diesem Augenblick.
Ich: Die Leute werden davonlaufen. Niemand möchte mit jemandem zusammensein, der Trübsal bläst.
Gott: Ich habe nicht gesagt, daß du Trübsal blasen sollst. Ich habe gesagt, du sollst du selbst sein. Und wenn du dein wahres Selbst bist, dann wirst du neben deinem Zorn, deiner Traurigkeit, deiner Einsamkeit auch Freude empfinden, und die Menschen werden dich lieben. Denn ich habe dich geschaffen, und wenn du aus dem Panzer herauskommst, den du dir zugelegt hast, werden die Menschen sehen, was in dir heilig ist. Verstehst du das? Es ist nicht dein Licht, das du verbirgst – es ist meines, und mir gefällt es nicht, wenn mein Licht ausgelöscht wird . . .

Errichten Sie einen Schreibaltar

- Bringen Sie Gaben zu dem Ort, an dem Sie in Ihr Tagebuch schreiben.
- Schaffen Sie eine Umgebung, die Sie als «heilig» empfinden.
- Machen Sie den Beginn des Schreibens zu einem Ritual – legen Sie Ihre Schreib- und Zeichenstifte sorgfältig hin, zünden Sie eine Kerze an und so weiter.
- Behandeln Sie Ihr Tagebuch wie einen Gegenstand, dem Sie Achtung zollen.

hängt zum Teil vom Thema ab, das mich beschäftigt, aber das eigentlich Entscheidende ist die Haltung, mit der ich mich an den Schreibtisch setze.

Wenn ich ängstlich bin, meine spirituelle Bindung unterbrochen fühle, uneins bin mit mir und meinem Leben, ruhen meine Augen auf Gegenständen, die mich daran erinnern, warum ich hier bin und was für eine Aufgabe ich eigentlich habe. Es hilft. Auch Sie helfen: Was uns verbindet, ist das gemeinsame Verständnis für das Schreiben als Ritual.

Wir machen das Tagebuchführen zu einem Ritual, indem wir so viele Erfahrungen wie möglich auf die Seiten bannen. Wir schreiben Gebete auf, Dialoge mit Gott, malen Mandalas und visionäre Bilder. Wir schaffen uns Zeit zum Nachdenken, nähern uns dem Schreiben in einer Art, die der ähnlich ist, mit der wir uns ans Üben der Stille machen.

Schreiben ist Magie. Erinnern Sie sich, wie bedeutsam es war, seinen eigenen Namen schreiben zu lernen? Sein Gewicht auf dem Papier, der Zauber der ersten Sätze, die man schreiben konnte! Schreiben ist Greifbarmachen von Sprache, ist das Erhalten und Auskosten von Erfahrung, ist in Geschichten verwandeltes Leben. Vielfalt und Fülle des Tagebuchschreibens wird nur durch die Zeit und die Energie begrenzt, die wir aufbringen können, und durch unsere Vorstellungskraft. Einige Übungen in diesem Kapitel sollen diese Grenzen unserer Schreibroutine sprengen.

Von allen Ritualen, mit denen ich in meinem Leben experimentiert habe, ist die Praxis des Tagebuchschreibens nach wie vor das fruchtbarste. Im Laufe unserer Beziehung ist das Tagebuch weit mehr für mich geworden, als ich je für möglich gehalten hätte, aber ich habe auch gelernt zu erkennen, wo die Kraft des Schreibens aufhört. Das Tagebuch kann auf den Augenblick der Wahrheit hinweisen und hinführen, aber wenn dann der Augenblick tatsächlich da ist, gibt es nur noch die Wahrheit.

Egal welchem Kulturkreis Sie angehören – das Ritual ist eine Möglichkeit, das Rohmaterial Ihres Lebens in die Suche zu verwandeln. Kurz nachdem sie fünf geworden war, besuchte meine Nichte mit ihrer Mutter und mir am Heiligen Abend das Krippenspiel in der kleinen Episkopalgemeinde, zu der ich gehöre. Erin war noch nie in einem Gottesdienst gewesen, bei dem es das Abendmahl gab, aber sie kannte die Weihnachtsgeschichte und freute sich darauf, sie von anderen Kindern dargestellt zu sehen. Sie trat mit uns vor zur Altar-

Ein Mandala machen

- Sammeln Sie, was Ihnen in den Sinn kommt: Fotos, Bilder, Federn, Zweige, Bänder und so weiter.
- Besorgen Sie relativ großes, kräftiges Papier, einen Zeichenblock, ein Pinnbrett oder auch dünnes Sperrholz.
- Meditieren Sie über Bilder und die Sachen, die Sie gesammelt haben.
- Suchen Sie sich eine ruhige Zeit aus und einen Ort, an dem Sie nichts gestört werden.
- Was paßt? Lassen Sie sich von Ihren künstlichen Schwächen, die Sie zu haben glauben, nicht abhalten.
- *Folgen* Sie dem Mandala bei seiner Entstehung, bestimmen Sie nicht.
- Erforschen Sie es, meditieren Sie über das Mandala, unterhalten Sie sich mit ihm.
- Lassen Sie zu, daß sich seine Bedeutung ausdehnt und zusammenzieht.

schranke, hörte ernst zu, als man ihr erklärte, was die Hostie bedeute, und nahm sie entgegen. Auf dem Nachhauseweg fragte ich sie, ob ihr der Gottesdienst gefallen habe. Ein nachdenklicher Ausdruck trat in ihre Augen, und sie sagte: «Weißt du, die Hostie war köstlich.»

Ich lachte. Sie war direkt zum Kern des christlichen Mysteriums vorgestoßen, nichts stand ihr im Weg. Die Leute haben jahrhundertelang komplizierte Riten erdacht, um das zu tun, was Erin spontan tat – sich speisen lassen. Die Rituale der spirituellen und religiösen Traditionen sind überfrachtet mit Bedeutung, nicht nur mit der Bedeutung, die wir ihnen geben, sondern auch beladen mit dem Gewicht langer Observanz. Wenn Sie an einem christlichen, jüdischen, buddhistischen, islamischen, heidnischen Ritual oder einem Stammesritual teilnehmen, verbinden Sie sich mit Generationen, für die dieses Ritual ebenfalls Bedeutung hatte. Sie fügen Ihre Andacht der ihrigen hinzu. Manchmal ist es wie beim Schwimmen: Die Bewegung ist matt und schwer, und doch trägt sie.

Meistens können wir, wenn wir an das Tor des Geheimnisses pochen, das Tagebuch nicht weiter mitnehmen. Wir können nicht in dem Augenblick schreiben, in dem wir erhoben werden. Sobald wir schreiben, werden wir zum Berichterstatter, zum Beobachter, nicht zum Eingeweihten.

Eine Möglichkeit, die Kluft zwischen dem, der entrückt wird, und dem, der schreibt, zu überbrücken, ist, Aufzeichnungspraktiken zu erkunden, die jenseits der alltäglichen Routine liegen. Im Mittelalter übten sich die Mönche in Kalligraphie, mancher widmete sein ganzes Leben einem einzigen kunstvoll gestalteten und illuminierten Manuskript. Solche Mühen und Anstrengungen überschritten – transzendierten – die Grenze des «Normalen», sie wurden zu einem Akt der Entrückung. Im Fernen Osten zeichneten die Mönche Mandalas, große, konzentrische, geometrische Kreise, die den Kosmos darstellten. Wir können diese Ebene des meditativen Rituals auf verschiedene Weise in unserem Tagebuch darstellen: durch kalligraphisches Schreiben, das Formulieren von Mantras, das Zeichnen von Mandalas.

Mandala ist das Sanskritwort für «Kreis». Heilige Kreise, die jede spirituelle Tradition kennt, erinnern uns an die Spirale der spirituellen Reise. Ihr Tagebuch ist ein Mandala aus Worten. Ihr Leben ist ein Mandala aus Erfahrungen. Wenn wir an bestimmten Punkten unseres Lebens ein Mandala malen, lassen wir das Unbewußte illustrieren, was es mit diesem Moment unserer Reise auf sich hat.

Der wahre Mystiker ist nicht nur mit esoterischen Gedanken und schönen Bildern von Gott im Himmel beschäftigt. Er ist völlig versunken in die Bewegungen des Lebens, in eine Reise, bei der sein eigentliches Selbst – sein wahres Selbst – mit und in Gott zum Leben erwacht. Dieses «zu Gott kommen», wie man es genannt hat, ist die Reise.

Manche Mandalas sind so klein, daß man damit den Deckel des Tagebuchs verzieren kann, andere nehmen eine halbe Wand ein. Was immer Sie auch wählen, um mit der Verzauberung durch das Schreiben zu experimentieren, lassen Sie es zu, daß Sie mit Symbolen arbeiten, mit Visualisierungen, daß Sie das Unsagbare durch Ihre Aufzeichnungen vergegenwärtigen.

Der 9. April 1970 stellte sich als der Tag heraus, an dem ich bewußt wurde. An jenem Tag der Pilgerreise trug ich das Tagebuch bei mir und notierte in allen Einzelheiten jede Ebene des Verstehens, wie ich sie erlebte. Es gibt einen Augenblick, den Augenblick des Erwachens, wenn die Feder steckenbleibt, keine Worte mehr findet. Die Seite ist ein großer Tintenklecks, umgeben von Gekritzel, als hätte ich versucht, die vorhandene Energie selbst aufs Papier zu bannen. Ich habe keine Erinnerung an dieses «Schreiben». Eine Seite später tauchen wieder Worte auf. Das ist das Ergebnis eines Rituals – im Tagebuch und im Leben.

Meditation: Einen inneren Führer finden

Wenn Sie diese Meditation oder eine andere aus diesem Buch verwenden wollen, suchen Sie sich einen ruhigen Ort, an dem Sie für etwa zwanzig Minuten ungestört sind. Bitten Sie jemanden, den Meditationstext vorzulesen, oder sprechen Sie ihn auf eine Kassette, die Sie dann abspielen. Die Auslassungspunkte markieren eine wichtige Pause – Stille innerhalb des Textes. Pausieren Sie so lange, wie es Ihnen gefällt. Fünf bis zehn Sekunden können beim Meditieren eine lange Zeit sein. Die doppelte Zahl an Auslassungspunkten heißt: noch längere Stille.

Schließen Sie die Augen, und entspannen Sie Ihren Körper... Nehmen Sie sich so viel Zeit, wie Sie brauchen, damit Sie sich wohl fühlen... Bewegen Sie die Muskeln... Strecken und entspannen Sie sich... Überprüfen Sie, ob Ihr Rücken und Ihr Nacken gerade und in einer Linie sind... und Sie sich nicht verspannen. Es ist keine Verspannung da... nur ein angenehmes Gefühl, eine beginnende Ruhe... Nichts eilt mehr... Es gibt nichts mehr zu tun... oder zu denken... entspannen Sie sich einfach.

Achten Sie auf Ihren Atem... Lassen Sie ihn tief in Ihren Körper ein... Lassen Sie Ihren Atem in sich einströmen wie weiche, schwere Wolken, die sie mit Stille erfüllen... Atmen Sie langsam ein... tief... Atmen Sie langsam... und tief aus. Lassen Sie Ihren Atem einsinken und wieder ausströmen... Ihr Atem ist der Rhythmus der Ruhe... Folgen Sie Ihrem Atem... Atmen Sie unwichtige Gedanken aus...Atmen Sie Stille ein...

Gehen Sie innerlich zu einem ruhigen, sicheren Ort... Dort werden Sie einen Weg sehen... Gehen Sie den Weg entlang... Achten Sie auf das Wetter, die Temperatur, die Landschaft, durch die Sie schreiten...... Nach einer Weile sehen Sie in der Ferne eine Wesenheit auf sich zukommen...... näher und näher... Sie beide werden sich treffen...... Während Sie sich einander weiter nähern... achten Sie auf die Gefühle in Ihrem Herzen angesichts der bevorstehenden Begegnung...

Wie begrüßen Sie einander?... Was sagen Sie?... Was sagt die Wesenheit?... Wie lautet der Name der Wesenheit?... Was für eine Botschaft bringt sie Ihnen?... Wie werden Sie sich wiederfinden können?......

Wenn Sie Ihre Botschaft empfangen haben und bereit sind, drehen Sie sich um und gehen den Pfad zurück ... Gehen Sie zusammen oder getrennt? ...... Folgen Sie Ihrem Atem zurück in dieses Zimmer ... Tauchen Sie aus der Stille Ihres Körpers auf ... Es eilt nicht ... Strecken Sie sich ... Öffnen Sie die Augen ...

Nehmen Sie sich etwas Zeit, um das zu zeichnen oder zu notieren, was Sie von dieser Begegnung festhalten wollen.

Finden Sie Bilder, Fotos, Malereien, die Sie an diese Wesenheit und ihre Führung erinnern. Behalten Sie sie in Ihrer Nähe als Symbole dessen, was Ihnen auf dem Weg begegnet ist.

IV.
Die vier Hauptübungen

Lieben

Während wir leben, sind wir Übermittler von Leben, und wenn wir aufhören, Leben zu übermitteln, hört das Leben auf, durch uns hindurchzufließen ...
Und wenn wir, während wir arbeiten, unserer Arbeit Leben verleihen können, strömt zum Ausgleich und zur Erneuerung unserer Kraft noch mehr Leben in uns ein, und so wogt das Leben in uns jeden Tag ...
Gib, und es wird dir gegeben, darin besteht immer noch die Wahrheit des Lebens. Doch Leben zu geben ist nicht so einfach. Es bedeutet nicht, daß man es an irgendeinen gemeinen Dummkopf verschleudert oder sich von den lebenden Toten auffressen läßt ... es bedeutet, die Lebenskraft dort zu entfachen, wo sie nicht war, und sei es auch nur in der Weiße eines gewaschenen Taschentuchs.

D. H. Lawrence

Spiritualität ist keine intellektuelle Leistung. Sie muß erfahren werden. Die Erfahrung kommt durch die Übungen der Liebe: das

Übermittlung von Bewußtheit

- Wie erleben Sie Energie, die Sie empfangen?
- Wie erleben Sie Energie, die Sie aussenden?
- Schreiben Sie Ihre eigenen Geschichten über Zeiten, in denen Sie voller Mitgefühl und Verständnis sind.
- Schreiben Sie über Zeiten, in denen Sie gern verständnisvoller gewesen wären.

Wie Sie mit sich selbst sprechen und sich selbst lieben

Das innere Gespräch ist die Basis der Liebesbeziehung, die Sie mit sich selbst haben.

- Schreiben Sie Monologe und Dialoge als Selbstgespräche, die Ihre Liebe zu sich selbst verraten oder das Fehlen dieser Liebe.
- Ist die Stimme liebevoll? Kritisch?
- Wem gehört die Stimme, die liebevoll zu Ihnen spricht oder sie schilt?
- Gibt es eine «heilige» Stimme, die Sie innerlich hören?

Im Tagebuch die Funktion der Eltern übernehmen

Ihr erwachsenes Selbst und Ihr Kind-Selbst müssen sich unterhalten, um die Verletzungen durch das Leben zu heilen.

- Um die schreibende Stimme des inneren Kindes zu wecken, schreiben Sie mit der ungeübten Hand. Verwenden Sie einen hellen Filzstift oder einen dicken Bleistift. (Ihre Schrift wird unbeholfen sein. Verwenden Sie kurze Worte für Ihre Aussagen.)
- Halten Sie Ihr Erwachsenen-Selbst bereit, damit es auf die Fragen und Bemerkungen des inneren Kindes antworten kann. Schreiben Sie die Stimme des

Vergeben, das Vertrauen und das Annehmen, und sie alle fordern, daß man sein Herz öffnet.

Das ist das zentrale Geheimnis allen religiösen Denkens: Wenn «Gott» Liebe ist – reine Energie –, dann müssen wir, um Energie zu begreifen, unsere Fähigkeit, sie zu geben und zu empfangen, vergrößern, damit wir, wie D. H. Lawrence sagt, «Leben übermitteln». Wir entscheiden bei jedem Ereignis und bei jeder Erkenntnis neu, ob wir unser Herz öffnen oder uns verschließen wollen. Wir entscheiden, ob wir unser Herz weiter machen, um mehr zu werden, als wir noch vor einer Minute zu sein dachten, oder ob wir uns zusammenziehen und weniger werden, als wir zu sein hofften. Lebenskraft zu übermitteln bedeutet, auf alle Einzelheiten, auf jeden kleinen Reiz zu achten und darauf zu reagieren.

Manchmal haben wir die Tendenz zu glauben, daß Spiritualität ein Phänomen ist, das nur im Leben von Menschen, die bedeutender sind als wir, auftaucht, bei Heiligen oder großen Vorbildern. «Mutter Teresa», sagen wir, «also, das ist jemand, der über seine Lebenskraft bestimmt, die hat sich entschlossen, mit einem offenen Herzen zu leben. Aber das ist nicht mein Leben, nicht das, was ich mir wünsche. Ich möchte nicht nach Kalkutta gehen.» Diese Überlegung geht am Kern der Sache vorbei: Sie und ich, wir bestimmen auch, wie wir aufeinander reagieren, in welcher Verfassung wir durch den Tag gehen, ja sogar wie wir die Katze behandeln, die uns über den Weg läuft. Heute, in eben diesem Augenblick, während ich schreibe und Sie lesen, müssen wir wissen, in welcher Verfassung unser Herz ist.

Das ist der Grund, warum ich «Liebe», «Vergeben», «Vertrauen» und «Annehmen» *Übungen* nenne, Übungen, die aktiv und interaktiv sind, verbunden mit der steten Verpflichtung, es immer noch besser zu machen. Wir müssen jede Minute wählen. Es ist notwendig, daß wir uns ständig entscheiden. Wir sollten uns nicht einfach öffnen oder verschließen, ohne Rücksicht auf unsere eigene Verfassung.

Spiritualität ist die Verpflichtung, in unserem Herzen, in unserem Verstand, in unseren Taten anders zu sein. Spirituelle Übungen sind die einzige Möglichkeit, um zu entdecken, wie unsere Spiritualität uns verändert. Ohne praktische Anwendung ist Spiritualität nur ein intellektuelles Spiel, ein Puzzle über das Universum, das wir interessant finden. Wenn wir mit diesen Übungen einverstanden sind, gehen wir vom Intellekt zum Herzen und verpflichten uns, in Ge-

Erwachsenen mit der gewohnten Hand. Benützen Sie ein normales Schreibwerkzeug. (Verwenden Sie eine Sprache, die das Kind verstehen kann. Seien Sie genau.)
Ihr Erwachsenen-Selbst, Ihr Kind-Selbst *und* das Transzendente müssen sich unterhalten.

- Erlauben Sie einer beobachtenden «heiligen» Stimme zu vermitteln und Sie zu lehren, sich mehr zu lieben.
- Sie sind ein Kind des Universums. Dies ist die Kraft, die Sie beide behütet.

Jeden Tag eine Segnung

- Vergessen Sie nicht, Ihre Segnungen aufzuschreiben.
- Schlagen Sie in Kapitel sieben nach, wenn Sie diese Übung auffrischen wollen.

TAGEBUCHEINTRAGUNGEN: SEGNUNGEN

E. war heute abend voller Liebe. Sie rannte zu mir, umarmte mein Bein und schlängelte sich zwischen J. und mir auf die Couch. Sie strahlte buchstäblich Liebe aus, und ich strahlte Liebe auf sie zurück. Die Seelenverbindung zwischen einer Dreijährigen und ihrer Tante war vollkommen. Sie blickte mich an: Siehst du, wer ich bin? Siehst du die Liebe? Ja, ich sehe sie. Ich danke dir.

Ein sehr entmutigender Tag, was die Arbeit betrifft, aber ich ging in die Stadt und kaufte Strandsachen für unseren bevorstehenden Urlaub, und das munterte mich auf. Mein Leben geht weiter. Danke.

P. rief heute nachmittag an und nannte mich «mein liebes Herz» – ich brauchte diese zusätzliche Zärtlichkeit. Ich danke dir.

danken, Worten und Werken eine aktive spirituelle Wahl zu treffen, statt uns nur über dieses Thema zu informieren.

Wenn D. H. Lawrence uns Übermittler von Leben nennt, bezieht er sich auf spirituelle Übungen. Die wichtigste dieser Übungen, auf der alle anderen aufbauen, ist die Liebe. Vielleicht gebrauchen wir nicht dieselben Worte, aber das Übermitteln und Empfangen von Energie ist uns nicht fremd. Wir verlassen uns sogar darauf. Die äußeren Zeichen der Liebe – der zärtliche Blick, der Austausch kleiner Geschenke und Liebesbeweise, eine liebevolle Berührung – sind Möglichkeiten, zu sagen, daß diese Beziehung etwas Besonderes ist, und *unsere Liebe zu zeigen.* Diese Zeichen der Liebe offenbaren sich in derArt, wie wir uns selbst, den anderen und das Transzendente behandeln. Sie sind bedeutungsvoll für uns, weil sie Liebe in einem Kode übermitteln, den wir selbst entworfen haben.

Wir wissen, daß die Liebe nicht *in* dem Blick, *in* dem Geschenk, *in* der Berührung ist. Liebe ist die Energie *hinter* all diesen Dingen. Liebe sind diese Handlungen, durchtränkt von Lebenskraft. Es ist die gleiche Lebenskraft, der wir im Kapitel über den Körper begegneten. Nicht nur wir sind erfüllt von dieser Energie – Energie ist die Natur des Universums selbst. Dieser Lebenskraft hat man viele Namen gegeben. Die Chinesen nennen sie *ch'i*, die Hindus *prāna*, und die Griechen nannten sie *agapē.* Sie ist der Funke im Atom: das, was lebt, auch in den Dingen, die wir gewöhnlich nicht als lebendig betrachten – das Sosein der Dinge. Vielleicht klingt es etwas großspurig, aber der ganzheitlichste Ausdruck für diese Energie ist *bedingungslose Liebe*, Liebe, die alles umfaßt und immer gegenwärtig ist. *Das physikalische Universum, in seiner Gesamtheit und Ungeheuerlichkeit, ist von dieser Energie durchdrungen. Und Sie und ich auch.*

Die spirituelle Liebe ist eine Haltung, bei der wir dastehen und die eine Hand hinaufstrecken zum Universum und die andere ausstrekken in die Welt und uns auf diese Weise zu einem Energiekanal machen. Meist können wir diese Position nur ein paar Minuten durchhalten. Es erschöpft uns, so außerhalb von uns selbst zu sein. Wir sind es nicht gewöhnt. Aber jeweils ein paar Minuten genügen.

Energie ist Anwesenheit. Gedanke ist Form. Die guten oder schlechten Schwingungen, die wir an gewissen Orten oder um bestimmte Menschen spüren, entspringen der Energie und den Gedanken, die von ihnen ausgehen. Wenn wir Segnungen in die Welt schicken, erschaffen wir buchstäblich mehr Licht. Wenn wir Flüche in die Welt schicken, schaffen wir buchstäblich mehr Dunkelheit.

Ein Geschenk täglich

Wir empfangen nicht nur täglich von der Welt, wir geben auch. Halten Sie vor dem Einschlafen inne, und lassen Sie den Tag Revue passieren.

- Schreiben Sie einen kurzen Bericht über eine Sache, die Sie heute der Welt zurückgegeben haben und die Sie bereit sind, als Ihr Geschenk zu betrachten.
- Beenden Sie den Eintrag mit den Worten: gern geschehen.

TAGEBUCHEINTRAGUNGEN: GESCHENKE

S.P. rief an. Es macht mir nichts aus, daß meine eigenen Veränderungen schwierig sind, aber ich mag es nicht, wenn die Veränderungen anderer Leute Schwierigkeiten verursachen. Ich tat mein Bestes, um sie telefonisch zu trösten. Gern geschehen.

Die Zeugen Jehovas standen heute nachmittag vor der Tür. Ich weiß, daß sie nicht anders können, als ihrer Überzeugung zu folgen, deshalb sagte ich «Gott segne Sie», ehe ich die Tür schloß. Es machte mich traurig, nicht richtig mit ihnen sprechen zu können. Gern geschehen.

Jeden Tag haben wir Gelegenheit, Menschen kennenzulernen, die ganz anders sind als wir selbst. Vielleicht sind sie reicher oder ärmer, behindert oder besonders hübsch, gehören einer anderen Rasse oder ethnischen Gruppe an, sind homosexuell, jung an einem Ort voll alter Leute oder alt an einem Ort voll junger Leute. Spiritualität zu üben ist die Kunst, sich Zeit zu nehmen, um den anderen zu bemerken, ihm in die Augen zu sehen, zu lächeln. Wir entdekken, daß nichts da ist, wovor wir Angst haben müßten. Wir hungern alle nach spiritueller Liebe und sind dankbar, wenn wir ihr begegnen.

Spirituelle Energie bringt Mitgefühl in die reale Welt. Wenn wir Mitgefühl haben, betrachten wir unseren eigenen menschlichen Zustand und den der anderen wohlwollend. Wir lassen Vorurteile fallen. Wir halten uns mit unserem Urteil zurück.

Im Tagebuch praktizieren wir Liebe, indem wir unsere Segnungen notieren, von denen viele freiwillige Gaben anderer Menschen sind, eine Großzügigkeit des Geistes. Wenn wir jetzt die Übung «Jeden Tag ein Geschenk» hinzufügen, sehen wir, wie stark wir an dieser Versorgungskette partizipieren. Wir erkennen, wie reich die Liebe ist und welche «Verschwendung» wir uns erlauben können.

Wir müssen nicht zur Großzügigkeit erzogen worden sein, aber sie entspricht unserer eigentlichen Natur. Kleine Kinder kommen als Liebe gebende und Liebe suchende Wesen auf die Welt. Nur durch die grausamen Lektionen des Lebens beginnen wir, uns zu verschließen. Vielleicht haben wir gelernt, Liebe in kleinen Mengen auszuteilen, sie penibel zuzumessen, als ob wir darüber zu entscheiden hätten, wer wieviel bekommt.

Aber in unserem tiefsten Innern gibt es jene ursprüngliche Kind-Seele, die die personifizierte Liebe ist und fröhlich in unserem Herzen wohnt. Deshalb müssen wir uns vom Herzen führen lassen – und es führt uns auch.

Joseph Chilton Pearce, bekannt geworden durch seine Arbeiten über die natürliche Entwicklung des Kindes, meint, daß das Herz ein Bewußtsein hat. Forschungen haben ergeben, daß das Mittelhirn, jener Teil des Gehirns, der Bilder und Symbole versteht – und auch der Teil, der für unsere Suche maßgebend ist –, durch direkte Nervenbahnen mit dem Herzen verbunden ist. Über diese Nervenbahnen erhält das Herz ständig Informationen. Das Herz antwortet, indem es dem Mittelhirn Anweisungen gibt, wie es auf die Umwelt reagieren soll. Pearce glaubt, daß wir von diesem «Gespräch zwi-

Das liebende Kind finden

Das Seelen-Kind strahlt Liebe aus, lacht und ist ernst und in der Welt zu Hause. Suchen Sie nach ihm, im Tagebuch und anderswo.

- Schreiben Sie über sinnliche Erinnerungen, glückliche Zeiten und Augenblicke ungetrübter Freude.
- Schreiben Sie über die Natur, Vertrauen, Aufregungen.
- Holen Sie Fotos aus Ihrer Kindheit hervor, und suchen Sie nach jenem bestimmten Ausdruck – dem Ausdruck des völligen Offenseins für das Leben.
- Zeichnen Sie, tanzen Sie, spielen Sie, unterhalten Sie sich mit jemandem.

Das Kind in uns *hat Kenntnis vom Wesen der Religion, der Philosophie, der Metaphysik und der Naturwissenschaften – und weiß bereits alles,* was man wissen muß, um durch die Zeit zu kommen. *Das Kind wird jene von uns, die bereit sind, zu dem hohen Ort emporzuheben, und dort herrschen wir über das, was wir überwunden haben.*

Was kann Liebe bewirken?

- Notieren Sie alles, womit die Liebe Sie in Ihrem Leben versorgt.

schen Herz und Verstand» geleitet werden und daß das Herz der führende Teil ist.

Wenn das so ist, dann muß die Regel für die Übung der Liebe lauten: *DENKE und tu, was dein Herz dir sagt.* Zu denken und dann dem Herzen zu folgen ist eine intuitive Handlung. Wir tun dies auf die gleiche Weise, wie wir die Intuition anwenden – wir bemühen uns, die Botschaft klar und von unseren Erwartungen und Annahmen unverstümmelt zu erhalten. Die spirituelle Liebe ist diffus. Sie ist zart. Sie fließt in jede mögliche Ritze, in jeden möglichen Spalt.

Die spirituelle Liebe aktiviert die Verbindung zwischen Verstand und Herz. Durch diese Übung sollen wir lernen, diese Verbindung zu erkennen, sie zu nutzen und zu sehen, was passiert. Mit der wachsenden Fähigkeit, auf unser Herz zu hören, entsteht in unserem Tagebuch ein Dialog des Staunens. Wir staunen darüber, wozu die Liebe fähig ist und wozu wir fähig sind, wenn wir aus Liebe handeln. Aber wenn wir Liebe üben, entdecken wir auch unsere Ängste und werden mit ihnen konfrontiert. Wir stehen vor der Notwendigkeit, Verteidigungshaltungen aufzugeben, die wir lange eingenommen haben.

Die meisten Menschen lernen, niemals verwundbar zu sein, sich niemals zu öffnen. Selbst in der intimsten Beziehung bleiben sie wachsam, verschlossen, furchtsam. Wir behandeln das Herz, als sei es ein flüchtiges Wesen, das unter einem Stein hervorlugt und aus Angst vor Räubern niemals ins Sonnenlicht kommen sollte. Die Wahrheit ist, daß das Herz eine mächtige, ehrfurchtgebietende Kraft ist, mit der in der Welt gerechnet werden muß. Wenn wir diese Energie unverhüllt erleben, wenn jemand mit offenem Herzen vor uns steht, erfüllt uns eine große Gelassenheit, spüren wir keine Gereiztheit mehr. Wir möchten uns an diesem Licht des Herzens wärmen und uns mit dieser Energie, die wir als die unsere erkennen, schützen und uns ihr angleichen.

Lange Zeit haben wir gelernt, der Angst mehr zu trauen als der Liebe. Man hat uns befohlen aufzupassen, uns zu schützen, niemandem zu trauen, sondern vorsichtig zu sein, nicht mit Fremden zu sprechen. Aber diese Anweisungen lassen unsere Fähigkeit außer acht, dem Gesetz der Liebe zu folgen: zu *denken* und zu tun, was das Herz sagt. Wenn wir denken und gleichzeitig unser Herz öffnen, sind wir mit einer weit größeren Weisheit verbunden, als wenn wir auf das ängstliche Flüstern unserer Erziehung hören. Wir können in die Welt hinausgehen und unsere Sicherheit mit uns nehmen. Und

TAGEBUCHEINTRAGUNG

Liebe läßt mich die Tage anders sehen. Liebe hilft mir, die guten Dinge zu erkennen, die mir mit anderen Menschen passieren, mit der Natur, sogar in meinen eigenen Gedanken. Liebe erfüllt meine Augen mit Staunen. Liebe ist die Art und Weise, wie ich meine Familie betrachte. Liebe ist die Art und Weise, wie ich in der Zeitung über traurige Dinge lese und mir wünschte, andern den Schmerz nehmen zu können. Liebe ist Freundschaft. Liebe ist die Katze auf meinem Schoß und der Kopf des Hundes, der auf meinem Fuß ruht. Liebe ist das Zuschauen bei Jeremys Hockeyspielen und Beckys Ballettproben. Liebe ist das Machen von Popcorn für uns alle, wenn wir Montag abend Fußball ansehen. Liebe ist das Zuhören, wenn meine Mutter sich beklagt oder wenn ich ihr beim Besuch im Pflegeheim ihr Lieblingsessen mitbringe.

- Notieren Sie, womit die Liebe Sie nicht versorgt, obwohl Sie es sich wünschten.

Die Angst begrüßen

- Machen Sie eine Liste Ihrer augenblicklichen Ängste, ohne dabei ins Detail zu gehen, nur eine Aufzählung von allem, wovor Sie Angst haben.

TAGEBUCHEINTRAGUNG

1. Ich weiß nicht, ob ich wirklich mit F. alt werden möchte.
2. Ich habe Angst, daß die Kinder mit Drogen in Berührung kommen, daß ich ihnen zu wenig gute Gründe genannt habe, nichts damit zu tun haben zu wollen.
3. Ich weiß nicht, ob wir genug Geld haben, um unseren Lebensstandard aufrechtzuerhalten, die Kinder aufs College zu schicken und Mom unterstützen zu können.

wir lassen die Kraft des Herzens entscheiden, wann es offen und wann es zu sein sollte. Ein Rückzug ist einfach. Wir haben viel Übung darin, uns zurückzuziehen. Wir brauchen nur an Angst zu denken, uns zu verschließen, von Intimität und Mitgefühl abzurükken. Wir können die Schutzübung aus dem Kapital über die Führung durch den Körper machen.

In *Ein Kurs in Wundern* heißt es, daß es in Wirklichkeit nur zwei Gedanken gibt – Liebe und Angst – und daß sich diese Gedanken gegenseitig ausschließen. Die Liebe umschließt und beruhigt die Angst, die Angst überwältigt und vertreibt die Liebe. Wenn wir von Liebe durchströmt sind, erleben wir ein erweitertes Gefühl der Verbundenheit mit allem Leben. Wenn wir von Angst erfüllt sind, sinken wir hinab in ein Getrenntsein von allem Leben.

Liebe und Angst fordern Rechenschaft von uns. Wir behaupten, auf einer spirituellen Reise zu sein, und doch haben wir die meiste Zeit Angst – was für eine Reise soll das dann sein? Angst trennt uns von Liebe und auch von Vergebung, Vertrauen und Annahme. Zwischen Liebe und Angst zu wählen, ist die grundlegendste Wahl, die wir treffen.

> Es mag noch mehr Tore zur Hölle geben, aber eines kenne ich genau: Es ist mein Verstand. Er ist so deutlich und abgegrenzt wie ein Zimmer, er hat eine Tür. Hier hebe ich die Gedanken auf, die mich von der Liebe trennen: Phantome der Angst, der Panik, der Hilflosigkeit. Alles, was ich je Unrechtes getan habe, ist dort, wird kritisiert und gespeichert. Alles, was dort wohnt, beurteilt mich sehr hart.

Über die vier Übungen im Tagebuch zu schreiben gibt uns die Gelegenheit, unsere Ängste zu verstehen und aufzulösen und unsere Fähigkeit zum Lieben, Vergeben, Vertrauen und Annehmen zu erkunden. Meistens hat die Angst Kraft, weil sie nicht herausgefordert wird. Spirituelle Übungen fordern die Angst in all ihren Verkleidungen heraus. Wenn wir über die Angst schreiben und dabei die hier und im Kapitel über Vertrauen geschilderten Übungen verwenden, haben wir die Möglichkeit, uns über die Wahl, die wir jeweils treffen, viel klarer zu werden.

> Der interessanteste Aspekt dieser inneren Verdammnis ist seine Deutlichkeit. Wenn ich, gerade aufgewacht, im Bett liege, flippe

4. Wenn mich noch ein Mensch mehr braucht, schreie ich.
5. Schrei.
6. Ich weiß immer noch nicht, wie ich mein Leben später gestalten will.
7. Kein Mensch dieser Familie scheint in dieselbe Richtung zu wachsen, wir driften ständig vom Zentrum weg, bis man das Gefühl hat, daß es keines mehr gibt.

- Wenn Sie alle diese Ängste mit Liebe betrachteten, was würden Sie tun?
- Was, glauben Sie, könnte dabei herauskommen?

1. Ich betrachtete F. mit neuer Liebe. Vielleicht könnte ich ihn so objektiv sehen, daß ich erkenne, was ich immer noch an ihm schätze.
2. Ich sandte den Kindern Botschaften der Liebe und des Vertrauens in ihre Fähigkeit, vernünftige Entscheidungen zu treffen. Wahrscheinlich hat das eine bessere Wirkung als mein Mißtrauen.
3. Ich weiß nicht, wie mir Liebe bei Punkt drei helfen kann. Vermutlich gibt es eine Möglichkeit, aber ich weiß nicht, was es sein könnte. Ich werde dankbar sein für das, was ich habe.
4. und 5. Wenn ich echte Liebesenergie einsetzte, statt Pflichtgefühl, würde ich mir nicht so ausgehöhlt vorkommen. Liebe füllt den Eimer. Pflicht, Opfer, Ein-guter-Mensch-sein-Wollen leert den Eimer.
6. Vielleicht würde es mir gefallen, das Leben weiter zu erforschen.
7. Heute abend beim Essen werde ich jedem einzelnen sagen, warum und wie ich ihn schätze, und wieso er für die Familie wichtig ist, auch wenn sie alle sagen, ohhh, Mutter . . .

- Was hält Sie davon ab, der Liebe so zu trauen wie Ihren Ängsten?
- Wären Sie bereit, Ihre Meinung zu ändern?

ich durch Gedankenkanäle, die voneinander so deutlich verschieden sind wie Radiosender. Ehe ich aufstehe, beschließe ich, einen spirituellen und kreativen Weg zu gehen. Ich will nicht zur Hölle fahren. Die Tür zu ihr schließe ich, ich wähle die Liebe. Das ist der Punkt, an dem ich beginne – wieder und wieder.

Bestandsaufnahme

Die Menschen bringen viele Erfahrungen und wirre Vorstellungen in den Prozeß des Vergebens ein. Vielleicht sollten Sie dann damit beginnen, sich im Tagebuch über diesen Background klarzuwerden.

- Was, glauben Sie, ist Vergebung?
- Was wurde Ihnen über das Vergeben beigebracht?
- Was hat die Religion Sie darüber gelehrt?
- Haben Sie jemals den Prozeß des Vergebens bewußt erlebt?
- Was ging da vor sich?
- Wo blieben Sie stecken?
- Was wissen Sie heute, das Sie damals nicht wußten?

Echte Vergebung ist Teilnahme, eine Einigung, die die Kräfte der Entfremdung überwindet . . . Wir können nicht lieben, wenn wir die Vergebung nicht annehmen, und je tiefer unsere Erfahrung des Vergebens ist, desto größer ist unsere Liebe. *Paul Tillich*

Schnellschreiben

- Schreiben Sie, so schnell Sie können, über Ihre Wut auf eine andere Person, auf ein Vorkommnis, auf irgendeine unverheilte Verletzung, und auch von Ihrem Kummer darüber.
- Stellen Sie eine Küchenuhr auf zehn bis fünfzehn Minuten Laufzeit ein, und heben Sie während dieser Zeit den Stift nicht vom Papier.
- Wenn Sie damit fertig sind, schreiben Sie erneut, so schnell Sie können – diesmal diktiert von der Stimme des Geist-Selbst –, was Sie von der Situation verstehen.
- Stellen Sie eine Küchenuhr auf zehn bis fünfzehn Minuten Laufzeit ein, und heben Sie während dieser Zeit den Stift nicht vom Papier.

Vergeben

Vergeben ist das große «Ja». Es ist eine Entscheidung, die Sie bewußt treffen müssen. Sie müssen das Leben wählen. Ein Mensch kann den Tod wählen, indem er nicht vergibt. So können Sie sich in gewisser Weise selbst vernichten, wenn Sie zu der Wirklichkeit, wie sie augenblicklich ist, nicht «Ja» sagen. Das ist die Wahl, die Sie haben, «Ja» oder «Nein» zu sagen zu dem, was wahrhaftig existiert.
Thomas Hopko

Zu vergeben ist das Eingeständnis, daß wir wie andere Menschen sind. Wir machen leicht Fehler, die Verwirrung oder Schmerz verursachen, und drücken uns über unsere Absichten nicht klar genug aus. Wir sind sowohl Leidtragende dieser menschlichen Schwächen wie auch ihre Urheber. Es gibt keine Möglichkeit zu vermeiden, andere zu verletzen oder von anderen verletzt zu werden, weil gerade dies die Natur unserer Unvollkommenheit ist. Wir haben nur die Wahl, uns mit unseren Fehlern und denen anderer Leute auszusöhnen oder uns aus der Gemeinschaft zurückzuziehen. Wenn wir den zweiten Weg wählen, ziehen wir uns sowohl von unserem Menschsein zurück als auch von unserer Verbindung zum Transzendenten. Deshalb nennt Thomas Hopko dieses Sich-Zurückziehen einen Akt der Selbstvernichtung. Um wirklich zu leben, müssen wir uns entschließen, frei und offen am Kreislauf der Interaktionen teilzunehmen, bei dem wir verletzt werden und verletzen, uns vergeben wird und wir vergeben, und voranschreiten, ohne daß unsere Liebe verletzt wird. Das bedeutet «wahrhaftig existieren».

Wenn Sie nicht bereit sind, jemandem zu vergeben, erfüllen Sie Ihr Leben mit Haß, Paranoia, Isolation, Empörung, Rachsucht und der falschen Überzeugung, daß Ihre Vorstellungen und Handlungen gerechtfertigt sind, wegen des Unrechts, das man Ihnen angetan hat. Sie entziehen sich der menschlichen Gemeinschaft, weil Sie erkennen oder zumindest hoffen, daß Sie nicht so unvollkommen sind wie der Rest der Welt, auf die Sie sich gar nicht weiter einlassen wollen.

Wenn man Ihnen nicht vergibt, ist Ihr Leben erfüllt von Anschuldigungen, Selbstverachtung, Isolation, Angst vor weiteren Anklagen und Scham darüber, daß Sie etwas Unverzeihliches getan haben. Sie entziehen sich der menschlichen Gemeinschaft, weil Sie erkennen

Nichtabgeschickte Briefe

- Nicht alle versöhnlichen Handlungen können oder sollten realiter ausgeführt werden.
- Nichtabgeschickte Briefe sind eine Möglichkeit, sich mit Leuten auszusöhnen, die längst aus Ihrem Leben verschwunden sind, mit Menschen, die gestorben sind oder mit denen Sie keinen Kontakt mehr haben möchten.
- Zensieren Sie nichts, sagen Sie, was Sie sagen müssen.
- Lassen Sie den Empfänger «antworten». Betrachten Sie die Situation von seinem Standpunkt aus.

TAGEBUCHEINTRAGUNG

Liebe Mom, lieber Dad. Ich bin heute endlich für alles dankbar, was ich, in meinem Bemühen, Euer Sohn zu sein, über mich und das Leben gelernt habe. Ich wünschte, ich könnte Euch das selbst sagen, doch ich möchte es wenigstens Euren Seelen sagen. Unsere Geschichte regt mich heute nicht mehr auf, und ich bin sicher, daß ich mich nicht kaputtmachen werde, weil von unserer Familie keine heilende Kraft ausgeht. Das war es nämlich, was mich so viele Jahre mit Zorn gegen Euch erfüllt hat. Ich hatte Angst, als Mensch zerstört zu sein, befürchtete, niemals zu erkennen, wie ich für mich selbst sorgen und ein wenig Liebe in der Welt finden könnte. Doch da ich heute dieses Vertrauen in mich besitze, kann ich Euch mit anderen Augen betrachten – mit einem Gefühl der inneren Ruhe und Erfüllung. Ihr seid wichtige Lehrer für mich gewesen. Während wir älter werden und in das letzte Stadium unserer Erdenreise eintreten, werden wir hoffentlich gemeinsam etwas Frieden finden. Auf jeden Fall wünsche ich Euch alles Gute.

oder befürchten, daß Sie unvollkommener sind als die anderen, sich niemals bessern und kein vollintegriertes Mitglied der menschlichen Familie mehr werden können.

Jeder dieser beiden Wege hat als Ergebnis zwei verkrüppelte menschliche Wesen, zwei verkrüppelnde Erfahrungen und das Getrenntsein von der spirituellen Reise. Für beide Parteien ist es die Hölle, der einzige Ausweg die Aussöhnung.

Sie müssen sich entscheiden: Werden Sie eine Reise machen, um festzustellen, was die Liebe vollbringen kann oder zu was Rache, Vorwürfe und Feindseligkeit fähig sind? Wenn man die Sache so betrachtet, scheint die Wahl auf der Hand zu liegen. Es sind nur kurze Augenblicke, da ein winziger Vorwurf harmlos, ein Hauch von Feindseligkeit gerechtfertigt scheinen und Rache als süße Belohnung heraufbeschworen wird, ohne daß wir die Folgen bedenken. Die Reise ist immer gefährdet. Wie entscheiden Sie sich?

Es kann keine Liebe oder Vertrauen oder Annahme geben, wir kommen mit unseren spirituellen Übungen nicht weiter, wenn wir nicht bereit sind, wieder und immer wieder zu vergeben. Vergebung ist der Angelpunkt des spirituellen Wachstums. Ohne Vergebung fließt das Leben nicht.

Ich erkannte mein Bedürfnis zu vergeben und Vergebung zu erhalten auf die schmerzlichste Weise, die sich vorstellen läßt, und auch Sie werden Ihre Bedürfnisse so erkennen. Die Einzelheiten sind unwichtig. Was zählt, ist die Lehre, die man daraus zieht.

Vergebung ist das Lossprechen von vergangenen Fehlern, Vergebung ist, wenn Sie aufhören, sich Ihrer selbst zu schämen oder andere zu verachten und – als einen Akt der Gnade – die Möglichkeit anerkennen, daß Sie geliebt werden, wie Sie sind oder sogar so, wie Sie waren.

Ich pflegte die Frage der Vergebung früher ziemlich leicht zu nehmen, wahrscheinlich betrachtete ich sie nur vom intellektuellen Standpunkt aus. Ich war viele Jahre wütend auf meine Eltern, machte eine Therapie und erreichte ihnen und meiner Vergangenheit gegenüber einen Zustand des inneren Verstehens und Vergebens. Ich blickte auf alte Beziehungen zurück und vergab uns unsere Verwirrung und all das, was wir damals offensichtlich nicht hatten besser machen können. Ich entwickelte einige der Übungen des Vergebens, die in diesem Buch beschrieben werden, und dachte, daß ich mich mit diesem Thema eingehend auseinandergesetzt hätte. Und dann beschloß jemand, mir nicht zu vergeben. Es gab keine Möglichkeit, sich über eine Aussöhnung zu unterhalten, nur die

Entfremdungen respektieren

Während Sie sich verschiedener Entfremdungen in Ihrem Leben bewußt werden, fragen Sie sich im Tagebuch:

- Was für eine Art Entfremdung ist das – jedesmal die gleiche?
- Warum ertrage ich sie weiterhin?
- Was für einen Zweck hat sie?
- Gibt es eine Ebene, auf der diese Entfremdung angemessen ist?
- Wie kann man vergeben und trotzdem eine gesunde Distanz wahren?

Sich selbst vergeben

- Schreiben Sie eine Sache auf, die Sie sich heute verzeihen werden.
- Erklären Sie, warum Sie bereit sind, sich zu verzeihen, und was Sie tun werden, was Sie unternehmen wollen, um mit sich Frieden zu schließen und eine Veränderung zuzulassen.

Lernen, Respekt und Ehrfurcht vor Wandlungsprozessen zu haben – das ist es, was zählt. Wir gehen jeder unseren eigenen Weg, aber was wir entlang dieses Weges entdecken, ist wichtig, und wichtig ist, wie wir uns durch diese Entdekkungen verändern.

Anderen vergeben

- Schreiben Sie eine Sache auf, die Sie heute jemand anderem vergeben werden.
- Erklären Sie, warum Sie bereit sind, ihm zu verzeihen, und was Sie tun werden, was Sie unternehmen wollen, um mit ihm Frieden zu schließen und eine Veränderung zuzulassen.

Die einzige Möglichkeit zu beweisen, daß man Gott liebt, ist, seinen Nächsten zu lieben, und die einzige Möglichkeit, wie man auf dieser Welt seinen Nächsten lieben kann, ist endlose Vergebung.

Feststellung, daß wir uns völlig fremd geworden waren und daß dies meine Schuld sei. Plötzlich wurde Vergebung zum zentralen Thema meines Lebens.

Das meiste, was ich über Vergebung gelernt habe, das meiste Heilende, das geschah, passierte durch das Tagebuch, indem ich mich eingehend mit Themen wie Verantwortung, Absicht, Gut und Böse, Scham, Vorwurf und dem Vorhandensein von Gnade auseinandersetzte, die dieser Vorfall heraufbeschwor. Ich bin zu der festen Überzeugung gelangt, daß Vergebung unbedingt erforderlich ist – damit wir die Menschen so, wie sie nun mal sind, akzeptieren und das Mitgefühl und den Mut finden weiterzuleben.

Vielleicht denken Sie, daß es nicht genügt, Tagebuch zu schreiben, um Ihr Leben zu ändern. Aber Schreiben *ist* Handeln. Wenn Sie durch Dialoge über das Vergeben, durch nichtabgeschickte Briefe und Eintragungen, in denen Sie Kummer und Zorn ausleben, zulassen, daß Ihr Herz sich ändert, werden Sie feststellen, daß die so gewonnene seelische Kraft auch die Welt um Sie herum verändert. Mit der Zeit werden Sie mitfühlender und sind eher bereit zu verzeihen, während Sie spirituelle Befreiung erfahren.

Die Menschen handeln selten vorsätzlich, wenn sie jemand anderem schaden. Die meisten Taten, die später Vergebung erfordern, sind mehr das Ergebnis von Unwissenheit und Verwirrung als von Böswilligkeit: Die Menschen interagieren, und daraus resultiert Entfremdung. Diese Interaktionen *bieten immer auch Möglichkeiten für verantwortungsbewußte Entscheidungen, die jedoch keiner der Beteiligten zur fraglichen Zeit erkennt oder zu nutzen versteht.* Als Ergebnis unserer gegenseitigen Unwissenheit entsteht nun Schmerz. Wie werden wir lernen?

Vielleicht haben sich diese Fragen bei Ihnen durch Entfremdungen in der Familie oder im Freundeskreis ergeben, durch Scheidung, Tod, geschäftliche Probleme, Prozesse, ein moralisches Dilemma oder spirituelle Krisen – unser Bedürfnis zu vergeben und Vergebung zu erlangen hat unzählige Varianten. Die Herausforderung ist jeweils dieselbe. Der Zweck dieses Kapitels ist es, uns auf Versöhnung vorzubereiten, wir sollten erkennen, daß wir auf andere zugehen und zugleich bereit sein müssen, andere auf uns zugehen zu lassen. Und in Situationen, wo keine Versöhnung stattfindet, wo wir uns nicht von Angesicht zu Angesicht auseinandersetzen können, hilft dieses Kapitel, Möglichkeiten zu finden, um eine innere Aussöhnung zu erfahren und frei zu werden.

Dem Transzendenten vergeben

- Was haben Sie dem Transzendenten nicht verziehen?
- Was hindert Sie daran, sich mit dem Bild, das Sie sich vom Göttlichen gemacht haben, auszusöhnen?

Können Sie Gott vergeben und Ihn lieben, auch wenn Sie entdeckt haben, daß Er nicht vollkommen ist, auch wenn Er Sie im Stich gelassen und Sie enttäuscht hat, weil er Unglück und Krankheit und Grausamkeit in Seiner Welt zuläßt, und es auch zuläßt, daß einige dieser Dinge Ihnen selbst zustoßen?

Dialoge des Vergebens

- Geschriebene Dialoge können manchmal die einzige Möglichkeit sein, ein versöhnliches Gespräch zu führen.
- Lassen Sie zu, daß der Dialog intuitiv einem Wahrheitsfaden folgt. Versuchen Sie nicht, die Entfremdung noch einmal durchzuspielen.

Vor vielen Jahren leitete ich während eines Sommers ein internationales Jugendlager in der Westbank, nur ein paar Jahre nach der Besetzung des Territoriums durch die Israelis. Wir waren die ersten Fremden, die von der örtlichen Regierung in diese Stadt eingeladen wurden. Der Bürgermeister und ein paar Lehrer wollten die einheimischen jungen Leute mit westlichen Gästen zusammenbringen, die keine Israelis waren. So versammelten wir uns – etwa zwanzig Amerikaner, Deutsche, Holländer, Franzosen und Araber im College-Alter –, um das städtische Jugendzentrum zu reaktivieren. An meinem ersten Tag nahm mich die arabische Camp-Leiterin in die Häuser aller wichtigen Sponsoren dieses Projekts mit, Leute, die wissen mußten, wer ich war, und deren Unterstützung ich brauchte, um die mir gestellte Aufgabe zu erfüllen. In jedem Haus wurde uns der hier übliche starke, süße Kaffee angeboten. «Du mußt ihn trinken», sagte Besma zu mir, «oder du beleidigst sie.» Zwei Monate später machten Besma und ich an meinem letzten Tag in der Stadt wieder die Runde, tranken Kaffee und bedankten uns. «Du mußt etwas in der Tasse lassen», sagte sie. «So gehört es sich beim Abschied.»

Ich habe häufig an dieses Ritual gedacht, mit dem man Bindungen schafft und ordentlich auflöst. In der westlichen Kultur gibt es kein Pendant dazu. Einmal, nach dem schmerzlichen Ende einer Liebesbeziehung, machte ich starken Kaffee, stellte zwei kleine Tassen auf den Küchentisch und legte leere Blätter daneben. Ich setzte mich auf «meinen» Platz und schrieb all die Dinge auf, die mein Herz sagen wollte und meinem Partner nicht sagen konnte. Dann wechselte ich den Stuhl und schrieb auf «seinem» Platz auf, was er mir vermutlich zu sagen gehabt hätte. Auf diese Weise brachte ich Ordnung in unseren Schmerz und in unsere Freude und bedankte mich. In meinen Gedanken trennten wir uns, ohne dem anderen noch etwas schuldig zu sein. In jeder Tasse ließ ich ein wenig Kaffee.

Vergebung hängt von der Haltung unseres eigenen Herzens ab, nicht von der Bereitschaft anderer, uns etwas zu geben. Vielleicht wird die Vergebung, die wir geben möchten oder erlangen wollen, notgedrungen und passenderweise meistens ein privates Arrangement sein, eine Mischung aus getrunkenem Kaffee und vollgeschriebenen Seiten. Wir haben die Macht, unsere Lebensumstände zu bejahen und durch die Reinigung des Herzens wieder in die Gemeinschaft zurückzukehren. Und natürlich gibt es die Gnade, die Bereitschaft des Transzendenten, uns zu vergeben und uns bei dem Reinigungsprozeß zu helfen.

Tagebucheintragung

X: Ich habe dich wirklich geliebt, und du hast mir fürchterliche Angst gemacht. Ich habe mich bemüht, dir eine vollkommene Ehefrau zu sein. Ich glaube an Märchen und Liebesromane. Und du wurdest zu diesem schrecklichen Fremden, warst nicht mehr der Junge, den ich geheiratet hatte.

O: Ich habe dich auch geliebt. Und ich habe auch in einem Märchen gelebt – ich war der treue Soldat, der stolze werdende Vater. Und dann zerplatzte alles in meinem Kopf. Ich hatte keinen Ort, an dem ich mich hätte verstecken können. Um mich zu schützen, fing ich an zu trinken ...

X: Warum mußtest du dich verstecken? Warum konnten wir nicht darüber reden?

O: Ich erinnere mich nicht, daß irgend jemand mal sagte, wir sollten über diese Dinge reden. Ich hatte auch keine Worte, hab immer noch keine ... Es ist nicht deine Schuld. Ich bin mir immer noch nicht sicher, ob ich mich ändern will. Kannst du mir verzeihen, was ich dir und dem Baby angetan habe?

X: Ja. Kannst du mir den Druck vergeben, den ich auf dich ausgeübt habe?

Der wichtigste und geistig reifste Akt des Vergebens ist die Vergebung gegenüber den Eltern ... Wenn wir nicht vergeben können, dann, weil wir den Zorn und den Schmerz nicht anschauen und nicht zugeben wollen, was tatsächlich geschah ...

In Tagebuchgruppen ist häufig der erste Weg, auf dem wir uns mit dem Prozeß der Versöhnung auseinandersetzen, eine Übung, bei der wir uns an Menschen erinnern, denen wir uns irgendwie entfremdet haben, ob sie nun noch zu unserem augenblicklichen Leben gehören oder nicht. Dies wird am einfachsten durch Visualisierung erreicht: Stellen Sie sich vor, wie Sie mitten auf einer leeren Bühne sitzen. Rufen Sie von rechts einen nach dem anderen, dem Sie Ihrer Meinung nach vergeben müssen. Bitten Sie ihn, näher zu kommen, einen nach dem anderen,unterhalten Sie sich mit ihm darüber, wo Sie in Ihrem Prozeß des Vergebens stehen, und schreiben Sie darüber. Wenn Sie vergeben können, dürfen die Menschen auf die linke Seite gehen. Achten Sie darauf, wer links und wer rechts von Ihnen ist. Betrachten Sie die Aufstellung, die Sie sich darüber gemacht haben: Ihre Arbeit des Vergebens.

Machen Sie diese Übung regelmäßig, um herauszufinden, wer sich bewegt hat. Vielleicht stellen Sie fest, daß sich Versöhnung in Ihrem Leben auch auf unbewußter Ebene abspielt, wodurch Sie erkennen, wie Ihr Herz sich verwandelt hat.

Fehlende Vergebung zerstört den Seelenfrieden. Es braucht nur einen Gedanken, einen Namen, eine Erinnerung an eine vergangene Erfahrung oder Beziehung, damit unser Geist in Phantasien von Haß, Rache, berechtigtem Schmerz und Zorn und in Empörung über angetanes Unrecht verfällt. Es gibt eine ganze Litanei des Nicht-Vergebens. Jeder von uns kennt sie. Es mag hilfreich sein, sie niederzuschreiben, das viele angesammelte Gift und das sich häufig wiederholende Thema der Ungerechtigkeit zu betrachten. Was haben die Leute eigentlich so Unverzeihliches getan? Was haben wir so Unverzeihliches getan?

Für viele Menschen sind die ersten Personen, denen sie vergeben müssen, die Eltern. Eltern spielen bei der spirituellen Entwicklung eine zentrale Rolle. Durch sie erhalten wir unsere erste Definition dessen, was es heißt, ein Mensch zu sein, sie prägen unsere Lebenserwartungen, und viele von uns hadern mit diesen Definitionen und Prägungen, wenn sie erwachsen sind. Hopko betont jedoch, daß wir unseren Eltern nicht vergeben können, indem wir das Geschehene herunterspielen. Es ist keine Vergebung, wenn wir heute erklären: «Ach, mit dem Trinken war es doch gar nicht so schlimm», oder «Vermutlich kriegen alle Kinder mal Prügel». Vergeben bedeutet, wirklich zu erkennen, was geschah. Es bedeutet, die Gefühle zu spüren, die wir angesichts vergangener Erfahrungen haben müssen,

Man muß in vollem Umfang den Schmerz der tatsächlichen Verletzung erfahren . . . Das ist die Blockade, die die meisten Menschen haben. Der Schmerz muß wieder und wieder durchlebt werden, und Schicht um Schicht muß hochkommen.

Fähigkeiten des Vergebens

- Lesen Sie noch einmal durch, was Sie bis jetzt über das Vergeben geschrieben haben, und unterstreichen Sie die Fähigkeiten, die Sie entwickelt haben.
- Machen Sie in Ihrem Tagebuch eine Aufstellung darüber.
- Machen Sie sich bewußt, was Sie wissen und was Sie lernen.

Die Vergebung wendet sich an die Kraft, zärtlich zu sein,
an die Kraft, wach zu sein, sachlich, nicht aggressiv.
Sie gibt die Energie zurück, die weggeworfen wurde . . .
Sie sucht einfach den Mittelpunkt.

Gute Trauer

Trauer taucht beim Akt des Vergebens immer wieder auf. Lassen Sie sie zu.

- Suchen Sie nach ihr unter Ihrem Zorn.
- Nehmen Sie sich (wie im Kapitel über die Unordnung) täglich zehn Minuten Zeit, um sich hinzusetzen und zu trauern.
- Schreiben Sie sich Ihre Trauer vom Herzen; wählen Sie dabei die Methode des fließenden Schreibens.
- Wenn Ihnen die Worte fehlen, zeichnen Sie, tanzen Sie, gehen Sie spazieren, streicheln Sie den Hund, bitten Sie um eine herzliche Umarmung, lassen Sie sich massieren.

und in diesem Licht des Verstehens zu beschließen, loszulassen, es vorbei sein zu lassen. Wir müssen aufhören, uns als Opfer oder Verfolger zu sehen, wir müssen uns vielmehr als Familie sehen, erkennen, daß unser Leben verworren ist und wir in jedem gegebenen Augenblick hinsichtlich der Wahl, die wir zu haben glauben, unser Bestes tun.

Vergebung ist eine Fertigkeit, die wir lernen können. Jeder Moment der Versöhnung schenkt Jahre des Lebens, der Versenkung und des Schreibens, und sie alle bereiten uns darauf vor, den Schritt in die Freiheit zu tun. Vergebung tilgt die künstlichen Unterschiede, die wir zwischen uns und den anderen machen. Vergebung erfordert es, daß wir eine Situation erforschen, bis wir deutlicher erkennen, wieso eine Entfremdung eintrat und was wir dazu beitrugen. Wenn wir vergeben und uns vergeben wird, lernen wir Empathie.

Empathie ist eine sehr persönliche Art von Wissen. *Durch gegenseitiges Vergeben kommt es dazu, daß wir einen Menschen, den wir als unseren «Feind» bezeichnet haben, auf einer sehr persönlichen Ebene verstehen – und ihm geht es genauso.* Das ist der Grund, warum der Jungianer Nor Hall sagt: «... die Lösung für die Heilung wird im Blut der Wunde selbst gefunden.» Jede zur Versöhnung bereite Partei muß allein oder mit der anderen in die Verletzung hineingehen, den Schmerz und die Verwirrung, dort zu sein, ertragen, bis sich die Lösung für die Heilung zeigt.

Wir haben das bei Paaren erlebt, die das durchmachten, wenn ihre Beziehung fast zerbrochen war. In dem Augenblick, wo es leicht gewesen wäre auseinanderzugehen, wandten sich die beiden einander zu und begannen den Prozeß des Wiederaufbaus ihrer Liebe. Es braucht Zeit und Mut und die gemeinsame Verpflichtung, Verantwortung zu tragen und ehrlich zu sein.

Vielleicht bezweifeln Sie lange Ihre Bereitschaft, sich vor jenen, die Ihnen Schmerz bereitet haben, so bloßzustellen, oder vor jenen, denen Sie Schmerzen zugefügt haben. Keiner ist stärker miteinander verbunden als zwei Feinde, sogar Liebende haben mehr Freiheit.

Ich erinnere mich, daß meine Mutter einmal, in meiner Jugendzeit, während einer unserer ständigen Auseinandersetzungen, rief: «Wenn ich deine Liebe nicht haben kann, dann nehme ich deine Wut!» Ich schrieb diesen Satz in mein erstes Tagebuch, erstaunt und verblüfft, mir nur vage der Kraft der Worte bewußt.

Unversöhnliche Wut ist eine Energie, die man wie ein Seil auswirft. Jeder, der danach greift, verwickelt sich darin. *Wut muß sich in*

Vergebung träumen

- Träume schildern Versöhnungen, vor allem, wenn diese nicht wirklich stattfinden können.
- Achten Sie auch auf Träume, in denen sich eine Situation wiederholt – nur das Ende ist anders, die Verletzung geheilt.
- Über Traumarbeit in Dialogen lesen Sie in Kapitel zehn nach.

Rituale des Vergebens

- Entwickeln Sie eine bestimmte Art und Weise, nach Beendigung einer Entfremdung Ihren Dank abzustatten.
- Schreiben Sie auf, was Sie durch diesen Akt des Vergebens in sich bereinigen können.
- Schreiben Sie auf, was für neue Möglichkeiten Sie dadurch erhalten.
- Kreieren Sie ein Ritual, das dieses Ende und den Neuanfang symbolisiert.

das verwandeln dürfen, was sie wirklich ist: eine Sehnsucht nach Verständnis. Wir alle möchten, daß man unsere Seite der Geschichte versteht, daß man unsere Gefühle als begründet ansieht und unseren Schmerz ernst nimmt. Dies ist die Gegenseitigkeit, die unsere Bereitschaft, zu vergeben oder Vergebung anzunehmen, fördert. Wir möchten eine Klärung erreichen, die beide Sichtweisen respektiert und das, was beide Parteien über den Vorfall glauben. Wir möchten wieder ins Gleichgewicht kommen.

Colin Berg spricht von der Vergebung als der Energie der Rückkehr: der Rückkehr in die Gemeinschaft, der Rückkehr aus der Isolation. Wenn wir zulassen, daß die Vergebung wirklich geschehen kann, dann wird sie zu einem Akt der Gnade, die sowohl das «Opfer» als auch der «Täter» erfahren. Die alten Rollen werden zerstört und lösen sich im Prozeß der Aussöhnung auf. Beide spüren den Schmerz, und beide haben die Gelegenheit, sich von dem Band des Schmerzes zwischen ihnen zu befreien. Es ist wahr, daß ich andere verletzt habe, aber sie können ihre Verletzung nicht heilen, indem sie sich weigern, mir zu vergeben, genausowenig wie ich den Schmerz meiner Verletzung heilen kann, indem ich mich weigere, ihnen zu vergeben – oder dem Leben zu vergeben, weil etwas geschehen kann. Wir scheinen heute zu erwarten, daß wir in der Lage sein sollten, Verletzungen zu vermeiden, und daß jemand oder etwas dafür bestraft werden oder ihm die Schuld zugewiesen werden sollte, wenn eine Verletzung geschieht – auch in Fällen, die wir gewöhnlich als Unfälle bezeichnen.

Während eines eisigen Sturms geriet eine Nachbarin von der Straße ab, pflügte mit ihrem Wagen durch meine Hecke und kam erst mitten in meinem Garten zum Stehen. Als ich hinausging, um zu sehen, ob sie in Ordnung sei, waren ihre ersten Worte: «Bitte, ich möchte deshalb keinen Prozeß.» Ich versicherte ihr, daß wir auf gutnachbarliche Weise einen Weg finden würden, die Angelegenheit zu bereinigen. Die einzige Möglichkeit, frei zu sein, besteht darin, aufzuhören, uns selbst zu beschuldigen oder als Opfer zu fühlen. Das Leben ist zu kurz und zu kostbar, um es mit dem Versuch zu verschwenden, als unschuldig dazustehen. Wir müssen uns um unsere Sachen kümmern, die Hecke wieder neu pflanzen.

Gott verspricht nicht, die Dinge in Ordnung zu bringen. Er verspricht nur, nicht wegzugehen.

TAGEBUCHEINTRAGUNG

Ich habe Gott früher ganz anders vertraut als heute. Ich glaubte, daß er «für mich sorgt» – das heißt, daß er mich davor bewahrt, vom Leben allzusehr herumgestoßen zu werden. Innerhalb von achtzehn Monaten passierte dann folgendes: Ich wurde nicht in die juristische Fakultät aufgenommen, Tom und ich trennten uns, mein Vater starb, ich verlor meinen Job. Meine ganze Weltsicht wurde völlig vernichtet. Ich vertraute Gott nicht mehr.
Dann kam mir folgender Gedanke: Vielleicht gibt es Gott in meinem Leben nicht, damit er mich beschützt, sondern damit er mich etwas lehrt.
Das machte mich auch ganz schön wütend, weil ich dachte, Gott wäre mit meinen Bedingungen einverstanden gewesen.
Jetzt finde ich, daß es gar nicht so schlecht ist, etwas abgehärtet zu werden. Vielleicht brauchte ich das tatsächlich mehr als alles andere. Ich beginne allmählich, Vertrauen auf eine neue Art zu sehen, aber manchmal möchte ich meine alte Naivität wiederhaben.

Die Entwicklung von Vertrauen

- Was für Dinge haben Sie geglaubt, und auf was für Dinge haben Sie vertraut?
- Vor was sollte das «Vertrauen» in diese Dinge Sie schützen?
- Auf was sollen Sie jetzt statt dessen vertrauen?
- Beschreiben Sie in ein paar Sätzen, wie Sie Vertrauen mit zehn Jahren beurteilten, mit zwanzig, dreißig Jahren, und was Sie heute davon halten.

Vertrauen

Gott, nimm mich bei der Hand. Ich werde Dir gehorsam folgen und mich nicht zu sehr sträuben. Ich werde keinem der Stürme ausweichen, die das Leben für mich bereithält. Ich werde versuchen, mich mit allem, so gut ich kann, auseinanderzusetzen ... Ich werde niemals mehr so naiv sein anzunehmen, daß ein Frieden, der mir geschenkt wird, ewig dauert. Ich werde alle unvermeidlichen Kämpfe annehmen ... Ich werde dorthin gehen, wohin Deine Hand mich führt, und mich bemühen, keine Angst zu haben. Ich werde versuchen, meinen Mitmenschen etwas Wärme und echte Liebe entgegenzubringen, wohin ich auch gehe ... Ich möchte nicht jemand Besonderer sein, ich möchte nur versuchen, dem treu zu bleiben, was sich im Menschen bemüht, gegebene Versprechen zu halten.

Etty Hillesum

Ich hatte eine Großtante, die in jeder wie auch immer gearteten Situation zu mir zu sagen pflegte: «Vertraue dem Herrn!» Ich mochte diese Tante nie besonders. Man konnte sich nicht richtig mit ihr unterhalten. Wenn etwas Gutes passierte, lobte sie den Herrn dafür, und wenn etwas Schlimmes geschah, vertraute sie darauf, daß der Herr es in Ordnung bringen würde. Und irgendwie schien die Person, die diese oder jene Erfahrung machte, hinter diesem pauschalen Rat zu verschwinden. Aus meiner heutigen Sicht fällt mir auf, daß diese zur Gewohnheit gewordene Reaktion eine Möglichkeit war, jenen spirituellen Ansprüchen auszuweichen, auf die wir im nächsten Teil näher eingehen werden. So wie sie Vertrauen verstand, brauchte sie im Prinzip nichts zu tun – alles wurde zu einem Problem «des Herrn».

Menschen wie meine alte Tante bringen das Vertrauen in Verruf. Sie benutzen Vertrauen, um jeden Dialog zu unterdrücken und Zweifel, Fragen oder Denken zu vermeiden. Als Teil meiner Reise mußte ich eine Vorstellung von Vertrauen neu aufbauen, die alle diese Dinge einschließen kann. Ich hatte ein Vertrauen zu entwikkeln, das mitten in meinem Gespräch mit dem Leben, mitten in meinen Zweifeln, Ängsten, Fragen auftaucht und mir wieder eine Chance und die Freiheit gibt, an das ganze Durcheinander zu glauben, ohne mein Realitätsgefühl auszuschalten.

Sisiutl, er riecht Angst, und das macht ihn hungrig, und er zieht los, um sich Menschen zu suchen . . .Du mußt ihn so lange anstarren, bis er den Blick senkt. Du brauchst ihm nur ins Gesicht zu sehen, das ist alles. Vorher such dir was, an das du glauben kannst, von dem du weißt, *daß es dich niemals im Stich läßt, und dann, wenn Sisiutl hinter dir her ist, brauchst du dich nur an dem festzuhalten, was du* weißt, *und dann starrst du ihn an.*
Er wird näher und immer näher kommen, er hat es auf deinen Mund abgesehen, damit er dir den Atem aussaugen kann. Näher und immer näher . . . Er muß dir seine beiden Köpfe zuwenden . . . wenn er das tut . . . sieht der linke Kopf den rechten Kopf . . . und der rechte Kopf sieht den linken . . . «Wer die andere Hälfte seines Selbst sieht, sieht die Wahrheit.»
Und das ist alles, was der alte Sisiutl je wirklich gewollt hat.

Drachen berühren

- Was für Ängste haben Sie? Machen Sie eine Aufstellung darüber. Beschreiben Sie in ein paar Sätzen genau Ihre Angst. (Auf dem Papier ist das nicht so unheimlich wie in Ihrem Kopf.)
- Was ist der Zweck jeder Angst?
- Wie versucht diese Angstvorstellung, Ihnen zu «helfen»?
- Woran soll sie Sie hindern?
- Können Sie gegen irgendeine dieser Ängste etwas unternehmen?
- Was können Sie genau tun? Werden Sie es tun?

Vertrauen ist die Entscheidung, immer den eigentlichen Weg des Lebens zu sehen und sich ihm anzuvertrauen, in aktiver Partnerschaft mit der Führung. *Vertrauen ist Interaktion. Wir* tun, was wir tun können, der *Geist* tut, was er tun kann, und unser Leben ist die Verbindung dieser Energien.

In diesem Buch geht es fast nur um Vertrauen: auf was vertrauen, wie vertrauen, wann vertrauen, wem vertrauen. Und Vertrauen macht uns mehr noch als Übungen der Liebe und des Vergebens unsere Ängste und Vorwände bewußt. Uns dazu zu verpflichten, der Reise zu vertrauen, darauf zu vertrauen, daß unser Leben über unser Verständnis hinaus auf irgendeine Weise getragen wird, bedeutet, daß zwischen unseren persönlichen Wünschen und den Wünschen des Universums für uns ein Dialog aus Gedanken und Handlungen besteht. Dies ist für die meisten von uns immer noch eine drastische Veränderung ihrer Lebenseinstellung. Daß jeder Pilger mit dieser Veränderung einmal rechnen muß, macht die Sache nicht leichter.

Der Entschluß zu vertrauen ist, als hinge man an einem Trapez – genau in dem Augenblick, da man loslassen und zum anderen Trapez hinüberschwingen muß. Sie brauchen ein genaues Timing. Sie brauchen den Glauben, daß Sie den Sprung schaffen werden. Sie müssen ein paar Sekunden des freien Falls aushalten. Sie müssen bereit sein, die wartende Stange zu ergreifen. Wahrscheinlich wird es dabei keine Scheinwerfer oder Trommelwirbel, kein angstvolles Luftanhalten oder Applaus geben. Das Umschalten von einer selbständigen Suche auf eine vom Vertrauen geführte Suche geschieht meistens im Dunkeln, allein, in einem Augenblick, wo wir endlich sagen: «Gut, ich kapituliere.» Wir haben uns bis zu dem Punkt erschöpft, an dem das Ego aufgibt, und wir beschließen, dem zu vertrauen, was über uns hinausgeht, über unsere individuellen Fähigkeiten, Wahrnehmungen, Regeln, Begrenzungen – sogar über unseren Verstand.

Man hat uns gesagt, daß wir auf unserer Reise zu diesem Augenblick des Loslassens kommen würden. Lehrgeschichten erzählen von den Prüfungen auf dem Weg. Der Held mit den tausend Gesichtern erhält den Preis der Weisheit nicht, ohne sein Leben – sein altes Leben – zu verwirken, im Austausch für die Person, zu der die Reise ihn macht. Die Person, zu der die Reise uns macht, transzendiert das Ego. Nicht auf Dauer, das wäre nicht menschlich, aber wir werden zu einem Menschen, der im «großen Ich» über das «kleine Ich» hinaus reist.

Und ob ich schon wanderte im finstern Tal, fürchte ich kein Unglück; denn du bist bei mir, dein Stecken und Stab trösten mich. Psalm 23,4

Sich mit realen Ängsten beschäftigen

- Verpflichten Sie sich, realistische Ängste zu bekämpfen und auf sie zu reagieren, und führen Sie Ihr Vorhaben dann auch aus.
- Wenn Sie Angst haben vor Einbrechern, weil Ihr Schloß kaputt ist, lassen Sie es reparieren.
- Zählen Sie Ihre Möglichkeiten auf, etwas in Ordnung zu bringen oder zu ändern. Unterstreichen Sie diese Möglichkeiten, damit Sie sie schnell wieder auffinden und etwas unternehmen können, um sie zu realisieren.
- Phantasien bleiben beängstigend, wenn Sie die Szene nur bis zum schlimmsten Punkt verfolgen – wie im Kino, wenn Sie bei einem brutalen Höhepunkt die Augen zukneifen.
- Schreiben Sie so lange weiter, bis Ihre Phantasie zu Ende ist und bis Sie wissen, wie Sie mit dem, was Sie sich vorstellen, fertig werden.

Der nackte Pilger hat keine Fassade. Es gibt keinen Status, keinen Reichtum, kein Wissen, keine weltliche Macht mehr – nichts, was uns hilft, auf unserer Reise der Angst ins Gesicht zu schauen. *Vertrauen ist die einzige Möglichkeit, unser Leben von der Angst zu befreien.* Und Vertrauen ist kein garantierter emotionaler Besitzstand, es ist eine Wahl, die wir wieder und wieder treffen müssen.

In *Der Weg des Schamanen* beschreibt Michael Harner bestimmte Indianerstämme, bei denen der Schamane der Sucherin einen Stock aus Balsaholz gibt, wenn sie ihre geistige Suche beginnt. Der Schamane warnt sie, daß sie in ein paar Tagen Visionen haben wird. Manche werden schön sein, andere entsetzlich. Die Suchende wird von ihren persönlichen Drachen, ihren schlimmsten Ängsten heimgesucht werden. Und dann braucht sie den Stock. Wie furchterregend die Drachen auch sein mögen – wenn sie vortritt und jeden mit dem Stock berührt, werden sie verschwinden und sie wird frei sein. Aber wenn sie auch nur vor einem Drachen davonläuft, wird er sie verfolgen und sie in den Wahnsinn treiben.

Der Balsabaum ist ein tropisches Gewächs und sein Holz außerordentlich leicht. Man macht daraus Flugzeugmodelle, Kinderdrachengestelle und Rettungsringe. Die Anweisungen des Schamanen sind keine Aufforderung, sich zu wehren. Er sagt nicht: «bekämpfe» den Drachen, sondern nur: «berühre» ihn – um unsere Angst mit Vertrauen zu prüfen.

Natürlich gibt es zwei Arten von Angst: die eingebildete und die reale. Kein Glaube der Welt enthebt uns der Notwendigkeit, die Angst als ein gesundes Warnsystem zu erkennen und zu nutzen. Die Kampf- oder Fluchtreaktion gehört zu unserer genetischen Ausstattung – ohne sie könnten wir gar nicht überleben. Angst ist die Emotion, die uns wachsam macht und bereit, auf Bedrohungen zu reagieren. Jeder, der um Mitternacht durch das übelste Viertel einer Stadt geht und keine Angst empfindet, «vertraut» nicht «dem Herrn», sondern verdrängt einfach seine Gefühle. Wenn Sie oder ich beschließen, mit einer großen Bedrohung fertig zu werden, indem wir uns in einen spirituellen Bewußtseinszustand versetzen, ist dies nicht das gleiche wie zu leugnen, daß es diese Angst – oder Bedrohung – überhaupt gibt.

In einer bemerkenswerten Geschichte am Schluß von *Magical Child* erzählt Joseph Chilton Pearce von einer Frau, die von zwei nervösen jungen Rowdys mit vorgehaltenem Messer gepackt und in ein Auto gezerrt wird. Die beiden Jugendlichen fahren die Frau kreuz

Was ist hier geschehen? Der ungebundene Mann vergewaltigt . . . Der einzige Zustand, den diese Männer begreifen konnten, war eine Spiegelung ihrer eigenen Isolation und ihres eigenen Entsetzens. Sie baten die Frau inständig, entsetzt zu sein und ein Verhalten zu zeigen, das sie verstehen konnten. Doch es war unmöglich für sie, ihre Rollen auszuagieren, nachdem sie ihren Tod akzeptiert hatte. Sie war nun unverwundbar, denn wie kann man eine Person bedrohen, die bereits so gut wie tot ist? Angst entsteht durch die Verleugnung der Tatsache unseres Todes . . . Ohne es zu beabsichtigen, hatte sie vor dem kapituliert, was sie gemeinsam hatten, ein Kontinuum von Möglichkeiten . . . Für jenen kurzen Zeitraum waren sie gebunden, auch ihre Wunden geheilt, und sie weinten.

Angst ist der Mörder des Geistes. Angst ist der kleine Tod, der die völlige Vernichtung bringt. Ich werde meiner Angst ins Gesicht schauen. Ich werde ihr erlauben, über mich hinwegzuschreiten und durch mich hindurch. Und wenn sie vorbeigezogen ist, werde ich meinen inneren Blick wenden und den Weg betrachten, den sie gegangen ist. Wo die Angst verschwunden ist, wird nichts mehr sein. Nur ich werde übrig bleiben.

und quer durch New York und erklären ihr, daß sie sie in den Wald von New Jersey bringen und dort vergewaltigen und töten werden. Zuerst ist die Frau vor Angst wie gelähmt, dann weicht ihr Entsetzen einer großen Gelassenheit, und plötzlich ist sie in der Lage, ihren Tod anzunehmen und darauf zu vertrauen, daß alles so kommen wird, wie es nun mal sein soll. Die jungen Männer drängen sie zu sagen, was sie empfindet, und wiederholen ihre Morddrohung. Nun, da die Frau selbst keine Angst mehr hat, fasziniert sie die Angst der beiden. Sie akzeptiert, wozu die beiden Rowdys entschlossen sind, und stellt ihnen auf eine fast mütterliche Art freundliche Fragen. Sie ist voller Mitgefühl. Einmal nimmt sie sogar das Gesicht des einen jungen Mannes in ihre Hände und sagt zu ihm: «Ist schon in Ordnung. Du brauchst keine Angst zu haben.»

Sie können ihre grauenvolle Tat nicht ausführen. Sie brechen weinend an ihrer Seite zusammen, und sie sagt schließlich ruhig, daß es jetzt Zeit sei, sie nach Hause zu bringen. Als die beiden sie an der nächsten U-Bahnstation aussteigen lassen, bittet sie sie um Geld für die Marke. Sie geben es ihr. Dann dreht sie sich um und geht davon.

Vertrauen ist eine interaktive Übung. Vertrauen erfordert, daß wir Informationen sowohl auf der instinktiven als auch auf der spirituellen Ebene verarbeiten. Wir müssen wissen, wann die Angst real und wann sie das Produkt unserer Einbildung ist. Wir müssen in der Lage sein, die Angst zu transzendieren und das Potential zu entdecken, das im Vertrauen steckt, selbst unter den schrecklichsten Umständen, die wir uns vorstellen können.

Vertrauen zu üben bedeutet, daß wir mehr in uns sehen als nur das Ego. Das Ego kann spirituelles Vertrauen nicht begreifen, weil es instinktiv glaubt, daß, keine Angst zu haben, Unsinn ist. Als die Frau aus der Geschichte ihren Tod akzeptiert, transzendiert sie das Ego. Die Frau ist tatsächlich an einem Ort, wo «sie» nicht verletzt werden, wo das «Selbst», das sie plötzlich als real erkennt, nicht verwundet oder getötet werden kann.

Wenn wir einmal beschlossen haben, uns mit der Realität abzufinden, daß der Körper und das Ego sterben werden, ist unser persönliches physisches Wohlbefinden für unser Leben nicht mehr von so ungeheurer Bedeutung. Als die Frau ihren Tod angenommen hatte, trat sie in einen Zustand des Mitgefühls und der Neugierde ein. In ihrem Fall waren das Mitgefühl und die Neugierde auf die beiden Angreifer gerichtet, aber häufig werden sie auch auf

Auseinandersetzung mit eingebildeten Ängsten

- Das Schreiben hilft, zwischen Einbildung und Wirklichkeit zu unterscheiden.
- Das Schreiben hilft, sich zu beruhigen.
- Unterhalten Sie sich mit der Angst, mit den Einzelheiten einer bestimmten Phantasievorstellung.

Kontakt zum Vertrauen

- Unterhalten Sie sich mit dem Vertrauen, und bitten Sie es, Ihnen beim Einordnen Ihrer Angst zu helfen, damit Sie wieder vertrauen können.

Vertrauen anhäufen

- Verwenden Sie die Technik des Anhäufens oder des Kartenzeichnens, und assoziieren Sie frei über Vertrauen, Beistand, Glaubenssprünge.

Wenn man das grenzenlose Spiel mit dem Leben spielt, muß man sich schließlich darein fügen, gespielt zu werden. Nur wenn man seine Sicht des Lebensspiels drastisch einengt, kann man weiter glauben, sein eigener Herr zu sein.

uns selbst gerichtet, auf die Einzelheiten unseres Alltags, und das macht Vertrauen zu einem hilfreichen Partner bei der Lebensführung.

Als ich eines Tages im Tagebuch einen Dialog führte, fragte ich eine Geiststimme, was für eine Haltung ich denn einnehmen sollte, wenn ich nicht so viel Angst hätte. Die Antwort lautete: «Neugierde». Ich konnte neugierig sein. Ich konnte auf meine Angst neugierig sein, auf die augenblickliche Lage der Dinge in meinem Leben, auf meine eigenen Gefühlsreaktionen, auf meine Wahlmöglichkeiten, sogar auf meinen Schmerz.

Der Sterbeprozeß scheint viele Menschen zu lehren, das Ego zu transzendieren und sich mit dem spirituellen Selbst zu identifizieren. Das ist das Rezept für Vertrauen. Das Schwierige ist, es ohne die Unterstützung dramatischer Umstände zu tun, einfach an einem Montagmorgen aufzuwachen und zu *wählen*, das heißt Vertrauen zu haben in Zeiten, da nichts zu passieren *scheint*, was ein Grund wäre zu vertrauen. Wir sind dann in einem Zustand, wo wir weder Unterstützung brauchen noch geprüft werden.

Angst entsteht durch den Versuch, Kontrolle über Dinge zu gewinnen, über die wir keine Kontrolle haben. Das Leben hat die Kontrolle, aber *wir* haben keine Kontrolle über das Leben. Wenn wir von Angst gepackt werden, versuchen wir, Dinge geschehen zu *machen* oder Dinge daran zu *hindern* zu geschehen, statt zu beobachten, wie sich die Geschehnisse entfalten, und zu erkennen, was für Kräfte und Möglichkeiten in jeder Situation für uns enthalten sind.

Aber... aber... aber... wir haben sofort ein Gegenargument parat: Solange ich in diesem Körper bin, muß ich gewisse Dinge tun und mich um mich kümmern, stimmt's? Es stimmt.

Vertrauen bedeutet nicht entweder/oder. Dieses polare Denken ist schuld, wenn wir nicht weiterkommen, warum häufig erst etwas Dramatisches geschehen muß – ein Krieg, ein Überfall mit einem Messer oder eine tödliche Krankheit –, damit wir uns so öffnen, daß wir die Polarität überwinden. Es geht um beides: um Vertrauen und Handeln. Im Rahmen des Vertrauens in seinem eigenen Interesse handeln. Um dies tun zu können, müssen wir unsere Talente, Möglichkeiten und Rechte ehrlich einschätzen.

Im Tagebuch zeichnen wir eine Karte der Interaktion. Sie können das im buchstäblichen Sinn machen, indem Sie die Technik des Anhäufens aus Kapitel sechs benutzen. Oder Sie schreiben über Ihren Vertrag mit dem Leben wie Etty in dem Zitat, das diesem

Ein Vertrag mit dem Leben

- Schreiben Sie eine Erklärung, die Ihren Vertrag mit dem Leben erläutert.

Verlorenes Vertrauen, gefundenes Vertrauen

- Schreiben Sie über eine Zeit, in der Sie Ihr Vertrauen verloren.
- Schreiben Sie über eine Zeit, in der Sie Vertrauen fanden.

Beistand

Denken Sie über zwei Fragen nach:
1. Wie steht man Ihnen bei?
2. Hatten Sie je das Gefühl, keinen Beistand zu haben?

- Wenn Sie Angst haben, stellen Sie eine Liste aller Arten von Hilfe auf, die Sie je bekamen.
- Notieren Sie alle Gründe, die Sie haben, Ihrem Lebensweg zu vertrauen.

Kapitel vorangestellt ist, und arbeiten sich durch Schichten der Angst, bis das Vertrauen zutage tritt. Es ist da. Wir alle haben Vertrauen. Sonst würden wir wie gelähmt unter der Bettdecke liegen. Spirituelle Reife heißt, das Vertrauen wachsen zu lassen und zu erkennen, daß wir und unsere Bedürfnisse sowohl zum Geist wie zum Ego gehören.

An dem Tag, an dem mein Agent anrief und sagte, dieses Buch habe einen Verleger gefunden, hatten wir in Minneapolis die schlimmsten Regenfälle seit hundert Jahren. Ich stand zwanzig Zentimeter tief im Wasser und rettete durchweichte Habseligkeiten aus dem Untergeschoß meines neuen Hauses. Meine private Katastrophe war kein sehr glücklicher Anfang für den Weg eines Buches über die spirituelle Reise, und seit jener Überschwemmung bin ich bei jedem schweren Sturm nervös. Wenn der Regen kommt, kann ich darum beten, daß er aufhört, oder ich kann ein Auge auf den Bach haben und um Kraft beten, damit ich gut mit allem fertig werde, was das Leben mir als nächstes beschert. Das Wasser ist nie wieder so hoch gestiegen, seit ich die ganze Nacht dasaß, die spektakulären Blitze beobachtete, meine Brust mit dem Echo des Donners erfüllte und im Tagebuch darüber schrieb, auf welcher Ebene ich vertraute.

Die spirituelle Weggabelung liegt immer vor uns. Etwas passiert: *Vertrauen wir, oder haben wir Angst? Und selbst wenn wir uns eine Weile fürchten, werden wir schließlich doch vertrauen?*

Wenn ich mitten in der Nacht aufstehe und schreibe, suche ich nach der Linie, die kein entweder/oder ist. Ich kann das nicht ein für alle Male entscheiden, um dann nicht weiter an Vertrauen zu denken. Solange ich ein aktives Leben führe und mit anderen Menschen in Kontakt bin, werde ich wieder und wieder zu entscheiden haben, ob ich das Vertrauen oder die Angst wähle. Wir werden zwar bessere Trapezkünstler, doch das Trapez selbst verschwindet nie. Aber es gibt ein Netz: Irgendwo weiß die Seele, daß wir nicht aus dem Universum fallen können, egal wie laut das Ego schreit, ehe wir die nächste Stange erwischen, um uns daran festzuhalten.

Wie also läßt man Vertrauen wachsen? Zuerst stellen Sie fest, daß Sie sehr neugierig werden auf all die Möglichkeiten, wie Vertrauen Ihnen helfen kann, im Leben zu bestehen, Möglichkeiten, die Sie bis jetzt vielleicht für selbstverständlich gehalten hatten. Betrachten Sie die Schattenseiten Ihres Lebens, auch dort gibt es Beistand. Dann fragen Sie sich, ob Ihnen echter Beistand jemals verwehrt wurde. Die Antwort ist nein. Nicht einmal in tiefster Verzweiflung. Drit-

TAGEBUCHEINTRAGUNG

Ich habe mich wieder über die Verzögerung bei meiner Arbeit geärgert – reiner Ego-Ärger. Etwas, worüber ich keine Kontrolle habe, scheint meine Pläne über den Haufen zu werfen. Jetzt habe ich mich wieder beruhigt und mir mein Ego vom Hals geschafft. Wie ich merke, geht mir folgende Litanei durch den Kopf:

X: Glaubst du, daß die Lektionen, die du durch diese Verzögerung lernst, nützlich sind und wertvolle Erkenntnisse bringen?

Ich: Ja. Bestimmt.

X: Bist du damit einverstanden, daß diese Verzögerung andauert, damit du noch weitere Lektionen erhältst?

Ich: Ja. Durchaus.

X: Bist du bereit, Gott die Führung deines Lebens, dieses Projekt und seinen späteren Erfolg zu übergeben?

Ich: Ja. Völlig.

X: Dann lebe diese Überzeugungen. Sei eine Frau, die zu ihrem Wort steht, und nicht eine Frau, die sich Sorgen macht.

Ich: Ich glaube, ich habe gerade mein Vertrauen geheiratet.

tens machen Sie sich bewußt, worum Sie beten. Versuchen Sie den Sturm aufzuhalten oder bitten Sie um die Kraft, kämpfen zu können? Die Bitte um Beistand ist ein Gebet, das erhört werden kann und erhört wird. Viertens ist Vertrauen ein Bericht über den Weg. Kein Mensch verlangt von Ihnen, ohne Erfahrung, ohne Beistand, ohne Beziehungen zu vertrauen. Das Geschenk des Vertrauens an uns – die Stütze unseres Lebens – hat sich bereits als vertrauens-würdig erwiesen. Sie und ich sind es, die schwanken, die mit unserer Angst davonlaufen.

Vertrauen ist kein Versprechen, daß das Gute automatisch kommen wird, sondern daß irgendwo schon etwas Gutes gegenwärtig ist. Denn indem wir *vertrauen, ist* das Transzendente da.

Tagebucheintragung

X: Werde ich wieder in Ordnung kommen? Ich habe das Gefühl, daß alles zum Teufel geht.
O: Es wird alles gut werden.
X: Bin ich dabei, durchzudrehen? Was ist los mit mir?
O: Du veränderst dich. Erinnerst du dich an die Begegnung mit C.? Erinnerst du dich, wie sie verlief?
X: Ja, aber ich weiß nicht, wie ich das gemacht habe.
O: Du hast überhaupt nichts getan, du bist nur beiseite getreten und hast an sie gedacht, statt an dich. Du strömtest Liebe aus. Du sagtest die Wahrheit.
X: Ich habe Angst. Und wenn ich mich so verhalte, wie du es möchtest, gerate ich durcheinander und bin verwirrt.
O: Hör zu: Deine alten Methoden werden jedesmal versagen. Du kannst nicht mehr so weitermachen. Es funktioniert nicht. Möchtest du wieder versagen?
X: Nein, bestimmt nicht.
O: Dann überlaß dich dem Willen des Geistes. Gib auf. Laß dich leiten. Du wirst bekommen, was du dir wünschst – und noch mehr. Es hängt nur von dir ab. Wenn du versuchst, über alles die Kontrolle zu behalten, wenn du deine Bedürfnisse, dein Geld in den Vordergrund stellst, wirst du jedesmal wieder reinfallen. Dies ist keine Bestrafung. Du wirst geführt. Du mußt dich dieser Führung unterwerfen, aber nicht, weil man dich überwältigt hat. Es ist eine göttliche Gnade, die du empfängst. Das ist das größte Geschenk. Laß es zu. Du wirst im Fluß des Lebens schwimmen, und alles wird wie verzaubert sein. Du mußt nur eines tun: dich dem Willen Gottes unterwerfen. Laß es zu, daß der Geist dich führt und anleitet, und du wirst nie wieder versagen.

Annehmen

Früher oder später wird man eine Wahl treffen müssen: Entweder man entscheidet sich für einen Weg, auf dem man versucht, seine Selbständigkeit und Selbstbestimmung zu bewahren, oder man läßt sich auf einen spirituellen Weg ein, auf dem man mit wachsender Bereitschaft versucht, durch Selbstaufgabe Teil des fundamentalen Lebensprozesses zu werden.

Gerald May

Selbstaufgabe ist eine Vorstellung, die dem westlichen Geist eher fremd ist, und doch mag sie uns als eine Sehnsucht, die wir tief in unserem Herzen bewahren, quälend vertraut sein.

Annehmen heißt «zu Hause sein», in uns selbst sein, in unserem Leben und im Universum. Zu Hause sein heißt, daß wir unseren Platz in der Ordnung der Dinge beanspruchen und bereit sind, uns dieser Ordnung zu unterwerfen.

Es gibt eine Übung, die ich häufig an den Beginn eines Seminars stelle, um die Leute mit den verschiedenen Gesprächsthemen vertraut zu machen, über die sie im Tagebuch schreiben können. Die letzte Frage dieser Übung lautet: Ist das Universum freundlich? Die meisten Leute antworten darauf: Ja, sie würden das Universum als wohlwollend betrachten oder zumindest als ihrer Existenz gegenüber neutral. «Okay», sage ich dann, «wenn das Universum freundlich ist, warum bekämpfen Sie es?»

Abgesehen von sehr wenigen Ausnahmen, bekämpfen wir das Universum nämlich, bekämpfen wir das Transzendente. Wir mißverstehen «Hingabe und Annahme» und was es bedeuten könnte, mit dem Leben zusammenzuarbeiten und es als Verbündeten und nicht als Gegner zu begreifen. Wir meiden dieses Thema.

Die meisten Menschen verhalten sich ambivalent:

Wir stecken häufig auf halbem Weg fest zwischen dem Wunsch nach Selbstbestimmung und dem Wunsch, jemand oder etwas möge uns diese Selbstbestimmung abnehmen. Wir bestehen darauf, alle Entscheidungen selbst zu treffen, obwohl unsere Informationen unzulänglich und unsere Weisheit begrenzt ist. Wir liegen nachts wach und hoffen, daß wir es richtig machen – zu Hause, bei der Arbeit, in unseren Beziehungen, im Hinblick auf unsere Ziele überhaupt. Wir beten, daß die Dinge sich so wenden mögen, wie wir es

Meditation

- Sitzen Sie still, Ihr Tagebuch neben sich.
- Atmen Sie langsam ein und aus, und sagen Sie zu sich selbst: «Ich nehme an ...» Was taucht in Ihrem Geist auf?
- Sagen Sie zu sich selbst: «Ich gebe mich hin ...»
- Schreiben Sie über die Bilder oder Eindrücke, die Sie bei jedem Wort erfahren, oder zeichnen Sie sie.

Spirituelles Wachstum entsteht nicht durch eine Reaktion auf etwas, denn aller erbitterter Kampf gegen auferlegte Einschränkungen ist Einbildung. Spirituelles Wachstum entsteht durch Hinneigen. Wir wachsen wie die Sonnenblumen, indem wir dem Licht folgen.

Glückliche Hingabe

- Schreiben Sie über eine Zeit, in der Sie aufhörten zu kämpfen und alles gut wurde.
- Führen Sie einen Dialog mit diesem Erlebnis. Was für spirituelle Kräfte waren am Werk?

Sich Sorgen zu machen ist eine Form von Atheismus. Ich verstehe die Leute nicht, die sich Christen oder Buddhisten oder Moslems oder was auch immer nennen und sich dann Sorgen machen. Denn man kann nicht an eine höhere Macht glauben und sich Sorgen machen. Die Rechnung geht nicht auf.

Ordnung und Dankbarkeit

- Notieren Sie alles, was in Ihrem Leben in Ordnung ist.
- Schreiben Sie an einem wichtigen Tag, wie etwa an Neujahr oder an Ihrem Geburtstag, auf, wofür Sie im vergangenen Jahr dankbar waren.

wollen, und wir vor allem nicht als die Schuldigen dastehen, wenn alles durcheinandergerät.

In jedem Leben gibt es Zeiten voller Streß, und dann ist die Vorstellung der Hingabe sehr verlockend. Eine Weile hoffen wir, daß eine neue Beziehung, ein neuer Geschäftsabschluß, ein neuer Glaube, ein neues Abenteuer uns von diesem ständigen Druck, verantwortlich sein zu müssen, befreien. Doch das ist mit spiritueller Hingabe nicht gemeint. Es geht vielmehr darum, unsere Einheit mit allem Leben anzunehmen und unsere eingebildete Vorstellung der Trennung aufzugeben. «Wie das Atom, so das Universum», sagte Gandhi. Das kleinste Teil *ist* das Ganze, und das Ganze ist im kleinsten seiner Teile enthalten.

Stellen Sie sich vor, daß Sie nicht Ihr ganzer Körper sind, sondern nur eine einzige Zelle in diesem Körper. Ein kleines Stück Protoplasma, das in der Nähe des Ellbogens wohnt. Auch als Einzelzelle haben Sie einen Platz, an den Sie gehören, einen Zweck, einen Job zu erledigen, Sie haben eine bestimmte Lebenszeit, und Sie haben sogar, um in diesem Bild zu bleiben, Bewußtheit. Aber stellen Sie sich vor, wie lächerlich diese Zelle am Ellbogen erscheinen würde, wenn sie ihr Recht auf Selbstbestimmung forderte und erklärte, daß sie alles «auf ihre Weise machen» wird, ohne Rücksicht auf den restlichen Körper und darauf, was der übrige Körper tut.

Denn schließlich ist sie mit einem riesigen lebenden Organismus verbunden, und aufgrund dieser Verbindung kann sie ihre Pläne nicht in einem Vakuum ausführen. Die kleine Zelle nimmt einen bestimmten Platz ein und muß sich dort behaupten. Sie muß gewisse Lebensumstände akzeptieren und sich ihnen überlassen, *ehe* sie handeln kann, um sich ihren Herzenswunsch zu erfüllen. Denn Annahme und Hingabe sind der Anfang einer positiven Lebenshaltung und nicht das Ende.

Auch vom menschlichen Standpunkt aus erwarten wir, daß jede Zelle tut, wozu sie bestimmt ist. Die Gehirnzelle sollte Teil des Gehirns sein, die Magenzelle Teil des Magens. Das ist Ordnung. Das erwarten wir von einem geordneten Universum. Aber unser Bewußtsein unterwerfen wir dieser Ordnung nicht so leicht. Wir haben einen Willen. Wir entscheiden, daß wir dieser Ordnung nicht trauen können, wenn es darum geht, etwas so Wichtiges wie unser Leben zu bestimmen – obwohl wir ihr zutrauen, den ganzen Kosmos zu lenken –, und deshalb suchen wir ständig nach Möglichkeiten, die Sache selbst in die Hand zu nehmen und kleine Festungen der Anar-

TAGEBUCHEINTRAGUNG

1. Ich bin dankbar für alle Schritte, die für Frieden, Gerechtigkeit und Ökologie auf der ganzen Welt unternommen worden sind.
2. Ich bin dankbar, daß ich lebe und gesund bin.
3. Ich bin dankbar für meine Familie, ihre Lebendigkeit und Gesundheit.
4. Ich bin dankbar für das, was ich auf meiner Reise lerne.
5. Ich bin dankbar für die Unterstützung durch Freunde . . .

Die eine große Frage

- Fragen Sie das Universum: «Okay, was soll ich tun?»
- Machen Sie sich Notizen über die Antworten, und datieren Sie sie. Schreiben Sie die ersten Sätze auf, die Ihnen durch den Kopf gehen. Zensieren Sie nicht.

Dem entleerten, wartenden, identitätslosen Ego, das sich seiner Armseligkeit und Abhängigkeit deutlich bewußt ist, geschieht etwas Außerordentliches: Jemand kommt. Psychologisch betrachtet sagen wir, daß der subjektive Charakter des menschlichen Ego von einem größeren Subjekt übernommen wird. Jung nennt dies das Einbrechen des Selbst in das Ego, es schiebt das Ego beiseite, weg vom Mittelpunkt der Dinge. Das psychische Universum wird radikal neu geordnet, so daß das Unbewußte jetzt hereinkommen kann. Die Bewußtheit ist für immer offen . . . Das Gefühl der Ichheit, von dem das Ego ein Teil ist, öffnet sich ebenfalls dem Unbekannten und lebt angenehm mit ihm. Wir wissen, daß das Unbekannte da ist und uns jederzeit erreichen kann, und wir akzeptieren, daß die Dinge so sind.

chie zu errichten. Es funktioniert nicht. Aber wir versuchen es. Und wir versuchen es, weil wir nicht wissen, wie die Alternative aussieht.

Die Alternative zu unserer egoistischen Anarchie ist, die Vorstellung aufzugeben, daß wir unser Leben selbst bestimmen, jeder allein mit seiner Ladung Vitalität und Pech und Glück, und zu beschließen, uns auf die großen Lebenskräfte hin auszurichten. Die Zelle sagt: «Okay, ich gebe zu, ich bin ein Teil des Körpers.» Das menschliche Wesen sagt: «Okay, ich gebe zu, ich bin ein Teil der Menschheit, der Welt, des Universums.» Wir beschließen, nach Hause zu kommen.

Das Nachhausekommen ist eine Folge ekstatischer Momente; es geschieht phasenweise – dann, wenn wir für eine bestimmte Erfahrung gerade reif sind. Vor Jahren fuhr ich nach einer besonders heilenden Therapiestunde aufs Land hinaus, bremste am Straßenrand, rannte auf eine Wiese und rief: «Ich gehöre hierher. Ich gehöre hierher.» Ein andermal, als ich im Wohnzimmer saß und Musik hörte, entdeckte ich plötzlich, daß ich vor Erleichterung weinte.

In solchen Augenblicken werden wir zum Lebensbegleiter, und das Leben wird zu unserem Begleiter, und es gibt keine Trennung. Wir nehmen an. Wir überlassen uns nicht irgendwelchen Plänen, Manipulationen oder Zwängen, sondern wir bieten unser kleines Stückchen Selbst dem Leben als Geschenk an und fragen das Universum: «Okay, was soll ich also tun?»

«Die Herrschaft», sagt der Psychologe Gerald May, «muß dem Geheimnis weichen.»

Aber wie? Wie? WIE? ist die große Frage, wenn es um Annahme und Aufgabe geht. Dies ist eine spirituelle Übung, die den Intellekt fast völlig unberücksichtigt läßt. Selbst wenn wir klarer sehen und zu verstehen beginnen, was dieses Konzept bedeutet, und seinen Wert erkennen, wissen wir immer noch nicht, *wie* wir «dorthin gelangen». Es ist frustrierend. Die Tagebuchübungen, die Erfahrungen, zu denen Sie stehen und über die Sie schreiben, die Art, wie Sie sich der Weisheit öffnen – das alles hilft, aber es ist auch viel Warten damit verbunden und das Überwinden von Hindernissen, und alles in allem scheint es ein höchst irrationaler Vorgang zu sein.

Annehmen ist ein heiliger Akt: Wir beschließen, das Ego zur Seite zu schieben, damit das Transzendente, das Seelen-Selbst den Mittelpunkt einnehmen kann. In Kapitel fünf war die Rede von der Entwicklung des Selbst, und dies hier ist jetzt der Augenblick der Ankunft: Das Verlangen zu akzeptieren, daß wir in uns selbst gemeinsam mit dem Heiligen wohnen. Das Zitat von Ann Belford

Hindernisse segnen

- Wenn Sie auf ein Hindernis treffen, schreiben Sie über alles Gute, das es Ihnen bringt.
- Segnen Sie es. Lieben Sie es. Schicken Sie ihm Licht.

Tabula rasa

- Schreiben Sie an sich selbst, als erklärten Sie dem inneren Kind ein Ereignis, von dem es noch nie gehört, von dem es keine Vorstellungen hat. Erzählen Sie ihm, was jetzt in Ihrem Leben geschieht.

Schnellschreiben, während man am Tor wartet

- Stellen Sie einen Kurzzeitwecker auf zwanzig Minuten. Hören Sie nicht auf zu schreiben, auch wenn Sie irgendwelche Kritzel machen müssen, bis Ihnen das nächste Wort einfällt.
- Schreiben Sie in dieser Technik über Ablehnung, Wut, Depression, Verhandeln, Annahme.
- Schreiben Sie in derselben Technik über die Dinge, auf die Sie warten.
- Schreiben Sie in derselben Technik über die Rätsel des Lebens, die Sie noch immer nicht gelöst haben.

Zwischen jedem Ende und Anfang gibt es eine leere Zeit, in der angeblich nichts passiert. Es ist frustrierend und beängstigend, aber angeblich ist es so. Wie bei einem Baum im Winter, nach außen hin tut sich nichts, aber im Innern ist verborgenes Wachstum. Dieses Wachstum explodiert im Frühling. Ohne die leere Zeit gibt es keinen Frühling. Wir brauchen den Winter, und wenn wir ihn nicht wollen, wird er uns aufgezwungen.

Ulanow (siehe gegenüberliegende Seite) ist die klarste Darstellung dieses Moments, die ich finden konnte. Sie schreibt dann noch weiter, daß die Integration, die erfolgt, nicht der Tod des Ego ist. Das Ego bleibt stark, genau bestimmt und hilft aktiv bei der Bewältigung unserer Lebensaufgabe. Es wird nur nicht mehr länger als das Zentrum des Selbst erfahren. Im Zentrum des Selbst wohnt jetzt nämlich noch jemand. Wer hätte gedacht, daß es dazu kommen könnte – unsere Beziehung zum Transzendenten ist die von Zimmergenossen.

Gleichgültig, wie fest wir dies wollen, wir scheinen nicht in der Lage zu sein, es von uns aus geschehen zu lassen. Wir warten. Wir bereiten uns vor. Wir lieben, vergeben, vertrauen. Wir durchleben Stadien der Trauer, der Ablehnung, der Wut, der Verzweiflung, des Verhandelns. Wir erschöpfen uns und sammeln wieder Kräfte. Wir haben ekstatische Ausbrüche des Gefühls der Einheit. Wir sagen, daß wir mehr wollen. Wir sagen, daß wir annehmen, uns aufgeben. Und nichts passiert. Wir hängen davon ab, daß etwas auf *uns* zukommt und uns hilft, den entscheidenden Schritt zu tun. Und dann, eines Tages, stehen wir auf der anderen Seite unseres Wartens. Das Ego ist noch da, aber es wechselt hinüber auf den Beifahrersitz. Wir spüren eine tiefere spirituelle Bewußtheit und wissen nicht, wie wir dorthin gekommen sind. Es ist immer noch ein Geheimnis. Wir werden nie alle Aspekte unserer Reise verstehen, auch nicht durch das Tagebuch. So ist es nun einmal. Und so ist es in Ordnung.

Aktives Suchen nach Annahme und das Warten darauf ist der Boden der Spirale, der tiefste Punkt unserer Reise. Der ein wenig veraltete Begriff *Seduktion* für «Verführung» kommt vom lateinischen *seducere*, «verleiten lassen». Wir sind auf einer Spirale von *seducere* gewesen, die sich nach innen drehte. Das ist der Punkt, an dem wir warten, bis die Annahme kommt. Hier warten wir, bis wir erkennen, wie wir loslassen müssen. Meistens ist es eine höllische, schreckliche Erfahrung. Manchmal stecken wir dort für Monate fest in dem quälenden Bewußtsein, daß wir unsere Lage nicht ändern können und unfähig sind, uns darüber zu erheben. Die Möglichkeit, auf der anderen Seite sein zu können, ist peinigend deutlich und zugleich ein völliges Geheimnis. Wir haben entsetzliche Zweifel. Wir fragen uns, warum niemand anders so etwas durchmacht, und wie es kommt, daß wir dem Ganzen nicht Einhalt gebieten können.

Wir befinden uns mitten in unserem eigenen Tod, ohne zu sterben. Wir haben beschlossen, nicht mehr der Mensch zu sein, der wir

Tagebucheintragung

Wie ich hierher kam: Ich kam durch das Tor. Ich kam hierher durch den Winter meiner Trägheit und den Herbst meiner Unzufriedenheit. Ich kam hierher, indem ich mein Herz öffnete, indem ich meinen Körper öffnete, mein Rückgrat, mein drittes Auge. Ich kam hierher, weil ich feststellte, daß Angst für die Reise letztlich bedeutungslos ist. Ich kam hierher, weil ich, als ich Angst hatte, vortrat statt zurückzutreten. Ich kam hierher durch eingegangene Risiken, Segnungen, Synchronizität. Ich kam hierher, weil ich nicht aufgab. Ich kam hierher aus freien Stücken, aus Absicht und durch Gnade. Besonders durch Gnade. Ich kam hierher durch Beistand, indem man mich am Leben erhielt und mich Dinge lehrte. Ich habe gearbeitet und mit mir wurde gearbeitet. Ich wurde beeinflußt und geformt von unsichtbaren und nicht wahrnehmbaren Kräften. Ich bin gewachsen und bin endlich bereit, mich zu entspannen und zuzulassen und zu erlauben, daß diese unsichtbaren Kräfte noch mehr Arbeit tun. Vielleicht gibt es Engel. Ich kam hierher mit Hilfe aller Menschen, die mich liebten und mich haßten – mit Hilfe aller Menschen, die ich liebte oder haßte. Die Menschen sind gegenseitige Lebensgestalter, und manchmal gestalten sie Dunkelheit. Wir bieten einander Liebe und fügen einander Verletzungen zu und verwirren uns gegenseitig, und durch das Licht und die Schatten unseres Lebens – lernen wir.

Ich bin in der Mitte meines Lebens hochgehoben, kräftig durchgeschüttelt und auf demselben Platz wieder abgestellt worden. Alles ist neu, unbekannt, verändert. Alles ist wie vorher.

Auf diese Weise kam ich hierher, und es ist ein Dienstag abend, und die Sonne geht im Wassermann unter und wird in den Fischen aufgehen und durch die Tierkreiszeichen und Jahreszeiten wandern. Alles ist neu. Neu. Neu.

waren, und zu werden, wozu uns die Reise macht. Wir erledigen alles, was jeder Tag erfordert, damit unser Leben in Ordnung ist, und manchmal verlieren wir sogar diese Ebene der Realität. Dieses Warten geht tiefer als Verzweiflung, aber es ist eher Ehrfurcht als Furcht, was wir spüren. Wir sind mit etwas verbunden, das machtvoller ist als wir, und wir können nicht loslassen. Wie bei einem Menschen, dessen Hände eine Hochspannungsleitung berühren, hat der Kopf die Befehle an die Muskeln vergessen, die uns befreien würden. Wir hängen am Strom des Universums, ob es uns gefällt oder nicht.

Während meiner Zeit intensivster Prüfung (es ging um dieses Buch und die mich höchst frustrierende Verschiebung seines Erscheinungstermins durch den Verlag) träumte ich immer wieder von Toren. In meinem Geist waren sie alle geschlossen. Ich führte im Tagebuch Dialoge mit ihnen, ich zeichnete sie, ich zeichnete Schlüssel, um sie damit aufzuschließen. Ich wütete. Ich wartete. Als ich dann imstande war, mehrere Tage lang inneren Frieden zu haben, wußte ich, daß die letzte Lektion, die man mir mit diesem Hinauszögern erteilen wollte, vorbei war. Mit einem gewissen Gefühl der Überraschung wurde mir bewußt, daß ich nicht mehr kämpfte. Ich versuchte nicht, über irgend etwas die Kontrolle zu haben. Mein Geist hatte sich völlig gewendet, aus Frustration und Zorn über die Durchkreuzung meiner Pläne war eine unendliche Dankbarkeit geworden für das, was mich diese Situation gelehrt hatte. Ich begann zu sehen, was dem Buch noch fehlte. Ich begann zu glauben, daß mein Lektor – absichtlich oder unabsichtlich – eine wichtige spirituelle Rolle gespielt hatte.

Als der Satztermin feststand, begann ich mit der endgültigen Fassung. Die Dinge bewegten sich wieder synchron. Mein Gefühl der Sicherheit kehrte zurück. Doch ich wartete noch immer am Tor. Ich tippte. Ich hatte keine Zeit, mich mit etwas anderem zu beschäftigen als dem gerade anstehenden Kapitel. Ich bereitete mich darauf vor, nach Florida zu fliegen und ein dreitägiges Seminar abzuhalten. Ich stand um fünf Uhr auf, packte und flog dann ein paar Stunden über das weite Land. Ich blickte aus dem Fenster auf die Wolken. In der Ferne glaubte ich, ein Tor zu erkennen. Es war offen. Es war hinter mir. Ich drehte mich um. Und sah mein altes Selbst. Ich bin die, die ich bin. Ich winkte ihm zum Abschied zu. Im nächsten Seminar über spirituelles Schreiben machte ich die Tagebucheintragung, die auf der gegenüberliegenden Seite steht. Das ist alles, was

- Wo sind Sie?
- Wie sind Sie hierhergekommen?
- Wohin gehen Sie?

ich weiß. Ich gab nicht auf. Es ist ein Rätsel, auch – oder vor allem – für mich, der es passierte. Ich drehte mich mit der Spirale, bis sie mich ausspie.

Im Lateinischen bedeutet *educere* – wovon unser Wort *Edukation* abgeleitet ist – «hinausführen». Auf der anderen Seite des Tores drehen wir uns in einer Spirale nach außen und hinauf. Wir handeln jetzt in der Welt völlig anders. Wir erfahren unsere Wechselbeziehung mit dem Transzendenten von innen nach außen. Wir haben unseren Platz eingenommen.

Meditation: Sich und anderen vergeben

Wenn Sie diese Meditation oder eine andere aus diesem Buch verwenden wollen, suchen Sie sich einen ruhigen Ort, an dem Sie für etwa zwanzig Minuten ungestört sind. Bitten Sie jemanden, den Meditationstext vorzulesen, oder sprechen Sie ihn auf eine Kassette, die Sie dann abspielen. Die Auslassungspunkte markieren eine wichtige Pause – Stille innerhalb des Textes. Pausieren Sie so lange, wie es Ihnen gefällt. Fünf bis zehn Sekunden können beim Meditieren eine lange Zeit sein. Die doppelte Zahl an Auslassungspunkten heißt: noch längere Stille.

Schließen Sie die Augen, und entspannen Sie Ihren Körper ... Nehmen Sie sich so viel Zeit, wie Sie brauchen, damit Sie sich wohl fühlen ... Bewegen Sie die Muskeln ... Strecken und entspannen Sie sich ... Überprüfen Sie, ob Ihr Rücken und Ihr Nacken gerade und in einer Linie sind ... und Sie sich nicht verspannen. Es ist keine Verspannung da ... nur ein angenehmes Gefühl, eine beginnende Ruhe ... Nichts eilt mehr ... Es gibt nichts mehr zu tun ... oder zu denken ... entspannen Sie sich einfach.

Achten Sie auf Ihren Atem ... Lassen Sie ihn tief in Ihren Körper ein ... Lassen Sie Ihren Atem in sich einströmen wie weiche, schwere Wolken, die Sie mit Stille erfüllen ... Atmen Sie langsam ein ... tief ... Atmen Sie langsam ... und tief aus. Lassen Sie Ihren Atem einsinken und wieder ausströmen ... Ihr Atem ist der Rhythmus der Ruhe ... Folgen Sie Ihrem Atem ... Atmen Sie unwichtige Gedanken aus ... Atmen Sie Stille ein ...

Stellen Sie sich vor, wie Sie an einem sicheren Ort gelassen auf einem Thron sitzen ... Dieser Thron ist nicht erhöht, doch er gibt Ihnen den Halt und die Sicherheit, die Sie brauchen ... Wenn Sie bereit sind, bitten Sie alle, denen Sie vergeben müssen, nacheinander vorzutreten ... Während die Personen näher kommen, segnen Sie sie mit heiligem Licht ... Sagen Sie ihnen, daß Sie mit dem Licht in ihnen sprechen möchten ... Begrüßen Sie sich ... Begrüßen Sie das Licht ... Erzählen Sie der Person, die vorgetreten ist, daß Sie das Gefühl hatten, ihr fremd geworden zu sein, und warum ... Erzählen Sie dieser Person, daß Sie bereit sind, ihr zu vergeben ... Erzählen Sie ihr, was Sie aus Ihrer Zeit des Nichtvergebens gelernt haben ... Bedanken Sie sich bei ihr, weil sie das Werkzeug war, durch das Sie diese Lehre erhielten... Fragen Sie sie, ob sie bereit ist, Ihnen zu vergeben... Sprechen Sie zu ihrem Licht... Lauschen Sie, und sprechen Sie von Ihrem eigenen Licht...... Wenn Sie bereit sind, bitten Sie sie, in Frieden zu gehen.

Sie sitzen noch immer auf Ihrem Thron. Und wenn Sie bereit sind, laden Sie jede Person, die Ihnen nicht vergeben wollte, ein, vorzutreten... Wenn sich jemand nähert, segnen Sie ihn mit einem heiligen Licht... Sagen Sie der Person, Sie möchten, daß sie von dem eigenen inneren Licht spricht. Sagen Sie Ihr, daß Sie von Ihrem inneren Licht aus zuhören werden... Begrüßen Sie sich... Grüßen Sie das Licht... Bitten Sie die Person zu schildern, welchen Groll sie gegen Sie hegt... Hören Sie ihr mit dem Herzen zu... Geben Sie zu, daß Sie dafür verantwortlich sind... Akzeptieren Sie Ihren Anteil an dieser Verwirrung... Vergeben Sie ihr... Fragen Sie sie, ob sie bereit ist, Ihnen zu vergeben... Sprechen Sie zu ihrem Licht... Sprechen und lauschen Sie von Ihrem eigenen Licht aus... Wenn Sie bereit sind, bitten Sie sie, in Frieden zu gehen.

Jetzt bitten Sie sich selbst, vor Ihnen zu erscheinen... Segnen Sie sich mit einem heiligen Licht... Sehen Sie das heilige Licht in Ihren beiden Herzen... Begrüßen Sie sich...Was haben Sie sich nicht vergeben... Wünschen Sie sich gegenseitig Frieden... Machen Sie Frieden... Was hat Sie Ihr Mangel an Vergebung gelehrt... Danken Sie sich für diese Lektion... Vergeben Sie sich... Sprechen und lauschen Sie von Ihrem Licht aus... Wenn Sie bereit sind, bitten Sie sich, in Frieden zu gehen......

Wenn Sie allen vergeben haben und alle Ihnen vergeben haben, danken Sie dem Licht... Sie können jederzeit hierherkommen... Sie sind dem Licht immer willkommen...... Langsam... vorsichtig... folgen Sie Ihrem Atem zurück in dieses Zimmer... Tauchen Sie aus der Stille Ihres Körpers auf... Es eilt nicht... Strecken Sie sich... Öffnen Sie die Augen...

Nehmen Sie sich etwas Zeit, um das zu zeichnen oder zu notieren, was Sie von dieser Begegnung festhalten wollen.

V.
Anwendung der vier Übungen

Achtsam sein

Das tägliche Leben ist nichts anderes als der Ausdruck unserer geistigen Verfassung.

Thaddeus Golas

In diesem Teil beginnen wir, aus dem Herzen der Suche in die Welt zurückzukehren. Bis jetzt kann die Suche eine philosophische Reise gewesen sein, aber nun, an diesem Punkt, erwartet uns das Handeln. Und nach allem, was wir erlebt haben, brauchen wir eine neue Struktur, damit unser Tun dem spirituellen Wissen entspricht. Diese Struktur kann durch Disziplin, Verantwortungsbewußtsein, Vorstellungsvermögen und Einsatzbereitschaft untersucht und entwikkelt werden. Worte, die wir seit langem kennen – aber jetzt werden wir herausgefordert, sie zu definieren und zu leben.

Die Fähigkeit, unsere Aktivitäten und ihre Bedeutung zu benennen, ist das Fundament für die Anwendung der vier Übungen in unserem Leben. *Disziplin bedeutet achtsam sein und dann entsprechend zu handeln.* Die Disziplin erfordert zuerst, daß wir entdecken, *wie*

Eine friedliche, glückliche Natur

- Schreiben Sie über fünf Dinge, die Sie in einer friedlichen, glücklichen Haltung tun.
- Schreiben Sie über fünf Dinge, die Sie ungern tun.
- Was macht Sie bei den ersten fünf Dingen glücklich?
- Was macht Sie bei den zweiten fünf Dingen unglücklich?

TAGEBUCHEINTRAGUNG

Wenn das Universum einst mit einem Urknall begann, wenn etwas in der Leere explodierte und in Trillionen und Abertrillionen Teilen durch den Raum schoß, ist mein Geist immer noch nach diesem Muster geformt – er explodiert in viele Richtungen und Ablenkungen, hüpft in Vergangenheit und Zukunft herum, vergißt völlig die Gegenwart oder behandelt sie, als wäre sie unwichtig, obwohl sie in Wirklichkeit alles ist, was ist . . . Denn Weisheit kommt von Präsenz. Weisheit kommt vom Erfahren von Erfahrungen.

Schreiben als Vipassanā-Meditation

- Um Ihren geschäftigen Geist zu beobachten, setzen Sie sich mit Ihrem Tagebuch still hin. Beobachten Sie Ihren Atem.
- Wenn Sie atmen und nicht denken, schreiben Sie ein B auf die Seite und lassen etwas Platz.
- Wenn Ihr Geist zu wandern beginnt, schreiben Sie Ihre Gedanken auf. Fangen Sie sich. Notieren Sie, daß Sie denken.
- Wenn Sie sich entscheiden, zum Atem zurückzukehren, schreiben Sie ein B auf die Seite. Lassen Sie etwas Platz.

man achtsam ist, und dann entscheiden, zu *welcher* Handlung uns unsere Achtsamkeit tatsächlich veranlaßt. Die meisten von uns wurden nicht mit einer solchen Vorstellung von Disziplin erzogen.

In der westlichen Kultur wird Disziplin falsch definiert und falsch angewendet. Gemäß dem westlichen Denken wird uns beigebracht, daß Disziplin von außen auferlegt wird: durch Eltern, Lehrer, Ausbilder, Chefs, Kollegen, Kleriker. Im allgemeinen unterwerfen sich die «Guten» der von außen aufgezwungenen Disziplin, die die jeweiligen Umstände erfordern, und die «Schlechten» rebellieren dagegen. Willfährigkeit und Rebellion können zu Gewohnheitsreaktionen werden, aber sie lehren uns keine Disziplin.

In jedem Leben gibt es Zeiten, in denen unser Geist so zerstreut ist, daß wir kaum einen Gedanken zu Ende denken können. Alles lenkt uns mit gleicher Intensität ab. Ein Haufen schmutziger Wäsche kann uns von dem Buch ablenken, das wir lesen, das Klingeln des Telefons von der schmutzigen Wäsche, und wenn die Kinder hereinkommen und was essen wollen, treibt uns das in die Küche, wo wir schließlich die Post von gestern lesen. *Ohne Disziplin sind wir wie ein Boot ohne Ruder.* In solchen Zeiten werden wir von jedem Reiz abgelenkt, und manchmal ist es uns nicht einmal bewußt, daß wir die Kontrolle verloren haben. Wenn wir nicht begreifen, was Disziplin bedeutet, um sie dann anzuwenden, bleibt uns nichts anderes übrig, als auf irgendeine Katastrophe zu warten, die den Leerlauf stoppt, oder auf eine Autorität, die uns zur Vernunft ruft. Wenn Sie das an Ihre Kindheit erinnert, so haben Sie recht. Ohne Disziplin geraten wir in die Falle der Unreife.

Spirituelle Disziplin ist ein Prozeß, bei dem unsere eigene Autorität gefordert ist. Wir beschließen, uns selbst zu schulen und unser Leben auf ein Ziel hin auszurichten. Wir praktizieren spirituelle Disziplin durch die Entwicklung einer neuen Beziehung, die auf einer klaren Perspektive und Wahl beruht, nicht auf Fügsamkeit oder Aufruhr.

Während ich an diesem Buch schrieb, nahm ich an einem zweitägigen buddhistischen Schweigeseminar zum Studium der Vipassanā-Meditation teil. Ich brauchte Anleitung bei meinen selbstentworfenen Meditationsübungen und dachte, es wäre eine gute Möglichkeit, die Stille in mir zu vertiefen, wenn ich aus meinem Alltag herauskäme in eine Umgebung, wo außer Meditation nichts geschah. Ich nahm ein paar Bücher, mein Tagebuch und das kleine Notizbuch mit, in das ich die täglichen Segnungen schreibe.

Die Meditation arbeitet mit unserer Hast, unserer Ruhelosigkeit, unserer ständigen Geschäftigkeit. Die Meditation liefert Raum oder Boden, damit die Ruhelosigkeit tätig sein kann, Raum hat, ruhelos zu sein, und damit sie sich durch Ruhelosigkeit entspannen kann. Wenn wir uns in die Ruhelosigkeit nicht einmischen, wird sie Teil desRaums . . . Die Achtsamkeit ist die Methode, wie man mit der einzelnen Situation direkt, genau und definitiv in Beziehung treten kann . . . Achtsamkeit ist wie ein Mikroskop. Es ist weder eine Angriffs- noch eine Verteidigungswaffe im Hinblick auf die Bakterien, die wir durch es betrachten. Die Aufgabe des Mikroskops ist nur, klar zu zeigen, was da ist.

Chögyam Trungpa

Disziplin definieren

- Schreiben Sie über eine Definition von Disziplin, wie man sie Sie in Ihrer Kindheit gelehrt hat.

Disziplin ist: das tun, was meine Mutter will und wann sie es will.

- Schreiben Sie über eine Disziplin, die Sie in Ihrem Leben geübt haben und die vom Verhaltensmodell bestimmt wurde.

Disziplin bedeutet, auf Süßigkeiten und Alkohol zu verzichten und zehn Pfund abzunehmen. Ich fühlte mich danach so großartig, daß ich zum Essen ausging, Wein trank und Nudeln aß und ein klebriges Dessert.

- Schreiben Sie über eine neue spirituelle Definition von Disziplin.

Disziplin heißt: schreiben, denken und meditieren, bis die Dringlichkeit der Dinge wirklich klar ist, um dann zu tun, was erforderlich ist, und nicht zu erlauben, daß irgend etwas mich von der Freude über meine eigene Leistung trennt.

Um halb acht Uhr versammelten wir uns im Meditationsraum, der den Mittelpunkt dieses Wochenendes bilden würde, und erhielten Anweisungen darüber, wie die Gruppe und jeder einzelne sich verhalten sollte, und die Grundprinzipien von Vipassanā wurden erläutert. Außer der Stimme der Lehrerin war nichts zu hören. Alle waren sehr still. Bitte, nicht lesen, sagte sie, oder schreiben. Vertrauen Sie darauf, daß Sie an Ihrer Erfahrung dranbleiben können. Ich legte meine Bücher und das Tagebuch beiseite.

Der Stundenplan bestand aus fünfundvierzig Minuten Sitzmeditation, gefolgt von fünfundvierzig Minuten Gehmeditation. Große Erwartungen hatte niemand – zumindest die Lehrerin nicht –, wir sollten einfach unserem Atem folgen, feststellen, wenn wir irgend etwas anderes taten, und zum Atem zurückkehren. Sitzen. Gehen. Sitzen. Gehen. Sitzen. Gehen. Essen. Sitzen. Gehen. Den ganzen Tag.

In meinem Geist war ich eifrig mit der Entdeckung beschäftigt, daß ich keine Achtsamkeit besaß, woran ich mich bereits gewöhnt hatte. Meine Gedanken hüpften in der Vergangenheit und Zukunft umher und schienen überall lieber zu sein als mit mir eingesperrt im halben Lotossitz. Ich übte das Feststellen meiner Ablenkungen und die Rückkehr zur Mitte. Atmen. Denken. Atmen. Planen. Atmen. Phantasieren. Atmen. Zuhören. Atmen. Schmerz. Atmen. Atmen. Atmen. Ich erkannte es nicht sofort, aber ich war dabei, den ersten Aspekt der Disziplin zu entdecken: achtsam sein und bestimmen, wofür man achtsam sein will.

Vipassanā bedeutet Einsichts-Meditation. Es ist die Praxis, die Dinge so zu sehen, wie sie sind, gerade in diesem Augenblick, direkt mit der Erfahrung verbunden zu sein und jedem Augenblick seine volle Aufmerksamkeit zu schenken. Ich begann zu merken, daß ich von all diesen Exkursionen meines Geistes getrennt war und auch getrennt von meinem Körper, meinem Unbehagen, meiner Ruhelosigkeit, sogar meinen Zweifeln. Der Sinn dafür, wer «Ich» in jedem angegebenen Augenblick sein könnte, war unbeständig und wechselnd. Die Meditation wurde zu einer Lektion über totale Annahme: den Geist nicht beschimpfen oder bedrängen, nur feststellen und zurückkehren. «Ich» war immer irgendwo, und ich konnte mir aussuchen, wo ich sein wollte. Ich begann zu verstehen: *Spirituelle Disziplin ist eine Wahl, die Wahl, die man Augenblick für Augenblick, Gedanke für Gedanke trifft.*

In unserem Kulturkreis haben wir es nicht gelernt, auf dieser

Der wahre Beginn der Weisheit ist das Verlangen nach Disziplin und das Achten auf Disziplin ist Liebe.

Faule Tage

- Haben Sie die Erlaubnis, von Zeit zu Zeit faul zu sein?
- Haben Sie Angst vor Ihrer Faulheit? Warum? Warum nicht?
- Schreiben Sie über eine Zeit, in der Sie faul waren. Wie fühlten Sie sich?
- Haben Sie etwas Wertvolles aus dieser Zeit gelernt?
- Was bedeutet es für Sie, den «Fluß einfach vorbeifließen zu lassen»?

Was uns den Weg verstellt, bringt uns weiter. Marc Aurel

Seine Wahl treffen

- Welche kleinen Entscheidungen beeinflussen Ihren Tag?
- Wie gehen Sie mit ihnen um?
- Welche Wahl würden Sie gern anders treffen?
- Über welche Wahl freuen Sie sich?

Die Zeit, die man braucht, um eine Entscheidung zu treffen, ist, als nähere man sich einer Gottheit: Man muß sich dreimal vor seiner Angst und Unentschlossenheit verbeugen. Man kann es nicht nur einmal tun. Man muß sich demütigen, bis man bereit ist, seinem Schicksal zu begegnen – nämlich zu handeln.

Ebene an Disziplin zu denken. Wir betrachten sie normalerweise als eine Form der Verhaltensänderung.

Doch das Modell der Verhaltensänderung führt wieder und wieder zu einem Versagen der Disziplin und zu ihrem Mißverständnis. Nehmen wir zum Beispiel an, Sie beschließen, jeden Morgen eine halbe Stunde lang Tagebuch zu schreiben. Wenn Sie nicht schreiben, sind Sie enttäuscht, schreiben Sie, sind Sie vorübergehend zufrieden. Ihr Selbstwertgefühl steigt und fällt. Obwohl dieser Kreislauf wie der ernsthafte Versuch aussieht, Disziplin zu üben, ist er eine Falle.

Sie wissen, wie man dieses Spiel spielt:

Regel 1: Setzen Sie sich eine starre oder unerfüllbare Norm, die Ihre Disziplin bestimmt. (Ich werde jeden Tag eine halbe Stunde lang schreiben.)
Regel 2: Beschimpfen Sie sich für ein Versagen viel mehr, als Sie sich bei einem Erfolg loben. (Ich habe die gegensätzlichen Meinungen über das, was ich tue, so satt.)
Regel 3: Versagen Sie bei Regel 1, nehmen Sie das zum Anlaß, völlig aufzugeben. (Ich kann im Leben nicht haben, was ich möchte, weil ich so undiszipliniert bin und es nicht verdiene.)
Regel 4: Lernen Sie nicht aus der Erfahrung, wiederholen Sie den Versuch mit mehr Nachdruck. (Seht, was für ein guter Mensch ich bin, seht, wie sehr ich mich bemühe, obwohl es mir nicht gelingt.)

Dieses allgemein akzeptierte Modell garantiert meistens einen Reinfall, weil es uns nichts über wahre Disziplin lehrt. Es beweist nur, daß Willenskraft und Impuls zwei gleich starke widersprüchliche Kräfte des Geistes sind. Das Ziel verliert man bei dem Machtkampf oft aus den Augen. Das kennen wir alle – oder haben Sie nie abnehmen wollen? Nie bestimmte Telefonanrufe «vergessen»? Sich nie vor einer Pflicht gedrückt? Bei diesem Modell benutzen wir Disziplin häufig als Versuch, uns zu überreden, das zu tun, was unseren Interessen zuwiderläuft. *Wir benutzen Disziplin, um uns zu veranlassen, das zu tun, was wir tun sollten, statt unsere Achtsamkeit auf das zu richten, was wir tun wollen.*

Um mit Disziplin Erfolg zu haben, müssen wir unsere Ziele im Zusammenhang mit unseren Wertvorstellungen, unserem Lebensziel und unserem spirituellen Imperativ festlegen.

Seine Entscheidung treffen

- Suchen Sie sich eine verhältnismäßig einfache Entscheidung aus, die Sie treffen wollen, und schildern Sie, wie der Prozeß der Entscheidung verläuft.
- Suchen Sie nach Unterwerfung und Rebellion.
- Suchen Sie nach Verhaltensänderungen.
- Suchen Sie nach spiritueller Disziplin.
- Wenn es Ihnen nicht gefällt, wie Sie über einen bestimmten Aspekt Ihrer Entscheidung denken, halten Sie inne und fragen Sie sich: Wie kann ich meine Betrachtungsweise ändern? Was für Möglichkeiten habe ich außer acht gelassen?
- Wenn Sie jemand anderem raten sollten, was würden Sie sagen?

Dialoge mit Disziplin

- Verwenden Sie die Standard-Dialogtechnik, und schreiben Sie Dialoge mit der Disziplin, vor allem, wenn Sie versuchen, sie zu ändern.

Spirituelle Disziplin wird durch die achtsame Anwendung Ihrer Fähigkeit zu wählen aufrechterhalten. Dies erlaubt Ihnen, sich gerechtfertigt zu fühlen, auch wenn Sie beschließen, nicht zu schreiben, weil *die Wahl* die Disziplin ist, nicht das, *was* Sie wählen. *Durch den kleinen Akt der Wahl läßt die spirituelle Disziplin Veränderungen der Einstellung und der Intensität zu und lädt die heilige Energie ein, den Prozeß der Disziplin zu inspirieren und zu beeinflussen.*

Wenn wir für den Augenblick Achtsamkeit haben, werden wir langsamer, bis wir sehen können, wie der Prozeß des Wählens vor sich geht. Das ist etwas anderes, als wenn wir einem Impuls folgen, denn Achtsamkeit heißt, einen Mittelpunkt finden. In der Vipassanā-Meditation ist der Atem der Anker, der Mittelpunkt, zu dem wir immer wieder zurückkehren, wenn der Geist abgeschweift ist. Mitten in einer Gedankenkette kann ich innehalten und mich fragen: Möchte ich diesem Gedanken folgen oder zu meinem Atem zurückkehren? Für die Zeit der Meditation ist die Disziplin einfach die, zum Atem zurückzukehren. Und das tue ich. Das ist meine Wahl. Mein Leben ist einfach. Ich sitze still. Ich habe nur eine einzige Wahl zu treffen: Ob ich in die Mitte gehe oder nicht. Der Geist wandert. Ich lenke meine Aufmerksamkeit auf den Atem. Aus dieser Disziplin entwickelt sich ein Halteseil an Erfahrungen, ein inneres Vertrauen auf unsere Bereitschaft, eine einfache Entscheidung zu treffen: zu atmen. Den Atem zu beobachten.

Die meisten von uns meditieren nicht sehr viel in ihrem Leben, aber die Vorstellung, einen Mittelpunkt zu entwickeln, kann auch auf den Alltag angewandt werden. Täglich müssen wir viele Entscheidungen treffen: Soll ich in einer freien Stunde lesen oder schwimmen? Ist dieses Nahrungsmittel gut für meine Gesundheit? Schreibe ich diesen Brief noch heute oder besser erst morgen?

Wenn wir einmal unsere Wahlmöglichkeiten erkennen, ist es keine so überwältigende Vorstellung, die Verantwortung dafür zu übernehmen. Die Disziplin wird zu einem von Minute zu Minute geführten Dialog zwischen Möglichkeit und Ziel. Der Geist will sich ohnehin beschäftigen und irgend etwas denken. Wir können ihn genausogut dazu erziehen, in unsere Richtung zu denken, statt mit ihm zu streiten. Disziplin ist eine vereinbarte mentale Beziehung. Sie umgeht die üblichen Machtkämpfe, die soviel von unserer Energie vergeuden. Wir entwickeln Vertrauen in unsere Disziplin. Wir lernen zu geben und zu nehmen. Wir sind tolerant. Der Dialog mit der Disziplin auf der gegenüberliegenden Seite illustriert diesen Punkt.

Tagebucheintragung

Disziplin: Ich habe dich wieder verloren. Wo warst du?

Ich: Ich wurde abgelenkt – so sehr, daß ich schließlich vergaß, daß ich abgelenkt worden war. Entschuldige.

D: Du brauchst dich nicht zu entschuldigen. Komm einfach zurück.

Ich: Tief atmen. Es ist erstaunlich, wie leicht ich meine Achtsamkeit verliere – einfach davonschwimme.

D: Ich bin immer da. Ich bin immer erreichbar. Du mußt das nur mal zur Kenntnis nehmen und dann etwas wählen, das dich in die Mitte bringt.

Ich: Mit dem Atmen funktioniert es. Vermutlich, weil ich es immer tue – wie das Denken –, es ist immer da, und man kann immer dorthin zurückkehren.

D: Achte auf deinen Atem, während du telefonierst, während du auf einer Party bist, wenn du mit den Kindern sprichst, deinen Standpunkt vertrittst . . .

Ich: Muß ich das denn in alle Ewigkeit machen? Kann ich es denn nie richtig lernen – und dann vergessen?

D: Du meinst wie abnehmen – und dann nicht mehr ans Fasten denken?

Ich: Ja, das ist ein gutes Beispiel.

D: Nein, Achtsamkeit ist nicht wie Abnehmen. Achtsamkeit ist wie Atmen – sie ist immer da.

Ich: Für den Rest meines Lebens?

D: Was ist so schlimm daran, für den Rest deines Lebens atmen zu müssen? Das ist keine Strafe. Es ist eine Belohnung. Du fängst gerade erst an, die Belohnungen zu entdecken. Ich verspreche dir, es sind eine Menge.

Das Gespräch ist freundlich – eine wahre Erleichterung nach Jahren der Selbstbeschuldigungen wegen irgendeines Verhaltensmusters.

Durch das Wählen übernehmen wir mehr Verantwortung für unser Leben als durch Fügsamkeit oder Rebellion, die schnell dazu dienen könnten, äußeren Umständen die Schuld zu geben, wenn etwas schiefläuft.

Wir sind jetzt auf unserer Reise so weit gekommen, daß es nicht mehr angebracht ist, Entscheidungen zu vermeiden. Es fällt in unsere Verantwortung, dafür zu sorgen, daß die jeweils getroffene Wahl im Rahmen der Struktur unseres ganzen Lebensweges spirituell richtig ist und daß das, was wir tun, auf ein höheres Ziel hin ausgerichtet ist.

Nach zwei Tagen Seminar und Meditation war mein Geist weniger zerstreut. Wenn ich die Wäsche faltete, faltete ich sie mit Bedacht. Wenn ich die Post las, setzte ich mich hin und las sie wirklich. Wenn ich mir eine Tasse Tee machte und einen Apfel schälte, hielt ich nicht inne, um erst mal zu kosten. Und wenn ich schrieb – schrieb ich.

Das Tagebuch ist häufig ein großartiges Barometer für die Ebene unserer Disziplin oder Ablenkung. Wenn Sie Tagebuch schreiben, beenden Sie Ihren Gedanken? Ihre Eintragung? Lassen Sie sich ablenken, unterbrechen? Kann man Sie wegholen? Haben Sie kürzlich etwas hineingeschrieben?

Anfangs kann Achtsamkeit sehr unbequem sein. Wir mögen daran gewöhnt sein, immer nur einen halben Gedanken über eine Sache zu haben, und die Forderung, auch nur den Satz zu beenden, macht uns nervös. Durch echte Disziplin rufen wir uns zur Ordnung. Wir sagen, wir haben unseren Weg gewählt. Dann ist unsere Grundverpflichtung, immer wieder diesen Weg zu wählen, während deutlich wird, was der Weg ist – in dieser Minute, in der nächsten Minute, in der Minute darauf. Wir wählen den Weg, auch wenn er nicht sofortige Rettung oder Belohnung verspricht. Wir folgen dem Verlangen unseres Herzens. Wir sitzen nicht in der Falle. Wir wählen. Und je komplizierter die Wahl ist, um so mehr müssen wir all das verwenden, was wir auf der Reise lernen, damit die Disziplin da ist. Atmen. Sitzen. Atmen. Gehen. Atmen. Schreiben. Leben.

Erwachsen werden

- Was wollten Sie sein, «wenn Sie erwachsen wären» – als Sie fünf Jahre alt waren, zehn Jahre, fünfzehn Jahre, zwanzig ... und vor fünf Jahren?
- Was würden Sie antworten, wenn man Ihnen die Frage heute stellte?

TAGEBUCHEINTRAGUNG

Als ich sechs Jahre alt war, wollte ich Arzt werden, weil ich überzeugt war, daß meine Puppen echte Kinder waren, die eine schreckliche Krankheit hatten und sich deshalb nicht bewegen konnten. Wenn ich Arzt wäre, könnte ich ein Mittel gegen diese Krankheit finden und alle Puppen auf der Welt heilen ... Ich bin Psychologe geworden, weil ich erkannt habe, daß das, was Kinder in der Familie lähmt, kein körperliches Gebrechen ist, sondern eine emotionale und spirituelle Bindung. Ich versuche, den Menschen zu helfen, wieder lebendig zu werden.

Helden und Helfer der Kindheit

- Wer waren die Helden und Heldinnen Ihrer Kindheit?
- Was bewunderten Sie an deren Leben?
- Wie beeinflußten diese Vorbilder Ihr Leben?
- Welche Menschen aus Ihrer Umgebung waren während Ihrer Kindheit Ihre wichtigsten Ratgeber?
- Schreiben Sie über diese Menschen. Schreiben Sie Dialoge, unabgeschickte Briefe, und bedanken Sie sich bei ihnen.

Der Zweck

Sie haben etwas Einzigartiges zu bieten. Niemand kann Sie ersetzen.

- Worauf warten Sie?
- Wozu sind Sie bereit?
- Was tun Sie gerade?
- Was sollten Sie Ihrem Gefühl nach noch tun, bevor das Leben vorbei ist?

Folgen lernen

> *Das in uns zu entdecken, was das Leben lebenswert macht, ist eine riskante Sache, denn es bedeutet, daß wir es, wenn wir es einmal wissen, auch suchen müssen. Es bedeutet auch, daß das Leben ohne es wertlos ist.* *Marsha Sinetar*

Die wichtigste Aufgabe des Lebens ist es, den Lebenszweck zu entdecken und genau zu definieren und ihn dann nach besten Kräften zu erfüllen. Wir haben einen natürlichen Impuls, dies zu tun. Die Art, wie wir über das Leben und die Reise denken, macht unsere Träume für die Zukunft real: eine Zeit und ein Ort, denen wir entgegenstreben – so sicher, wie wir nach Hause streben. Zweck ist etwas anderes als Sinn. Die Suche nach dem Sinn stellt die Frage: «Was soll das Leben?» Die Suche nach dem Zweck fragt: «Was könnte ich *tun*. Wie kann ich am besten ich selbst sein? Was gebe ich der Welt zurück?»

«Bald bin ich groß», sagt das kleine Kind. «Wenn ich sechs oder sieben bin, weiß ich alles.» Die Zukunft dehnt sich aus oder verkürzt sich, je nachdem, an was wir zu denken versuchen. Wir beginnen schon sehr früh für das Leben zu üben, das wir führen wollen, das Leben, das wir glauben, führen zu können, das Leben, das laut Familie und Gesellschaft für uns passend und möglich ist. Unser frühestes Gefühl für unsere Fähigkeiten entwickelt sich durch dieses Träumen. Wir schaffen im weiten offenen Feld der Zukunft Raum für uns. Wir beginnen, uns vorzustellen, wer wir sein könnten und was unser Ziel ist.

Wir sind dafür verantwortlich, jeden gegebenen Augenblick das bestmögliche Leben zu leben: Das ist keine Belastung, die Dinge sind einfach so. Um das tun zu können, müssen wir entsprechend unseren persönlichen Wertvortellungen definieren, was das «bestmögliche Leben» ist. Dann müssen wir uns für die Wirkung sensibilisieren, die die spirituelle Reise auf unsere Ziele hat. Wir müssen uns darauf vorbereiten, ihr zu folgen.

Das spirituelle Leben ist ein Vertrag. Das Transzendente kann mit etwas Teilnahmslosem keinen Dialog führen. Es fragt ständig: «Wer ist bereit? Wer will in der Welt spirituell arbeiten?» Und wartet dann darauf, daß wir diesen Ruf hören, bereitwillig vortreten und unsere Bestimmung annehmen.

Reaktionen gibt es überall. Jeden Tag höre ich von jemandem, in dessen Leben es endlich «Klick» macht, und schon zieht er los. Wenn es passiert, muß man etwas unternehmen. Für uns übrige, die auf diesen Augenblick hinarbeiten, ist es beängstigend und aufregend zu erleben, wie es anderen passiert.

Wenn ein Mensch die Sehnsucht spürt, mit dem Universum eins zu sein, ist es, als spürte das Universum das gleiche Sehnen, mit diesem Menschen eins zu sein. Wenn ich in meinem Herzen darauf brenne, Gott zu lieben, scheint es, daß Gott auf geheimnisvolle Weise dieses schmerzvolle Sehnen auch nach mir hat.

Der Glaube an sich selbst

- Was würden Sie am liebsten von sich und Ihrer Lebensreise glauben, das am schwierigsten zu glauben ist?
- Was müßten Sie anders machen, damit Ihr Glaube an sich selbst und an Ihr Leben zunimmt?
- Mit welchen Bedingungen wollen Sie immer noch Ihre Bereitschaft, sich führen zu lassen, verknüpfen?

Niemand kann Ihnen raten und helfen, niemand. Es gibt nur ein einziges Mittel. Gehen Sie in sich. Erforschen Sie den Grund, der Sie schreiben heißt; prüfen Sie, ob er in der tiefsten Stelle Ihres Herzens seine Wurzeln ausstreckt . . . Graben Sie in sich nach einer tiefen Antwort . . . dann bauen Sie Ihr Leben nach dieser Notwendigkeit.

Rainer Maria Rilke

Meiner Erfahrung nach ist das Annehmen der Bestimmung ein Augenblick des Nachhallens, ein Gefühl von «Ach, darauf wollte ich hinaus». Ein solches Erkennen passiert manchmal, wenn jemand in unser Leben tritt und wir sofort spüren, irgendwie auf ihn gewartet zu haben. Dieses Wiedererkennen geschieht auch bei Ereignissen, bei Hinweisen und bei einer Arbeit oder bei Wünschen, die wir weggeschoben haben und die wiederauftauchen.

Ich erinnere mich, daß ich als Kind gern jene Geschichten in der Bibel las, in denen Gott direkt mit den Propheten des Alten Testaments sprach. Plötzlich war Gott da, kam als Stimme aus den Wolken, sprach aus dem Feuer, formte einen Regenbogen über Noahs Arche, rang mit Jakob, erschien in Träumen und Visionen, sprach aus dem brennenden Dornbusch und erteilte Anweisungen an zitternde, ganz gewöhnliche Männer und Frauen, deren Leben durch Gottes Gebote verwandelt wurde. In diesen Fällen schlossen das Heilige und der Mensch einen genau umrissenen Vertrag miteinander ab. Die Anweisungen waren klar, und die Anwesenheit von Macht war nicht zu verkennen.

Ich war von diesen ehrfurchtgebietenden Gesprächen fasziniert und überlegte, ob Gott je bereit wäre, mit solcher Direktheit zu mir oder zu jemandem, den ich kannte, zu sprechen. Manchmal stand ich in der Verandatür und beobachtete ein Sommergewitter. Ich spürte die Kraft, die durch Donner und Blitz ausgelöst wurde. Manchmal saß ich in den Bergen auf einem Felsen und wagte mich damit in eine Gegend, in der Gott gern zu sprechen schien. Manchmal watete ich bis zu den Hüften in der Brandung und ertrug den Sog der Wellen und des Sandes. Kein Gott erschien, um auf gebieterische Weise mit mir zu sprechen, und doch wurde die Empfänglichkeit für ein solches Ereignis geweckt. Und irgendwann, irgendwo, verborgen in Ihrer Lebensgeschichte, wurde auch Ihre Empfänglichkeit dafür geweckt.

Erstaunlich an den leisen Beeinflussungen durch die innere Führung ist, daß diese Hinweise und Botschaften genauso zwingend sind wie die Stimme aus dem brennenden Dornbusch. Wenn wir dachten, daß uns die Verpflichtung auf unser Ziel erspart bliebe, weil nichts Dramatisches passiert – dann haben wir uns geirrt.

Unser Entschluß, zu der Art von Leuten zu gehören, die bereit sind zu antworten, wurde vor langer Zeit getroffen. Sie wären nicht hier, würden nicht diese Seite lesen, nicht Tagebuch schreiben, nicht an eine spirituelle Reise denken, nicht bereit sein, Ihre Wertvorstel-

Dialoge mit Leben, die Sie sich aussuchen

- Führen Sie einen Dialog mit dem Selbst, das Sie sind.
- Führen Sie Dialoge mit den Selbsten, die Sie vielleicht geworden wären, wenn Sie andere Wahlmöglichkeiten genutzt hätten.
- Suchen Sie nach Ähnlichkeiten: Was sind Sie selbst, gleichgültig, welche Entscheidung Sie getroffen haben?
- Welche Entscheidungen haben Sie selbständig getroffen, gleichgültig, was dabei herausgekommen ist?

Um zur Einfachheit zu gelangen, muß man durch die Vielheit gehen, und erst, wenn man in und durch die Vielheit gegangen ist, kann man erklären, was Einfachheit ist. Es klingt nie überzeugend, wenn ein Mensch die Einfachheit erklärt, ohne die Vielheit zu begreifen.

In uns ist ein Instinkt für Neuheit, Erneuerung, für eine Freisetzung kreativer Kraft. Wir versuchen, in uns eine Kraft zu wecken, die unser Leben von innen heraus grundlegend ändert. Und doch sagt uns derselbe Instinkt, daß diese Veränderung ein Wiederauffinden des Tiefsten, Ursprünglichsten, Persönlichsten in uns ist. Wiedergeboren zu werden heißt nicht, jemand anderer zu werden, sondern wir selbst zu werden. Thomas Merton

lungen zu ändern, wenn Sie nicht schon gesagt hätten: «Ja, ich will!»

Sie haben gelesen, nachgedacht, geschrieben, mit gleichgesinnten Menschen gesprochen und nach einer Gemeinschaft und einer Struktur für die Reise gesucht. Dies alles bedeutet nicht, daß Sie sich über die Richtung klar sind, Sie können noch immer viele Fragen haben, auch was Ihre Bereitschaft angeht. Vielleicht haben Sie Angst und sind voll von widersprüchlichen Gefühlen. Aber da sind Sie nun, mitten in einer Aktion (oder einer beabsichtigten Aktion), und Ihnen wird plötzlich bewußt, daß Sie als Ergebnis all dieser Einflüsse aufgerufen sind, etwas zu *tun*, woran Sie nie gedacht hatten. Vielleicht sind Sie dabei, das Muster Ihres Lebens oder Ihres Familienlebens zu sprengen und Veränderungen herbeizuführen, die noch vor ein paar Jahren nicht mehr als vage Vorstellungen waren. Sie blicken von der täglichen Arbeit, von den Überlegungen in Ihrem Tagebuch auf und erkennen, daß sie am Rand eines Risikos stehen. Zu Beginn der Reise wäre Ihnen dieses Risiko unvorstellbar gewesen, ein Risiko, das sich fremd und doch vertraut anfühlt, als seien Sie schon seit langer Zeit darauf zugegangen und konnten ihm nur noch keinen Namen geben.

Sie sind dabei, die Hand zu heben und sich freiwillig zu melden, um Ihr Ziel zu verwirklichen. Beispiele kommen Ihnen in den Sinn: J. ist fünfzig und möchte ins Priesterseminar aufgenommen werden; P. hat sein Haus verkauft und segelt allein um die Welt; J. gibt ihre Anwaltspraxis auf, um Romane zu schreiben; D. kriegt mit vierzig ihr erstes Kind.

Die Fragen und Themen dieses Kapitels werden uns nicht immer sofort klar. Sie machen uns nervös. Sie erinnern uns daran, daß «Leben» nicht nur heißt, von Montag auf Dienstag zu «leben», sondern daß wir gleichzeitig einen heroischen Weg beschreiten. Die mythische Realität des Lebens drängt an die Oberfläche und reißt uns mit. Wir werden wieder und wieder aufgefordert, uns mit den kühnen, zielgerichteten Elementen in uns und im Rahmen unseres gewöhnlichen Lebens auseinanderzusetzen. Immer deutlicher wird uns bewußt, daß wir von der bewegenden Kraft weitergezogen werden, die wir auslösten, als wir zu uns sagten: «Eine Reise steht bevor.»

Es ist unvermeidlich, daß wir *«werden, wer wir sind, und die Energie, die durch unsere Selbstwerdung freigesetzt wird, an die Welt zurückgeben.* Aber wir nehmen unser Joch nicht einfach so auf uns, wenn es eine Veränderung unserer äußeren Lebensumstände erfordert. Wir ma-

Entscheidungen üben

- Schreiben Sie: Ich muß eine Entscheidung treffen über . . .
- Wenn diese Entscheidung aus einem Wort bestünde, wie würde es lauten?
- Was können Sie tun, damit Ihre Entscheidung dem Idealfall so nahe wie möglich kommt?
- Führen Sie einen Dialog mit verschiedenen Stimmen in Ihrem Kopf und verschiedenen Leuten in Ihrem Leben, bis Ihr Weg deutlicher zu erkennen ist.
- Verhandeln Sie immer wieder mit Hindernissen, die Sie sich in Ihrer Phantasie vorstellen.

Während ein Mensch an Kraft wächst und seine Weisheit zunimmt, wird der Weg, dem er folgen kann, immer enger: Bis er keine Entscheidungen mehr trifft, sondern voll und ganz das tut, was er tun muß.

Dies ist Ihr Leben

- Schreiben Sie eine Geschichte mit dem Titel «Mein Leben und ich».
- Sehen Sie sich als aktiven Darsteller in Ihrem Leben.
- Sind Sie gern mit ihm zusammen?
- Trauen Sie einander?
- Wie behandeln Sie sich?
- Wenn Ihr Leben ein Mensch wäre, welche Eigenschaften würden Sie ihm geben?
- Sind Sie mit Ihrem Ziel einverstanden?

chen ein Stadium des Verhandelns durch: Okay, ich tu es, wenn es nicht zu anstrengend ist, wenn die finanziellen Risiken nicht zu groß sind, wenn es meine zwischenmenschlichen Beziehungen nicht gefährdet, wenn ich von den richtigen Personen unterstützt werde. Aber es gibt kein Wenn und kein Aber. Bist du bereit, es zu tun? Oder willst du nach all diesem bewußten Öffnen einen Rückzieher machen, das Geschäft schließen, die Suche zum Tod verurteilen?

Tatsächlich ist es für ein Zögern zu spät, gleichgültig, wie real es uns erscheint oder wie lange wir schon zögern. Das wahre Selbst zu werden und sein Ziel zu verwirklichen ist einfach das, was jedem von uns geschieht, wenn er sich auf der Spirale von seinen Überlegungen wegbewegt, zurück in die Welt. Wir sind Handelnde, Träger spiritueller Veränderungen. Die Suche hat uns dazu befähigt.

Das spirituelle Leben ist ein Vertrag. Laut diesem Vertrag sollen alle Erkenntnisse und Erkundungen auf die Welt und in der Welt angewandt werden. Was tun wir nun? Auf unserer Seite können wir verschiedene Schritte unternehmen, um dies zu erforschen.

Schritt 1: Werden Sie sich über Ihre Wertvorstellungen klar, und definieren Sie Ihr Ziel. Was Sie jetzt im Leben haben, ist Ausdruck dessen, was Sie am meisten schätzten, und dafür, wie Sie Ihre Wertvorstellungen verwirklichten. Vielleicht besitzt für Sie ein solides Familienleben den größten Wert oder individuelle Freiheit, finanzielle Sicherheit, Weisheit oder eine Kombination aus all diesen Dingen.

Jahre der Fügsamkeit, der Verpflichtungen und des sozialen korrekten Verhaltens können unseren Lebens-Traum überlagern, aber er ist trotzdem da. Und die Suche bringt ihn nach oben. Die Leute in meinen Seminaren entdecken diese ursprünglichen Sehnsüchte und Vorstellungen von sich selbst mit Erstaunen, großer Deutlichkeit und manchmal mit Trauer. Wir erfahren eine Art Vereinigung des ursprünglichen Selbst und der ursprünglichen Träume mit dem, was wir mit dem Selbst und seinen Träumen getan haben. An diesem Punkt setzt der Dialog ein zwischen dem Selbst, das Sie geworden sind, und dem Selbst, das Sie werden wollen, um die Wahlmöglichkeiten abzuschätzen und zu realisieren.

Schritt 2: Stellen Sie sich den Ängsten, die in eine Sackgasse führen. Wenn Sie das Fundament gelegt haben, müssen Sie den Grund erforschen, warum Sie glauben, daß Sie Ihren Lebenszweck nicht verwirklichen «können». Wir haben zwei Kategorien von Vorwänden: unsere Verpflichtungen und unser Ansehen. Wir glauben, daß wir uns nicht voll und ganz unserem Lebenszweck widmen kön-

Manifest der Befreiungsfront der zornigen Farmer

Liebt den schnellen Gewinn, die jährliche Gehaltserhöhung, den bezahlten Urlaub. Wollt immer mehr Fertigprodukte. Habt Angst davor, Eure Nachbarn zu kennen und zu sterben – und Ihr werdet ein Fenster in Eurem Kopf haben. Nicht einmal Eure Zukunft ist mehr ein Rätsel. Euer Geist wird in eine Karte gelocht und in einer kleinen Schublade weggeschlossen. Wenn Ihr etwas kaufen sollt, werden sie Euch rufen. Wenn Ihr für Profit sterben sollt, geben sie Euch Bescheid.

Also, Freunde, tut jeden Tag etwas Unvernünftiges. Liebt den Herrn. Liebt die Welt. Arbeitet umsonst. Nehmt alles, was Ihr habt, und seid arm. Liebt den, der es nicht verdient ... Heißt alles gut, was Ihr nicht versteht. Preist die Unwissenheit, denn was dem Menschen nicht begegnet ist, hat er nicht zerstört. Stellt Fragen, auf die es keine Antworten gibt. Investiert ins Jahr zweitausend. Pflanzt Mammutbäume. Sagt, daß Eure Haupternte der Wald ist, den Ihr nicht gepflanzt habt und der geschlagen wird, wenn Ihr tot seid. Glaubt an die fünf Zentimeter Humus, die sich alle tausend Jahre unter den Bäumen bilden. Hört den Kadavern zu – haltet das Ohr nahe daran und lauscht dem leisen Geplapper der Lieder, die kommen werden. Erwartet das Ende der Welt. Lacht. Lachen ist grenzenlos. Seid fröhlich, obwohl Ihr alle Tatsachen kennt ... Geht voller Liebe auf die Felder. Ruht Euch im Schatten aus. Legt den Kopf in ihren Schoß. Schwört Treue dem, was Euren Gedanken nahe ist. Sobald die Generäle und Politiker die Regungen Eures Geistes vorhersagen können, laßt sie verschwinden. Laßt ein Zeichen zurück, das den Weg markiert, den Weg, den Ihr nicht gegangen seid. Seid wie der Fuchs, der zu viele Spuren macht, manche in die falsche Richtung. Übt Wiederauferstehung.

nen, weil niemand unsere Pflichten übernehmen würde und die Menschen, die für uns wichtig sind, unseren Schritt nicht billigen würden – eine häufige Sackgasse. Wenn wir uns dieses Problems bewußt werden, ist das eine Herausforderung, weiterzumachen oder den Traum aufzugeben. Wenn wir unerschütterlich diese Sackgasse erkunden wollen, gehen wir ein Risiko ein. Es kommt der Augenblick, wo wir den Prozeß nicht mehr unter Kontrolle haben. Es ist schrecklich, diesem Kontrollverlust gegenüberzustehen und auf einer anderen Ebene zu wissen, daß wir ihn gewählt haben. Wir fühlen uns hilflos und ineffektiv und haben Mühe, unser Selbstwertgefühl nicht zu verlieren. Wir müssen darauf bauen, daß jetzt, da wir so weit gekommen sind, die Reise vor uns kürzer ist als die, die hinter uns liegt. Wir müssen uns sehr anstrengen, nicht umzukehren.

Schritt 3: Widmen Sie Ihrem Ziel die notwendige Zeit und Energie. Wir sind dazu erzogen worden, daß seine Pflicht zu tun etwas Bewundernswertes und dementsprechend Erstrebenswertes ist. Wir sind dazu erzogen worden, das Familienunternehmen weiterzuführen oder bestimmte Traditionen und kulturelle Werte in Ehren zu halten. Jetzt werden wir von dem Bedürfnis getrieben, unser spirituelles Erwachen zu respektieren. Und wir betrachten uns nicht als frei. Wir haben Partner und Kinder und alternde Eltern, die uns brauchen, und wir müssen auch an unser eigenes Alter denken. Wir haben Schulden. Wir haben Hypotheken und Kreditkarten und einen Lebensstandard. Wir haben Bindungen an Familie und Verwandte, an Freunde, an unsere Gemeinde. Und selbst wenn wir einfach die Tür schlössen und in den Sonnenuntergang führen – wohin sollten wir gehen? Diese innere Berufung hat nichts mit einem geographisch fixierbaren Ort oder einer bestimmten Gemeinschaft zu tun. Sie ist viel amorpher und viel persönlicher.

Trotzdem müssen wir uns Zeit nehmen, um dieses Ziel zu erkunden. Im nächsten Kapitel wird ein Plan dafür vorgelegt.

Schritt 4: Lassen Sie das Heilige die Führung übernehmen.

Wenn das Spirituelle das Kommando übernimmt, werden wir zu wahren Studierenden unseres eigenen Lebensprozesses. Dieser Augenblick ist zugleich erhebend und beängstigend, riskant und inspirierend. Wir sind Teil einer kollektiven Energie, die viel größer ist als unsere persönliche. Wir beginnen die Wirkung unseres Beitrags zu spüren, während sie sich über die Grenzen unseres individuellen Lebens hinaus in konzentrischen Kreisen ausbreitet.

Hier und jetzt

- Lassen Sie eine Tagebucheintragung beginnen mit: «Der Punkt, an dem ich jetzt in meinem Leben stehe, ist...»

Das innere Auge der Phantasie kann sehen, was noch nicht da ist, kann über die gegebenen Umstände hinausblicken – und bis hin zu jenem Punkt, der noch nie dort gewesen ist. Es ist wirklich eine unglaubliche Fähigkeit des Menschen, über die Gegenwart und die Vergangenheit hinaussehen und vom Unbekannten etwas empfangen zu können, was bis dahin nicht vorhanden war.

Aussagen der Phantasie

- Wie viele Pfade zweigen in Ihrer Vorstellung von diesem Augenblick Ihres Lebens in die Zukunft ab?
- Bereisen Sie einige dieser Wege, indem Sie darüber schreiben und sie auf dem Papier skizzieren.
- Führen Sie mit dem Selbst in diesen Szenen einen Dialog.
- Fragen Sie sich, wie Sie hingekommen sind.
- Fragen Sie sich, wie man sich fühlt, wenn man solche Dinge tut.

Vorstellen, Wollen, Handeln

Wenn man vertrauensvoll in Richtung seiner Träume voranschreitet und danach trachtet, das Leben zu leben, das man sich vorgestellt hat, wird man in ganz gewöhnlichen Stunden ungeahnten Erfolg haben.
Henry David Thoreau

Ehe wir etwas Bedeutungsvolles in unserem Leben anfangen können, müssen wir drei Dinge tun: Uns das Ziel klar vorstellen, damit wir wissen, was wir anstreben; bereit sein, es aus aller Kraft zu wollen; und etwas unternehmen, um der Verwirklichung näherzukommen. Je komplizierter unser Lebensziel ist, um so genauer müssen Vorstellung, Wollen und Handeln sein. In diesem Kapitel beschäftigen wir uns mit diesen drei Schritten.

Vorstellen

Alles, was wir vollbringen oder erwerben, beginnt mit einer Idee, einem Traum, einer Vision. Wir hängen von unserer Vorstellungskraft ab, sie ist der Lichtstrahl, der uns den Weg weist. Wir möchten es wissen, wenn wir ein Ziel erreicht haben, und die einzige Möglichkeit dazu ist, ein klares Bild davon zu erschaffen, ein handfestes, meßbares Ergebnis. Das trifft auf alles zu, ob wir den richtigen roten Pullover finden, unser Traumhaus bauen, einen Plan ausführen oder Präsident werden wollen. Wir müssen uns bildhafte Vorstellungen machen, in unserer Phantasie verschiedene Möglichkeiten durchspielen.

Wenn wir anfangen, uns etwas vorzustellen, sehen wir es nicht sofort deutlich. Die Vision beginnt mit einem vagen Gefühl, daß man etwas haben möchte, daß etwas fehlt, eine Lücke da ist, die es zu füllen gilt. Wir klären dann die Vision, indem wir uns unsere Phantasien und geheimen Träume bewußt machen. Wenn Sie eine Straße entlangfahren, aus dem Fenster blicken, sich schlafen legen und sich dabei in Ihrer Phantasie ausmalen, was Sie alles Großartige tun könnten, was stellen Sie sich genau vor? Was für eine Vision erschaffen Sie tatsächlich? Wie sehen die wichtigsten Bilder dieses geistigen Spiels aus? Welche zeigen an, daß es wert wäre, diese Idee weiterzuverfolgen?

Der krönende Augenblick

- Denken Sie an einen Traum, den Sie haben, an ein Ziel, an einen Zweck.
- Wie wissen Sie, daß Sie sie erreicht haben?
- Schreiben Sie über diesen krönenden Augenblick in Ihrem Tagebuch, oder zeichnen Sie ihn.
- Fangen Sie an, dieses Bild zu erweitern, bis es sich vollständig und real anfühlt.

TAGEBUCHEINTRAGUNG

Ich bin fast an der Ziellinie, dem Haufen weit voraus. Vor mir sind ein paar Männer, ich kann nicht sagen, ob es schon eine Frau geschafft hat. Ich glaube, ich bin die erste. Hinter mir sind jüngere Frauen, aber sie können mich nicht mehr einholen. Mein Mann und meine Kinder stehen an der Seitenlinie und feuern mich an. Ich tue nicht einmal so, als sei ich verlegen. Ich habe mir das verdient. Plötzlich rufen alle meine Zeit. Ich bin die erste, ich bin die erste. Ich habe den Marathon gewonnen. Ich sinke Jim in die Arme, und er hebt mich hoch über seinen Kopf. Mir ist heiß, und ich schwitze und schreie, und die Kinder gießen Wasser über mich. Ich bin einfach glücklich. Und in der Zeitung ist ein Bild von uns, wie wir uns alle glücklich umarmen.

Eintragungen für ein Jahr im voraus

- Machen Sie eine Tagebucheintragung, die ein Jahr vordatiert ist.
- Schreiben Sie in allen Einzelheiten, was in Ihrem Leben geschehen soll.
- Wählen Sie ein bestimmtes Datum, an dem Sie jedes Jahr diese Eintragung machen, zum Beispiel Ihren Geburtstag oder den 1. Januar. Das ist auch eine gute Übung für die ganze Familie.

Die Meditation am Ende dieses Teils wird Ihnen helfen, eine Vision über die nächsten fünf Jahre aufzubauen.

Verträumtheit ist ein Zug, den wir mehr mit Künstlern in Verbindung bringen, aber Tagträumen ist nicht dasselbe wie eine Vision erschaffen, eine genaue Vorstellung. Ich erzähle Studenten, die das Schreiben lernen wollen, gern, daß der Anfang einer Geschichte wie eine Türschwelle ist. Dem Leser soll die Phantasiewelt so vertraut vorkommen, daß er ohne zu zögern in die Wirklichkeit der Geschichte eintritt. Eine Vorstellung ist auch eine Art Schwelle. Wir müssen eine Wirklichkeit schaffen, so real, daß wir sie mit dem Gefühl betreten, alles, was wir brauchen, sei vorhanden. Vorstellungen, Visionen haben Größe und Form. Sie sind sachgerecht, fühlbar, von Menschen bevölkert. Sie stellen den Augenblick dar, an dem der Bestimmungsort, das Ziel erreicht sind, das Ergebnis feststeht.

Vordatierte Eintragungen im Tagebuch sind der elementarste Ausdruck der Vorstellungskraft: Wir bestätigen, daß das, was wir denken oder hoffen, passieren wird. Wenn wir über das schreiben, was wir in einem Jahr, in drei oder fünf Jahren tun werden, gewinnen wir sofort ein Gefühl für die Muster, die unsere Richtung bewußt oder unbewußt bestimmen. Diese Niederschriften sind häufig das erste Zeichen dafür, wie solide unsere Entscheidungen sind: Wenn wir uns gewisse Ereignisse im Geist ausmalen, gewisse Handlungen ausführen und zu ihnen stehen, wird dies zu bestimmten Ergebnissen führen. Über künftige Möglichkeiten zu schreiben, hilft uns zu verstehen, was gedacht und was getan werden muß, um die Vorstellung zu unterstützen. Vielleicht sind wir selbst überrascht: «Ich bin nicht allein – ich habe jemanden gefunden.» – «Ich mache mich selbständig.» – «Ich habe ein Baby . . . ich wußte gar nicht, daß ich eines wollte!» – «Wir sind geschieden!» – «Die Lebensphase, die mir soviel zu schaffen macht, ist vorbei, und nun habe ich ganz andere Pläne.»

Ehemalige Seminarteilnehmer erzählen mir häufig, daß etwa fünfzig Prozent ihrer vordatierten Eintragungen wahr wurden. Sich etwas vorzustellen ist die Methode des Geistes, eine Grundstruktur zu schaffen, an die er sich dann auch hält. Er tut das ständig, ob wir den Kurs bewußt festlegen oder nicht.

Den meisten von uns wurde beigebracht, praktisch zu sein, nicht idealistisch – vor allem, wenn unsere Träume und Wünsche nicht als erfolgversprechend gelten. Wenn Ihr größter Traum ist, eine eigene Firma zu haben und Millionär zu sein, werden Sie wahrscheinlich eine Menge Unterstützung aus Ihrer Umgebung bekommen, wenn Sie aber davon träumen, einen perfekten Bonsai zu züchten, etwas

Der Verstand liebt es, nicht alles zu wissen. Situationen, die ihm nicht vertraut sind, regen den Organismus an. Um klüger zu werden,muß man das Unvertraute tun.

Wissen, was man will

- Notieren Sie, was Sie in Ihrem Leben lieben und behalten möchten.
- Was ich in meinem Leben behalten möchte: Meinen Partner, meine guten Freunde, meine Freiheit, meine Gesundheit, sinnvolle Arbeit.
- Notieren Sie, was Sie in Ihrem Leben gern ändern würden.
- Was ich in meinem Leben ändern möchte: meinen Streßpegel, allgemeine Ängste, berufliche Überbelastung, permanenten Geldmangel.
- Machen Sie aus diesen beiden Listen eine Aufstellung mit Entscheidungen, die Ihren Traum zum Mittelpunkt haben, und bewegen Sie sich dann in Richtung Ihres Traums.
- Formulieren Sie diese Entscheidungen positiv. Und sprechen Sie nur von dem, was Sie selbst tun. Andere können Sie zu nichts zwingen. Schreiben Sie zum Beispiel nicht: Ich habe mich entschlossen, nicht mit meinem Sohn zu streiten, sondern schreiben Sie: Ich habe beschlossen, ein Verhältnis des gegenseitigen Respekts mit meinem Sohn zu entwickeln.
- Treffen Sie fünf bis zehn Entscheidungen, mit denen Sie jeden Augenblick arbeiten können.
- Beschäftigen Sie sich mit dem Endergebnis und nicht damit, wie Sie es erreichen werden.

ökologisch Nützliches zu erfinden oder mit Kindern zu arbeiten, werden Sie vielleicht gar keine erhalten. Vielleicht erzählt man Ihnen – oder Sie erzählen es sich selbst –, daß es Zeit wird für Sie, sich damit zufriedenzugeben, einfach jeden Tag zur Arbeit zu gehen wie alle anderen auch.

Wir müssen lernen zu handeln, *als ob* wir unseren Traum verwirklichen könnten. *Als ob* wir haben könnten, was wir uns am meisten wünschen. Sich zu verhalten, als könnten wir es nicht bekommen, hindert uns sogar daran zu erkennen, was wir wirklich wollen. Wir erfinden Ausflüchte. Wir verfolgen Ziele, die unserer Meinung nach praktischer, annehmbarer, weniger beunruhigend sind oder durch die wir unseren Lebensunterhalt verdienen können. Wir haben alle schon solche Kompromisse gemacht, häufig wurde es uns nicht einmal bewußt. Wir haben unsere Ziele zurückgesteckt oder uns völlig von ihnen abgewandt, und nun bleiben uns nur noch diese Alternativen, weil es uns nicht gelingt, uns vorzustellen, daß es für uns noch etwas anderes geben könnte. *Wir haben, was wir für möglich halten, weil das Leben ein ständiger Fluß von Gelegenheiten und Optionen ist und wir nur auf jene reagieren, die in unseren Wahrnehmungsbereich fallen.*

Wir müssen selbst die Verantwortung dafür übernehmen und uns die Wahrheit sagen, wir müssen selbst erkennen, was für Träume wir haben. Damit uns dies gelingt, brauchen wir zuerst einmal die Vorstellung, die Vision, und dann müssen wir bereit sein, die Tiefe unseres Wollens auszuloten und dürfen es nicht verleugnen.

Wollen

Während ich dies schreibe, steigen vor meinem inneren Auge die Gesichter verschiedener Freunde und Freundinnen auf, alle im mittleren Alter, zwischen fünfunddreißig und fünfzig – das des Mannes, der seinen Job verlor; das der Frau, die immer noch Medizin studieren möchte; das einer anderen Frau, die heute noch daran denkt, einen Traum aus der Schulzeit wahrzumachen, der offensichtlich in keiner Beziehung zu ihrem jetzigen Beruf steht. Alle diese Menschen sind mit der Notwendigkeit konfrontiert, sich die Ursache ihres Verlangens genau zu betrachten. Wenn sie diese Leidenschaft in sich zulassen – worauf wird sich ihr Wollen richten und wozu müssen sie sich verpflichten? Unsere Leidenschaft ist die Energie, die uns von

Aktuelle Entscheidungen:

1. Ich beschließe, ein Leben zu leben, in dem sowohl Arbeit als auch Vergnügen ihren Platz haben.
2. Ich beschließe, wenigstens ... Mark im Monat zu verdienen und für ein regelmäßiges Einkommen zu sorgen.
3. Ich beschließe, sinnvolle Arbeit zu tun, die meine Lebensziele fördert.
4. Ich beschließe, einen friedlichen Ort mit Bäumen und Wasser zu finden und dort zu leben.
5. Ich beschließe, einen Monat im Jahr Urlaub zu machen.

Testen Sie Ihre Wunschvorstellungen

- Fragen Sie sich: «Wenn ich dies sofort haben könnte, würde ich es nehmen?»

Das Verlangen zulassen

- Gestehen Sie Ihrem Tagebuch, was Sie am meisten ersehnen.
- Wie fühlt man sich, wenn man diese Wünsche dem Papier anvertraut?
- Stellen Sie sich vor, Sie würden sie anderen gegenüber zugeben: Wovor fürchten Sie sich? Haben Sie Angst, sich lächerlich zu machen?

der Vorstellung zur Verwirklichung bringt. *Solange wir Angst davor haben, unsere Vision zu verwirklichen, werden wir Angst haben, unser Verlangen zuzulassen.*

Aber es gibt einen tröstlichen Gedanken, während wir uns über unsere Wünsche klarwerden: *Wir lassen uns auf keine Vision ein, in uns entsteht kein Verlangen, ohne daß uns nicht auch die Fähigkeit gegeben würde, sie zu verwirklichen.* Wir können über das, was wir wollen, und das, was andere von uns erwarten, verwirrt sein, wir können beschließen, unserem Verlangen nicht nachzugeben, doch dann ist nicht ein Mangel an Fähigkeiten schuld daran: *ungeformtes Talent entspricht ungeformtem Verlangen.* Wir können den richtigen Zeitpunkt verpassen, Angst vor Versagen bzw. Erfolg haben oder davor, durch ein Unglück oder einen Unfall an der Verwirklichung gehindert zu werden – aber das *Können* ist da, wenn das *Wollen* echt ist.

Das Timing ist bei manchen Träumen entscheidend und erfordert manchmal, daß ein Mensch schon in sehr jungen Jahren ein unglaubliches Vertrauen entwickelt. Ein Fünfzigjähriger hat die Chance, ein Wunderkind zu werden, verpaßt. Angst zu versagen veranlaßt uns, schon früh aufzugeben, zu dem Schluß zu kommen, daß, wenn *notwendige* Hindernisse auftreten, wir unseren Traum eben nicht verwirklichen sollen, daß das Universum uns mitteilt, wir seien auf der falschen Fährte, daß wir uns mit dem zufriedengeben sollten, wozu andere – oder wir – uns raten, weil es bequemer und üblicher ist. Wir können Erfolg als eine Bedrohung ansehen und so viel in ein bestimmtes Projekt investieren, daß wir seine Verwirklichung verhindern, um den Kampf nicht aufgeben zu müssen, der zu einer Art Status quo geworden ist.

Ich lehre schon seit langer Zeit die Kunst des Schreibens. Manchmal arbeite ich mit Studenten, die ein natürliches Talent haben, sich auszudrücken, aber für die Schreiben nur ein angenehmer Zeitvertreib ist. Sie haben keine Sehnsucht danach. Ich beneide sie manchmal, wenn mein eigenes Verlangen mich quält. Bei anderen Studenten ist das Schreibtischtalent weniger entwickelt, aber sie besitzen einen viel höheren Grad an Wollen und Entschlossenheit. Sie arbeiten daran, sich zu verbessern, mit jedem Satz, mit jedem Abschnitt. Sie sind nicht zu bremsen. Sie heizen ihr Verlangen an und werden von ihm vorangetrieben. Sie sind in die Notwendigkeit des Schreibens verliebt. Sie stellen sich eine Veröffentlichung vor, sehen die Leser, sehnen sich danach, daß ihre Geschichte erzählt wird, und

Sogar ein Gedanke, sogar eine Möglichkeit kann uns zerschmettern und verwandeln. *Friedrich Nietzsche*

Schreiben Sie über Ihre Vision

- Sehen, hören, schmecken, berühren und riechen Sie Ihre Vision.
- Ändern Sie Ihre Vision, wenn die Ziele deutlicher werden oder sich ändern.
- Hängen Sie sich eine Kopie der Vision an die Wand.
- Lesen Sie sie sich täglich selbst laut vor.
- Lassen Sie Ihre Vision eine sich weiterentwickelnde Realität sein, mit der Sie, während Sie wachsen, eine Wechselbeziehung eingehen.

Die augenblickliche Realität

- Machen Sie eine objektive Liste Ihrer Lebensumstände.

übernehmen die Verantwortung für das von ihnen Geschriebene. Sie mögen Fehlschläge, negative Bescheide, Kritik ebensowenig wie jeder andere, aber sie betrachten diese Dinge als notwendigen Teil des kreativen Prozesses, und das müssen Sie und ich auch tun.

Verlangen, Sehnsucht, Wollen ist nicht nur etwas für Künstler oder Leute, die sich hervortun möchten. Sie sind der notwendige Treibstoff für all unsere Träume. Die meiste Zeit sind es nicht die anderen, die uns an der Verwirklichung unseres Traums hindern, sondern wir selbst, unsere Abneigung, etwas wirklich so heftig zu wollen, oder unsere Unsicherheit darüber, wie wir dieses Verlangen wirkungsvoll in die Realität umsetzen können. Wir müssen unser Wollen auf produktive Weise einsetzen.

Handeln

In einem Seminar, das sich «Die Kunst der schöpferischen Erfüllung» nannte, führten Gerald Allen und ich die Teilnehmer durch die Meditation «Heute in fünf Jahren», die am Ende dieses Buchteils beschrieben wird. Sie arbeitet mit zwei klar definierten Zeit- und Ortskoordinaten: Wo Sie heute sind, und wo Sie in fünf Jahren sein werden. Durch die Meditation entsteht sofort das Gefühl einer Lücke. Diese Lücke wird mit Trittsteinen des Handelns ausgefüllt – wie wir von hier nach dort gelangen. *Wir können alles leidenschaftliche Wollen der Welt haben und doch unseren Traum nicht verwirklichen, wenn wir nicht beschließen zu handeln und sorgfältig zu überlegen, was zu tun ist.*

Zuerst müssen Sie genau erkennen, wo Sie wirklich stehen, ohne sich zu drücken, so daß Sie eine feste Realität haben, von der Sie ausgehen können. Robert Fritz nennt sie die «augenblickliche Realität». Das Tagebuch wird zum Träger sowohl dieser augenblicklichen Realität wie auch des Wunsch-Bildes. Sie können feststellen und vergleichen, wo Sie sind und wohin Sie wollen.

Zweitens ist es notwendig, sich ein Halteseil zwischen diesen beiden Punkten vorzustellen. Es muß gespannt sein, wie ein Hochseil, auf dem Sie gehen könnten. Die Notwendigkeit, Spannung zu schaffen, macht es erforderlich, daß wir zur Spannung ein anderes Verhältnis finden: Hier handelt es sich um *kreative Spannung*. Diese kreative Spannung ist es, die den Weg erzeugt. Wenn wir die Spannung verringern, schweifen wir ab. Wir müssen uns immer wieder entscheiden, bei der Spannung zu bleiben, auf dem Seil zu gehen.

Die augenblickliche Realität ist, daß ich gerade so viel verdiene, daß ich jeden Monat mit dem Geld auskomme.
Die augenblickliche Realität ist, daß ich das Geschäft noch vor Jahresende eröffnen möchte.
Die augenblickliche Realität ist, daß ich nicht weiß, wie ich dieses Ziel erreichen soll.
Die augenblickliche Realität ist, daß ich mich trotzdem dazu verpflichte.

- Machen Sie eine objektive Aussage über die Gefühle, die Sie im Hinblick auf Ihre Lebensumstände haben – ohne ihnen weiter nachzugehen.

Das Tagebuch wird zum Hilfsmittel, um die Spannung neu zu definieren und mit ihr zu arbeiten, sie als unseren Partner anzusehen, nicht als unseren Feind.

Drittens müssen Sie alle Möglichkeiten des Handelns in Betracht ziehen und sich fragen, wie diese mit der Spannung zusammenhängen. Hier ein Beispiel: Die junge Frau, die für uns putzt, leitet seit mehreren Jahren mit Erfolg ein Reinigungsunternehmen. Durch dieses Geschäft war es ihr möglich, aufs College zu gehen, berufliche Erfahrungen zu sammeln, ein sicheres Einkommen zu haben und sich im Leben zu etablieren.

Aber anderer Leute Häuser zu putzen ist nicht ihr Herzenswunsch. Sie möchte einen Laden aufmachen, in dem es grünt und blüht – sie möchte schöne, ungewöhnliche Blumen verkaufen. Sie möchte den Menschen in einer unsicheren Welt Freude bereiten, etwas Ausgefallenes, Romantisches vermitteln. Es soll ein Laden sein, in dem die Leute einkaufen, wenn sie jemand anderem zeigen möchten, wie es ihnen ums Herz ist. Und diese junge Frau sieht sich immer wieder vor neue Entscheidungen gestellt: Die Leute bitten sie, noch ein Haus mehr zu putzen, sie schlagen ihr vor, Blumenverkaufen und Putzen miteinander zu verbinden, sie bieten ihr finanzielle Unterstützungen an für ein geschäftliches Unternehmen, das nicht ihrem Traum entspricht.

Immer und immer wieder muß sie sich entscheiden, ob sie ihren Traum verwirklichen will oder nicht. Gleichzeitig möchte sie weiterlernen und die berufliche Qualifikation erwerben, die ihr die Verwirklichung ihres Traums überhaupt erst ermöglicht. Sie muß Rat annehmen, der wirklich nützlich ist, und ihre Stärken und Schwächen ausbalancieren.

Die Welt paßt sich unseren Träumen nicht an. Wir müssen die Welt nehmen und nutzen, wie sie ist.

Nur wenn wir fest in der Welt verankert sind, können wir sie beeinflussen. Meine junge Freundin hat ein weiches Herz. Sie möchte die Welt durch Blumen lieben. Aber das bleibt ein Luftschloß, solange sie nicht bereit ist, die pragmatische – die geschäftliche, finanzielle – Seite ihres Traums und sich selbst so zu lieben wie die Schönheit.

Erfolg ist ein Verknüpfen von Realität und Vorstellung. Dieses Verknüpfen kann man lernen. Es erfordert, daß wir dem Pragmatischen wie dem Spirituellen Glauben schenken. Wir, die wir Bücher wie dieses lesen, neigen dazu, das Spirituelle auf Kosten des

Die augenblickliche Realität ist, daß ich Angst habe.
Die augenblickliche Realität ist, daß ich wütend bin
auf mich, weil ich Dinge nicht weiß, die ich eigentlich
wissen müßte. Die augenblickliche Realität ist, daß
ich auch sehr aufgeregt bin, weil ich endlich eine
Vision habe, die zu mir paßt.

Kreative Spannung

- Stellen Sie sich im Geist das Gesicht einer kreativen Spannung vor – ein Hochseil, ein gespanntes Gummiband –, und meditieren Sie darüber.
- Führen Sie mit diesem Bild einen Dialog.
- Fragen Sie, was Sie von ihm lernen sollen.
- Was für alte Vorstellungen über Spannung werden Sie aufgeben müssen, um kreativ mit ihm arbeiten zu können?

Pragmatischen höher zu schätzen. Die Welt ist aber kein Entweder-Oder.

Spiritualität ist eine Frage des Gleichgewichts. Wir schaffen ein geistiges *Bild,* wir *wollen* es realisieren, dementsprechend *handeln* wir, und durch diesen Prozeß nehmen wir unseren Platz in der Welt ein und gewinnen unsere Kraft.

Gegensätze annehmen

- Welche Aspekte Ihrer Persönlichkeit, die Sie nutzen müßten, um Ihr Ziel zu erreichen, haben Sie nicht beachtet?
- Warum haben Sie diese Aspekte verleugnet, und wie werden Sie sich mit ihnen aussöhnen?
- Was, glauben Sie, würde passieren, wenn Sie die Gegensätze in sich zu Wort kommen ließen? (Im Fall einer positiven Vorstellung können Sie zum nächsten Kapitel übergehen.)

Austausch

- Beschreiben Sie drei Situationen, in denen Sie jemanden baten, Ihnen Kraft zu geben: Wie hat er darauf reagiert?
- Beschreiben Sie drei Situationen, in denen Sie jemand anderem durch Ihre Antwort Kraft gaben.
- Was gab Ihnen den Mut, das Vertrauen, zu sagen oder zu tun, was Sie sagten oder taten?

Die kleine Stimme des Herzens

- Achten Sie auf Botschaften, die beim Schreiben über andere Dinge aus Ihrem Herzen kommen.
- Bitten Sie diese Stimme um Botschaften, um ein Gespräch.
- Seien Sie ganz still. Lauschen Sie geduldig.
- Danken Sie dieser Stimme, wenn sie zu Ihnen spricht.
- Bitten Sie um Führung.
- Schreiben Sie die Anweisungen Ihres Herzens auf.
- Befolgen Sie diese Anleitungen.

- Wenn Sie sich über Ihre Führung hinwegsetzen, tun Sie dies bewußt. Gehen Sie das Risiko offen und ehrlich ein.
- Geben Sie im Tagebuch zu, wofür Sie sich entschieden haben und warum. Was für ein Wunsch soll in Erfüllung gehen? Was wollen Sie aus dem Ganzen lernen?

Menschen der Kraft werden

Wir sind Licht, das durch ein Prisma fällt. Das Licht ist immer da, aber nur wir können das Prisma sein, das Licht sammeln und filtern. Aus dem Licht des Kosmos machen wir einen Regenbogen mit einem Mund und Armen.

Jarrett Smith

Leben bedeutet Beziehung: Uns wird ständig Kraft gegeben, und wir geben ständig Kraft. Kraft geben heißt, den anderen geben, was sie brauchen. Es ist angenehm zu spüren, daß man etwas Wertvolles zu geben hat. Es ist angenehm, etwas Wertvolles zu bekommen. Dieser Akt des Gebens und Empfangens bedeutet Austausch von Energie und Aufmerksamkeit – ein grundlegendes Lebensbedürfnis.

Sie wissen, wer Ihre Kraftgeber sind – es sind Leute, zu denen Sie gehen, wenn Sie Trost brauchen, eine kleine Aufmunterung, jemanden, der zuhört, jemanden, der Ihnen hilft, die Wahrheit zu erkennen. Sie gehen zu ihnen, wenn Sie jemanden brauchen, der Sie beruhigt und mit Ihnen überlegt, was als nächstes zu tun ist. Sie haben da Ihre Liste, und Sie stehen auf der Liste anderer Leute. «Kraftverteilung» beruht auf Gegenseitigkeit.

Der Austausch von Kraft gibt uns, was wir brauchen – *und nicht mehr!* Wir überschreiten mit dem Kraftgeben keine Grenzen und versuchen nicht, dem anderen abzunehmen, was er selbst tun muß. Kraft geben bedeutet nicht, jemandem die Herausforderungen, denen er sich gegenübersieht, abnehmen, weil wir uns dann edel fühlen und die Macht haben zu «helfen». Kraft geben bedeutet zu sagen und zu tun, was wir in unserem Herzen als richtig erkennen – wir lassen nicht zu, daß nur der Verstand dominiert und den fairen Austausch von Kraft stört. Kraft verteilen bedeutet auch, sich die Bedürfnisse der anderen und ihre Antworten genau anzuhören und sie zu respektieren.

Im Tagebuch wird der Kraftaspekt durch Dialoge verdeutlicht, durch das Niederschreiben der Mitteilungen der kleinen Stimme des Herzens, indem wir darauf achten, was uns gesagt wird, und mit diesen sanften Anleitungen interagieren. Die kleine Stimme ermuntert uns, das zu tun, was wir aus innerer Überzeugung tun sollten. Um mit unserer Kraftquelle verbunden zu bleiben, müssen wir die Richtigkeit des Gesagten anerkennen – durch das, was wir schreiben und durch unsere Reaktionen.

TAGEBUCHEINTRAGUNG

Lieber Larry, ich habe beschlossen zu leben. Nicht, daß ich eine große Wahl hätte, aber ich glaube, ich habe versucht, Dir meine Liebe zu beweisen, indem ich Dir folgte. Ich kann Dich nicht sehen. Ich weiß nicht, was der Tod wirklich ist, doch ich glaube, er ist schon etwas. In diesen letzten Monaten, seit Deinem Tod, war ich mitten im Leben tot – ich fühlte nichts, ich tat nicht viel. Jetzt bin ich dabei, wieder lebendig zu werden – langsam, wie eine Pflanze, die nach einem langen, harten Winter erwacht. Ich entdecke in mir winzige grüne Sprossen, die ich vor dem Frost zu schützen versuche. Bitte, glaube mir, daß ich Dich für den Rest meines Lebens immer lieben werde, auch wenn mein Herz wieder lebendig wird. Werde mein Engel und wache über mich, während ich darum kämpfe weiterzuleben. Und sei, bitte, da, wenn ich ins Licht trete. Deine Dich liebende Frau ...

- Vergessen Sie nicht, in Ihrem Tagebuch die Schreibtechniken anzuwenden, die Sie gelernt haben. Viele von ihnen sind in sich schon eine Kraftübertragung.

Manchmal, wenn wir die Wahrheit nicht sehen wollen und ein anderer sie ausspricht, spüren wir ein heißes Gefühl der Verlegenheit über diese Bloßstellung in uns aufsteigen. Kraft verteilen erfordert die Bereitschaft, sich mit den Dingen auseinanderzusetzen, mit ihnen konfrontiert zu werden, jemandem zu helfen und sich helfen zu lassen, jemanden zu ermutigen und Ermutigungen anzunehmen. Das ist nicht immer ein angenehmer und einfacher Austausch. Aber das Unbehagen dauert nur einen Augenblick.

Ich habe gelernt, dieses heiße Gefühl der Verlegenheit als ein Zeichen dafür anzusehen, daß der andere höchstwahrscheinlich genau ins Schwarze getroffen hat. Die kleine Stimme in meinem Herzen sagt: «Hört, hört, genau das versuche ich dir auch beizubringen!» Und die Stimme meines Trotzes rät: «Achte nicht darauf. Sag ihnen, sie sollen verschwinden und sich um ihre eigenen Angelegenheiten kümmern.» Ich versuche, meinen Mund so lange zu halten, bis ich mir über die Antwort wenigstens in etwa klar bin. Manchmal verdeutlicht ein kurzer Dialog im Tagebuch die Vorgänge.

Ein Kraftaustausch geschieht schnell und mit klarem Kopf. Die Klarheit hat ihre Quelle in der Liebe und im Mitgefühl. Jemandem Kraft zu geben geschieht durch einen Erkenntnisblitz, einen ermutigenden Satz, eine plötzlich aufsteigende Überzeugung, die von innen oder außen kommt. Wir versuchen nicht, die anderen zu veranlassen, etwas auf *unsere* Art zu tun, wir versuchen nur, ihnen zu helfen, die *ihre* zu finden.

Wir geben uns selbst auch Kraft. Es ist der Kreiselkompaß in uns, der wieder und wieder unseren Kurs korrigiert. Die innere Kraft kommt von der kleinen Stimme in unserem eigenen Herzen und von unserer Bereitschaft, Ereignisse positiv zu bewerten und uns immer wieder auf unsere Vision hin auszurichten.

Wenn wir die spirituelle Suche beginnen, laden wir die kreativen Kräfte ein, mit uns zu interagieren und auf unser Leben in einer Weise Einfluß zu nehmen, die wir weder voraussagen noch kontrollieren können. Wir entdecken, daß wir eine Beziehung zur Kraft haben und ein Mensch der Kraft werden müssen, nicht der Ego-Kraft, sondern der spirituellen Kraft.

Spirituelle Kraftübertragung wird in unserem Leben durch die Bereitschaft bezeugt, uns selbst die Wahrheit zu sagen, zuzuhören, wenn uns die Wahrheit gesagt wird, und so liebevoll wie möglich Wahrheit zu verbreiten, wenn wir glauben, vom Herzen aus spre-

Gott ist nicht Ruhe. Gott ist ein ständiges Werden, wird ständig erschaffen. Auch wir sind nicht Ruhe. Wir sind ein ständiges Werden.

Offene Fragen

Bei Ihrer Suche wird es Augenblicke geben, in denen Sie sich überfordert fühlen, als würde zuviel von Ihnen verlangt.

- Warum, glauben Sie, denkt das Transzendente, daß Sie damit fertig werden?
- Was können Sie jetzt, das Sie früher nicht zu können glaubten?
- Wie ist es zu diesem Vertrag mit dem Transzendenten gekommen?

Vertragserneuerung

- Nehmen Sie sich gleich jetzt zehn Minuten Zeit, und setzen Sie einen neuen Vertrag mit dem Leben auf.
- Sehen Sie die Verträge durch, die Sie früher gemacht haben.
- Wie hat sich Ihre Auffassung über den Vertrag im Laufe der Reise geändert?

chen zu müssen. Wenn die Dinge einmal schlimm aussehen, dann ermöglicht uns die Kraft, sie als ein Lebensstadium zu betrachten, das vorüber geht, und nach der nächsten Herausforderung Ausschau zu halten, die uns unserem Traum näherbringt. Wenn wir gegen das, was ist, ankämpfen, zehrt das an unserer Kraft. Sobald wir die Gegebenheiten akzeptieren, erhalten wir Kraft und können überlegen, wie es weitergehen soll.

Kraftübertragung bedeutet, sich auf etwas einstellen; hingeführt werden wir durch Dialoge im Tagebuch, durch Träume und Botschaften in der Meditation, durch bohrende Fragen, die plötzlich auf der Tagebuchseite auftauchen und den abschweifenden Eintragungen einen Mittelpunkt geben. Wir können ständig das Gefühl haben, auf etwas vorbereitet zu werden, und wissen erst viel später, wozu diese Vorbereitungen dienen sollten. Wir suchen über das Tagebuch hinaus nach einem Vorbild persönlicher Kraft, mit dem wir uns wohl fühlen können.

Wir kundschaften immer neues vorbildliches Verhalten aus. Wir möchten erleben, wie sich die besten menschlichen Eigenschaften entfalten, damit wir von ihnen lernen können und auch lernen, wie wir sie in uns finden, wenn wir sie brauchen.

Der Mensch, den wir bewundern, ist ein Spiegel dessen, was wir lernen wollen. Wir prüfen unsere Möglichkeiten am Verhalten der Vorbilder, die wir uns aussuchen. Könnten wir genauso mutig sein? Könnten wir unseren Standpunkt auch so rückhaltlos vertreten? Könnten wir dieses oder jenes Opfer auch bringen? Wie würden wir mit soviel Erfolg umgehen? Wie würden wir Versagen aushalten? Oder eine Tragödie?

Durch das Auswählen und Beobachten von Vorbildern und das Hören auf die Stimme unseres Herzens können wir uns das Verhalten lehren, das wir wünschen. Indem wir jeden Tag, auch bei kleinen Dingen, bewußt das wählen, was unserer Überzeugung nach richtig ist – was immer ein gewisses Risiko in sich birgt –, entwickeln wir jene Qualitäten der Größe, die wir bewundern, und werden selbst zu Vorbildern.

Wenn wir eine Wahl treffen, bedeutet das auch Verlust. Aber wir stellen fest, daß das, was wir verlieren, entweder unwichtig ist oder schon gar nicht mehr exisitiert – Schall und Rauch. Wir erfahren Trauer als Teil der Kraftübertragung, denn sie lehrt uns, mehr und mehr zu erkennen, was tatsächlich belanglos und was für alle unsere Entscheidungen wesentlich ist. Als ein Künstler gefragt wurde, was

In vieler Hinsicht ist Beständigkeit eine Illusion . . .
Bei jeder Situation im Leben tut man wohl daran zu fragen,
ob es ein guter Ort zum Weitergehen ist oder ein guter Ort
zum Bleiben.

- Was wollen Sie vom Transzendenten?
- Was will das Transzendente Ihrer Meinung nach von Ihnen?

Ihre Führer

- Nennen Sie Menschen, die Ihre Führer sind.
- Nennen Sie Traumgestalten, die Ihre Führer sind.
- Nennen Sie Figuren aus Literatur und Film und Ihrer Phantasie, die Ihre Führer sind.
- Führen Sie einen Dialog mit ihnen. Unterhalten Sie sich mit ihnen über Kraft: Wie sie mit der Kraft umgehen, wie sie Ihnen raten, mit der Kraft umzugehen.

Ich lebe mein Leben in wachsenden Ringen,
die sich über die Dinge ziehn.
. . . Ich kreise um Gott, um den uralten Turm,
und ich kreise jahrtausendelang;
und ich weiß noch nicht: bin ich ein Falke, ein Sturm oder
ein großer Gesang. *Rainer Maria Rilke*

er aus seinem Haus retten würde, wenn ein Feuer ausbräche, antwortete er: «Das Feuer.»

Wenn wir das tun, was wir zutiefst als richtig erkennen, werden wir durch die Reaktionen der Menschen in unserer Umgebung belohnt, denen die Richtigkeit unseres Handelns sofort klar ist. Wir sind eins mit jenen, die mit dem Herzen wahrnehmen. Wir unterwerfen uns der Allmacht des universellen Herzens.

Je weiter wir uns bei unserer Suche vorwagen, desto mehr spirituelle Kraft ist uns zugänglich und desto zugänglicher sind wir dafür, daß die Kraft durch uns wirkt. *Indem wir auswählen, werden auch wir gewählt.*

Ein Mensch der Kraft zu werden heißt, ein Mensch des Glaubens zu werden, heißt, das Herz dem Kopf vorzuziehen und es als den großen Empfänger und Übermittler von rechter Erkenntnis, rechtem Denken und rechtem Handeln erfahren. Ein Mensch der Kraft zu werden bedeutet zu lauschen, ehe wir handeln, bedeutet, dem Heiligen zu folgen und uns von ihr leiten zu lassen.

Denn es stellt sich heraus, daß die kleine Stimme die Stimme des Transzendenten ist, und wenn wir den Umgang mit der Kraft üben, lassen wir die kleine Stimme zur großen Stimme werden, lassen wir sie die Führung übernehmen und uns von innen heraus nach Hause geleiten.

Meditation: Heute in fünf Jahren

Wenn Sie diese Meditation oder eine andere aus diesem Buch verwenden wollen, suchen Sie sich einen ruhigen Ort, an dem Sie für etwa zwanzig Minuten ungestört sind. Bitten Sie jemanden, den Meditationstext vorzulesen, oder sprechen Sie ihn auf eine Kassette, die Sie dann abspielen. Die Auslassungspunkte markieren eine wichtige Pause – Stille innerhalb des Textes. Pausieren Sie so lange, wie es Ihnen gefällt. Fünf bis zehn Sekunden können beim Meditieren eine lange Zeit sein. Die doppelte Zahl an Auslassungspunkten heißt: noch längere Stille.

Schließen Sie die Augen, und entspannen Sie ihren Körper ... Nehmen Sie sich so viel Zeit, wie Sie brauchen, damit Sie sich wohl fühlen ... Bewegen Sie die Muskeln ... Strecken und entspannen Sie sich ... Überprüfen Sie, ob Ihr Rücken und Ihr Nacken gerade und in einer Linie sind ... und Sie sich nicht verspannen. Es ist keine Verspannung da ... nur ein angenehmes Gefühl, eine beginnende Ruhe ... Nichts eilt mehr ... Es gibt nichts mehr zu tun ... oder zu denken ... entspannen Sie sich einfach.

Achten Sie auf Ihren Atem ... Lassen Sie ihn tief in Ihren Körper ein ... Lassen Sie Ihren Atem in sich einströmen wie weiche, schwere Wolken, die Sie mit Stille erfüllen ... Atmen Sie langsam ein ... tief ... Atmen Sie langsam ... und tief aus. Lassen Sie Ihren Atem einsinken und wieder ausströmen ... Ihr Atem ist der Rhythmus der Ruhe ... Folgen Sie Ihrem Atem ... Atmen Sie unwichtige Gedanken aus ... Atmen Sie Stille ein ...

Gehen Sie in Ihrer Vorstellung in ein Zimmer, das angenehm und ruhig ist ... Setzen Sie sich in einen Lieblingssessel oder auf ein großes Kissen ... Wenn Sie bereit sind, ziehen Sie vor sich eine weiße Leinwand herunter ... Sie werden jetzt ein Bild Ihres Lebens in fünf Jahren «zeichnen» ... Sie wollen sehen, was aus Ihren Träumen geworden ist ... aus Ihren Zielen ... Ihrer Kraft ... was aus ihnen nach fünf Jahren geworden ist ... Sie sehen die Zukunft, die Sie erschaffen wollen ...

Zuerst blicken Sie in einen Spiegel und betrachten sich selbst ... Wie sehen Sie aus ... Was haben Sie an ... Wie hat sich Ihr Aussehen in den letzten fünf Jahren verändert ...

Jetzt blicken Sie sich um ... An was für einem Ort sind Sie ... Was für eine Umgebung haben Sie für sich geschaffen... Gehen Sie durch diesen Raum... Lassen Sie sich Zeit... Achten Sie auf die Farben, Geräusche, Gerüche, Materialien Ihrer Umgebung... Wer ist dort bei Ihnen... Finden Sie Ihren Arbeitsraum... Wie sieht er aus...

Was arbeiten Sie... heute in fünf Jahren... Was ist mit Ihren Träumen und Plänen passiert...

Das Telefon klingelt. Der Anruf ist für Sie... Wer ist es, und was will der Anrufer...

Ein Reporter erscheint und möchte Sie interviewen. Der Reporter stellt die folgenden Fragen. Was antworten Sie?

- Was ist Ihr größter Erfolg oder Ihre größte Leistung?
- Was war die größte Krise, die Sie durchgemacht haben, um hierherzukommen?
- Welches war der beste Rat, der Ihnen jemals gegeben wurde?
- Welches war der beste Rat, den Sie jemals jemandem gegeben haben?
- Was ist im Augenblick das Aufregendste in Ihrem Leben?
- Welche Rolle hat Ihre spirituelle Reise dabei gespielt, das zu werden, was Sie sind, und das zu erreichen, was Sie erreicht haben?
- Wie sehen Ihre nächsten Ziele und Pläne aus?

Wenn das Gespräch mit dem Reporter zu Ende ist, gehen Sie noch einmal durch den Raum. Wählen Sie eine Sache aus, die Sie mit zurückbringen möchten, ein Symbol, das Sie in den nächsten fünf Jahren führen wird...

Wenn Sie bereit sind, kehren Sie in das Zimmer mit der Filmleinwand zurück... Folgen Sie Ihrem Atem zurück in dieses Zimmer... Tauchen Sie aus der Stille Ihres Körpers auf... Es eilt nicht... Strecken Sie sich... Öffnen Sie die Augen...

Nehmen Sie sich etwas Zeit, um das zu zeichnen oder zu notieren, was Sie von dieser Begegnung festhalten wollen.

VI. Unterwegs in der Welt

Die Rückkehr

Die vollständige Reise endet immer mit einer Rückkehr, einem Nachhausekommen in die gewöhnliche Welt der konventionellen Wirklichkeit, die wir hinter uns gelassen hatten. Diese Welt ist verwandelt worden – falls unsere Reise erfolgreich war –, in eine neue Welt, die wir mit anderen Augen sehen. Das Ende der Reise ist der Beginn einer neuen, kraftvollen Art zu leben.

Ralph Metzner

Wenn wir sagen, daß wir zurückkehren, heißt das zugleich, daß wir irgendwo gewesen sind. In jedem Leben gibt es Zeiten, wo die Reise uns aus der Routine unseres Alltags reißt. Wir können uns bewußt zurückgezogen haben, wie jener Freund, der um die Welt segelt, oder die Umstände zwangen uns dazu, wie jene Freundin, die über den Verlust ihres Mannes hinwegkommen mußte. Aus welchen Gründen auch immer – die Reise hat den Hauptteil unserer Zeit und unseres Interesses beansprucht. Vielleicht kehren wir von einem langen Forschungsaufenthalt zurück, vom Schreiben einer Doktor-

Neue Fragen

- Wer sind Sie heute? Nicht mehr der, der Sie einmal glaubten zu sein?
- Wie hat die Reise Sie verändert?
- Welche Dinge aus Ihrem alten Leben kommen mit Ihnen?
- Was müssen Sie zurücklassen?

Biographien – nicht länger als eine Seite

- Schreiben Sie Biographien (nur eine Seite lang) über Ihre Reise: Es war einmal ein Pilger, der . . .
- Schreiben Sie in der dritten Person – es hilft, die richtige Perspektive zu finden, und setzt Kreativität frei.
- Lassen Sie zu, daß Elemente Ihrer Geschichte zu Symbolen, zu Bildern werden.
- Schreiben Sie mindestens zwölf solche Biographien, ehe Sie auch nur eine davon wieder lesen.
- Wenn Sie sie dann durchgehen, welche Themen und Erkenntnisse tauchen auf?

TAGEBUCHEINTRAGUNG

Ich bin nicht mehr länger von meinem spirituellen Leben getrennt, aber dafür bin ich von fast allem anderen getrennt. Freunde rufen an: Ich weiß nicht, was ich ihnen sagen soll. Ich möchte nicht mehr auf die alte Art und Weise Kontakte pflegen, und doch sehne ich mich nach Gesellschaft. Vieles ist noch nicht ganz klar. Ich sehe nicht einmal mehr so aus wie früher. Mein Gesicht ist noch dasselbe, aber da ist ein Ausdruck, der mir nicht vertraut ist. Ich fühle mich einsamer denn je. Keiner kennt mich: Selbst ich kenne mich nicht mehr. War es tatsächlich das, was ich wollte?

arbeit, einem Jahr der Schwangerschaft und der Freude darüber, ein Kind zu haben, von einer langen Krankheit oder der Pflege eines kranken Menschen, von der Bewältigung eines Verlusts oder sogar aus der glücklichen Abgehobenheit einer neuen Liebe. Auf jeden Fall sind wir nicht mehr die, die wir waren, und wir sind nicht mehr dort, wo wir waren, als wir die Suche begannen.

Während wir uns dem Moment der Rückkehr nähern, fängt die Welt an, mit aller Macht auf uns einzustürmen. Bereit oder nicht – wir werden mit neuen Aufgaben konfrontiert. Wir werden in den großen Strom des Lebens zurückgeworfen und dazu herausgefordert, das, was wir während unserer Einkehr gelernt haben, in die belebtesten Ecken unseres Alltags zu tragen.

Wenn wir das Stadium der Rückkehr erreichen, werden die Verwandlung, die wir erfahren haben, und die Folgen dieser Verwandlung real. Wir haben uns einer Umstrukturierung unseres Glaubenssystems, unseres Selbstbildes und unseres Lebenszieles unterzogen. Die äußeren Umstände unseres Alltags mögen immer noch relativ unverändert erscheinen, aber innerlich haben ungeheure Veränderungen stattgefunden. Vielleicht sind wir noch nicht bereit oder fähig, alle diese Veränderungen täglich deutlich zu zeigen. Wir wollen unsere Ruhe haben, während wir uns darin üben, die Welt aus der Perspektive eines neuen Selbst zu betrachten.

Es ist, als wären wir Rip van Winkle. Wir sind uns selbst ein Rätsel. Wir laufen in der Küche umher und murmeln: «Wie bin ich hierhergekommen? Wessen Hand ist das? Wessen Gesicht?» Sie betrachten sich in einem Spiegel und entdecken, daß Ihnen eine Fremde, die Ihnen vertraut erscheint, daraus entgegenblickt.

Dies kann eine äußerst verwirrende Zeit sein, sogar noch verwirrender als andere Abschnitte Ihrer Reise. Denn wir haben unterwegs die Fähigkeit verloren, verständlich über Erfahrungen zu sprechen, weil wir, als wir aufbrachen, überhaupt nicht ahnten, was die Reise bedeuten, bewirken und wo sie uns hinführen würde. Gerade deswegen ist die Rückkehr notwendigerweise eine Zeit des gründlichen inneren Ordnens. Kein anderer Mensch kann die Verwirrung abschätzen oder verstehen. Sie sagen Adieu und Hallo und koppeln Ihr Selbst wieder an Ihr Leben an, um festzustellen, was noch zusammenpaßt. Ihr Tagebuch mag der einzige Vertraute sein, den Sie jetzt haben.

In der Zeit der Rückkehr zu schreiben hilft uns, die Orientierung wiederzufinden, aber seien Sie nicht entmutigt, wenn Ihre Eintra-

Der Familie die Rückkehr erklären

Wenn Sie einen Partner haben, kann die Rückkehr eine unmerkliche Veränderung bedeuten.

- Bleiben Sie in Verbindung.
- Stellen Sie Leitlinien auf:
  Was möchten Sie erklären?
  Welche Reaktion erwarten Sie?
  Um welche Art von Unterstützung bitten Sie?
- Lesen Sie einige Ihrer letzten Eintragungen, ehe Sie mit Ihrem Partner sprechen, um sich so klar und deutlich wie möglich auszudrücken.
- Fassen Sie sich kurz.
- Wählen Sie sorgfältig den richtigen Augenblick, wenn Sie beide gemeinsam genug Zeit und Energie haben.

Dialoge der Rückkehr

- Schreiben Sie Dialoge zwischen der Person, die Sie waren, als Sie die Suche begannen, und der Person, die Sie jetzt sind.
- Schreiben Sie Dialoge zwischen Ihren alten Überzeugungen und Ihren neuen.
- Schreiben Sie Dialoge zwischen Ihrem Ego und Ihrem Seelen-Ich.
- Achten Sie auf Dinge, die noch so sind wie früher.
- Bauen Sie Brücken, die Ihnen helfen, die Reise über eine gewisse Zeitspanne hinweg zu sehen. Andere Perspektiven können nicht erzwungen werden, aber man kann Anregungen dazu geben.

gungen vage und verschwommen sind, voll großer Worte, die endlich das zu schildern scheinen, was mit Ihnen geschieht, während Sie schreiben, und beim nächsten Mal, wenn Sie das Tagebuch aufschlagen, wie bedeutungsloses Geschwätz wirken. Die Rückkehr konfrontiert uns mit einer zweiten Suche: mit der Suche nach Worten, um unsere Erfahrung zu formulieren.

Das ist ein ganz normaler Teil der Reise. Die alte Vorstellung vom Selbst ist zerbrochen, und eine neue nimmt ihren Platz ein, über die man schlechter reden und von der man wenig erzählen kann: *Sie werden sich Ihrer Seele bewußt.* Und genau das ist notwendig, denn Ihr Leben hat sich geändert, und nur Ihre Seele kann auf die Möglichkeiten, die die Reise in Ihnen geschaffen hat, angemessen reagieren.

Die Rückkehr konfrontiert uns mit der Notwendigkeit, eine Reihe von Dingen in unserem Leben neu einzuschätzen: Das reicht von der Art zu leben über zwischenmenschliche Beziehungen bis hin zur Richtung, die man seinem Leben nun gibt. Ich brachte eine Menge Kleider in den Secondhandladen, weil ich die Farben nicht mehr ertrug. Ich änderte meine Frisur und meine Eßgewohnheiten. Ich änderte meine Meditation. Ich sagte mich von ein paar alten Freundschaften völlig los und stellte fest, daß ich nicht recht wußte, wie ich neue finden sollte. Es gab Lücken in meinem Leben, Dinge, die während der Zeit, da ich «weggewesen» war, verschwunden waren, und ich entdeckte Einzelheiten, von denen ich nicht wußte, wie sie in mein Leben gekommen waren.

Niemand scheint sich ganz sicher zu sein, was diesen Moment der Rückkehr ausmacht, nur, daß wir ihn irgendwann ganz plötzlich erreichen. Wir können nicht für immer am tiefsten Punkt der Reise bleiben. Wir sind dazu bestimmt, eines Tages aufzuwachen und festzustellen, daß wir in die Alltäglichkeit der Dinge zurückgestoßen worden sind.

Glücklicherweise haben wir als Tagebuchschreiber, gewohnt, auf dem Papier vor uns hin zu denken, mit unserem Schreiben eine Art Rettungsleine, die uns die Ruhe bewahren hilft.

Was wir brauchen, ist eine Geschichte – eine neue Geschichte, die von unserer spirituellen Erfahrung und unserem Leben handelt. Viele Bücher über spirituelle Reisen sprechen von diesem Moment der Rückkehr, aber nur wenige verwenden dabei etwas anderes als Bilder und Symbole: «Man sieht die Welt mit neuen Augen», «Man steigt vom Berggipfel hinab ins Tal», «Man betritt wieder die Stadt des Lebens». Wir scheinen unfähig, zumindest am Anfang, offen die

Bejahung der Rückkehr

Sprechen Sie folgende Affirmation: Ich habe beschlossen, in der Welt und gleichzeitig bei meiner geistigen Arbeit Erfolg zu haben.

- Was bedeutet das für Sie?
- Was würden Sie tun, um diese Affirmation täglich in Ihrem Leben umzusetzen?
- Was würde sich im Hinblick auf Ihre Arbeit verändern?
- Was würde sich zu Hause verändern?
- Was würde sich in Ihrem Geist verändern?

Nachdem man den Gipfel erreicht hat, nachdem man eine völlige Verwandlung seines Seins erfahren hat . . . ist noch ein weiterer Schritt bis zur Vollendung der Reise zu tun: Man muß ins Tal unten zurückkehren, in die Alltagswelt. Wer jetzt zurückkehrt, ist nicht mehr der, der ursprünglich den Aufstieg begann. Das Wesen, das zurückkehrt, ist Stille, ist Mitgefühl und Weisheit, ist die Wahrheit aller Zeitalter. Ob es eine bescheidene oder gehobene Position in der Gemeinschaft innehat – dieses Wesen wird zu einem Licht für die anderen, die unterwegs sind, ein Träger der Freiheit, die durch das Erreichen des Berggipfels entsteht.

Ram Dass

Wahrheit zu sagen. Zuerst sind wir zu nahe daran, um zu erkennen, um was es geht, und wenn wir zu verstehen beginnen, klingt es absurd, selbst in unseren eigenen Ohren. Und außerdem ist da noch die nicht unwichtige Frage der Glaubwürdigkeit. Leute, die vom Berggipfel kommen und der wartenden Gemeinde erzählen, sie hätten ein wunderbares Gespräch mit Gott gehabt, werden nicht immer freundlich empfangen. Wir müssen aber über unsere Erfahrung sprechen, und die Rückkehr ist der Punkt, an dem wir lernen, *wie* wir das tun sollen. Deshalb üben wir uns im Erzählen der Geschichte unserer Reise. Zuerst schildern wir Einzelheiten mit eigenen Bildern und Symbolen und lernen so allmählich jene Sprache der Verwandlung, mit der wir uns mitteilen wollen.

Und das ist es, worum es bei der Rückkehr schließlich geht – es geht darum, sich mitzuteilen. Jene, die bis zur Grenze der Erfahrung reisen, sind verpflichtet, mit Weisheit, Führungsqualität und Tatkraft in die Gemeinschaft zurückzukehren.

Unsere Kultur ist auf dem «besten» Wege, den Planeten zu zerstören. Die Menschen verlangen dringend nach Führung, und Sie und ich gehören dazu. Dies ist nicht mehr die Zeit des einzelnen Helden, der für uns Not und Bedrängnis auf sich nimmt – dies ist die Zeit, da der normale Mensch die Reise unternimmt, die Verpflichtung eingeht, zurückzukehren und ein Mensch der Kraft zu werden.

Freundschaftliche Bestandsaufnahme

- Definieren Sie schriftlich das Wort *Freund.*
- Nennen Sie alle Ihre augenblicklichen Freunde.
- Schreiben Sie eine kurze Geschichte Ihrer Freundschaften und wie sie sich entwickelt haben.
- Warum sind Sie immer noch befreundet?
- Was geben Ihnen diese Freundschaften?
- Was geben Sie?
- Möchten Sie bei einer (oder allen) dieser Freundschaften etwas verändern?
- Was scheint (wenn überhaupt) bei Ihren Freundschaften zu fehlen?
- Wonach suchen Sie?

... Freuen Sie sich Ihres Wachstums, in das Sie ja niemanden mitnehmen können, und seien Sie gut gegen die, welche zurückbleiben, und seien Sie sicher und ruhig vor ihnen und quälen Sie sie nicht mit Ihren Zweifeln und erschrecken Sie sie nicht mit Ihrer Zuversicht oder Freude ...

Rainer Maria Rilke

Familiäre Bestandsaufnahme

- Definieren Sie das Wort *Familie.*
- Wer gehört laut Ihrer Definition wirklich zu Ihrer Familie?
- Wie können Sie dazu beitragen, daß Ihre Familie auf Ihre spirituellen Reisen eingeht?
- Welchen familiären Verpflichtungen wollen Sie in dieser Phase Ihres Lebens nachkommen?
- Was für Dinge erhalten Sie von Ihrer Familie? Was für Dinge geben Sie ihr?

Grundverträge

- Was möchten Sie in Ihre Beziehungen, die alten und die neuen, einbringen?
- Was sollen andere einbringen?

Die richtigen Menschen finden

Das Leben hat uns gelehrt, daß Liebe nicht darin besteht, sich anzusehen, sondern gemeinsam in die gleiche Richtung zu blicken. Es gibt keine Kameradschaft, außer durch die Vereinigung in dem gleichen hohen Bemühen.

Antoine de Saint-Exupéry

Bei der spirituellen Suche verlieren wir eine Menge Menschen, und wir finden eine Menge Menschen. Mit Hilfe der Anleitungen im Kapitel über das Vergeben haben wir, so bewußt wir konnten, das Abschiednehmen geübt. Und wie wir normalerweise kein Abschiedsritual kennen, haben wir auch kein Begrüßungsritual. Man hat uns nicht gelehrt, Freundschaften auf der Grundlage eines klaren Vertrags zu schließen. Allgemein glaubt man, daß gute Freundschaften einfach passieren. Gute Geschäftsbeziehungen, Partnerschaften, Mitgliedschaften in Komitees sollen sich spontan entwickeln. Dabei liegt allen Beziehungen implizit ein Vertrag zugrunde, ja, eine ganze Reihe von Verträgen. Wenn wir nach Menschen suchen, die in unserem Leben nach der Rückkehr zu bedeutsamen Begleitern werden sollen, müssen wir diesen Vertrag bewußt machen und festhalten.

Die richtigen Leute zu finden bedeutet, sich im Tagebuch darüber klarzuwerden, nach was man sucht, und sich dann gezielt umzuschauen, um andere lebendige, atmende, sich entwickelnde menschliche Wesen zu finden, die daran interessiert sind, in eine ähnliche Richtung zu reisen.

Im frühen Stadium meiner Rückkehr hatte ich monatelang das Gefühl, alle meine bisherigen Erfahrungen mit anderen Menschen seien nicht mehr gültig. Nur eine vertraute Freundin aus den Tagen, da wir uns gegenseitig in Krisen unterstützten, war noch übrig. Ich arbeitete mit Studenten und hielt die nötige Verbindung zu Berufskollegen. Mochte ich in den Augen der anderen aussehen wie immer, so fühlte ich mich doch nicht so. Ich kam mir vor wie in einem fremden Land, dessen gesellschaftlichen Gepflogenheiten ich automatisch entsprach, obwohl ich meine Reaktionen innerlich nicht verstand. Es war nicht sehr angenehm, aber es ließ mir Zeit nachzudenken. Ich denke immer noch nach.

Ich beschloß, die Beziehungen, die aus jenen anderen Abschnitten meines Lebens überlebt hatten, aufrechtzuerhalten, aber bei neuen Beziehungen nicht die alten Methoden des Kennenlernens anzuwen-

Du sollst vollkommen du sein, laß mich vollkommen ich sein: Jeder auf einzigartige Weise fehlerhaft, und doch gemeinsam. Und zusammen können wir entdecken, was es bedeutet, ein Mensch zu sein, und wozu zwei Menschen gemeinsam fähig sind.

- Nach wem suchen Sie?

Ich brauche zwei neue Menschen in meinem Leben: eine Freizeit-Partnerin und einen Ratgeber. Ich möchte jemanden finden, der einen gesunden Sinn fürs Vergnügen hat, mit dem ich die unbeschwerten Seiten meines Lebens genießen kann. Und ich möchte jemanden finden, der meine beruflichen Probleme versteht und mir helfen kann, ein paar weise Entscheidungen im Hinblick auf meine Karriere zu treffen.

- Wo sind die Leute, die Sie suchen?

Um ein nettes Mädchen zu finden, werde ich in einen Tanzkurs gehen, ein paar Abendseminare belegen, die kein zu ernstes Thema haben, und im Kreise anderer – zum Beispiel auf Partys – sagen, was mir Spaß macht, und abwarten, ob irgend jemand darauf reagiert.
Um einen Ratgeber zu finden, werde ich mich in der Branche umhorchen und Informationstreffen der Organisationen besuchen, denen ich vielleicht gern beitreten würde.

den. Ich konnte mich auch gar nicht mehr erinnern, wie meine älteste Freundin und ich überhaupt zu Freundinnen geworden waren. Ich konnte mich nicht erinnern, wie ich auf dem College Freunde gefunden hatte. Aber ich wußte auch noch nicht, was für neue Formen des Kennenlernens richtig waren.

Ich bin mit diesem gesellschaftlichen Problem nicht allein. Viele Leute tauchen aus ihrer Selbstprüfung mit dem Wunsch wieder auf, andere Arten von Beziehungen anzuknüpfen, und sind sich nicht sicher, wie sie auf der Basis von Autonomie und spiritueller Reise Verbindungen zu anderen Menschen finden sollen. Wir werden neue Arten des Kennenlernens erfinden müssen und neue Gewohnheiten, um Beziehungen aufrechtzuerhalten, die uns stützen, wohin wir auch gehen.

Um wieder gesellschaftlich Fuß zu fassen, machte ich eine Aufstellung der Dinge, die ich in eine neue Beziehung einbringen wollte. In meinem Tagebuch schrieb ich so lange darüber, bis mir meine Verpflichtungen klar waren.

1. Ich will bestimmte Grenzen wahren. Ich will die Grenzen anderer erkennen und anerkennen.
2. Ich werde die Verantwortung für meine eigene Reise übernehmen, für meine eigenen Probleme, und sowohl Entschuldigungen ohne großes Aufheben akzeptieren als auch Fehler wiedergutmachen.
3. Ich biete Mitgefühl und Unterstützung und nehme sie auch an, ohne zu versuchen, etwas zu verbessern, zu arrangieren, zu lösen oder zu kritisieren.
4. Ich übernehme die Verantwortung für meine eigene Energie und wie ich sie interpretiere. Ich werde meine Energie nicht manipulieren oder etwas ungeprüft akzeptieren.
5. Ich bin nur an gleichwertigen Beziehungen interessiert, wo jeder Kraft gibt und nimmt. Beide sind wir jeweils Lehrer des anderen: beide lernen.

Die Aufstellung ist sehr persönlich. Sie können in Ihrem Tagebuch eine andere machen, die auf Sie zugeschnitten ist und das auflistet, was Sie anzubieten haben. Sie werden dadurch weder zu einem perfekten menschlichen Wesen, noch werden Sie dadurch perfekte menschliche Wesen finden – zumindest war das bei mir nicht der Fall. Aber alles in allem glaube ich, daß Offenheit hilft. Sie bringt

- Wie wollen Sie sich kennenlernen?

Mit meiner potentiellen Partnerin kann ich, glaube ich, sofort einen offenen und fröhlichen Vertrag machen . . . Möchtest du mit mir Kanufahren? Möchtest du Rollschuhlaufen gehen? Wir werden unsere Claims sicherlich sehr leicht abstecken können.
Meinem eventuellen Ratgeber möchte ich zwar auch offen, aber zurückhaltender, gelassener begegnen. Ich muß klarmachen, welche Art von Berater ich suche, und was ich bereit bin, dafür von mir zu geben. Ich muß darüber noch mehr schreiben, während ich weitersuche. Ich glaube, wenn ich mich länger mit der Sache beschäftige, werde ich klarer sehen.

- Und was unternehmen Sie dann?

Mit meiner Partnerin in spe treffe ich eine Verabredung, damit wir sehen, wie wir in der Praxis miteinander auskommen.
Mit meinem möglichen Ratgeber möchte ich mich einmal im Monat treffen, vielleicht zum Mittagessen – ich lade ihn ein –, und ansonsten telefonieren können, so oft wie es für uns beide angenehm bzw. geschäftlich erforderlich ist. Dann können wir sehen, wie die Entwicklung weitergeht. Ich möchte jeden Schritt genau besprechen, damit wir beide das Gefühl haben, daß es uns etwas bringt.

unsere Welt der zwischenmenschlichen Beziehungen wieder ins Gleichgewicht. An diesem Punkt unserer Reise gibt es keine Führer mehr. Es gibt nur noch Lehrer, denen wir ebenbürtig sind. Wir haben die Befehlsgewalt übernommen, indem wir auf unsere innere Stimme hören, und diese Stimme muß uns von nun an auch in unserem gesellschaftlichen Leben leiten.

Direktheit ist auch eine Möglichkeit, Beziehungen, die ihre Grenzen haben, richtig zu sehen und zu akzeptieren.

Meine achtundneunzig Jahre alte Großmutter zum Beispiel ist stolz darauf, daß ich Bücher schreibe, auch wenn sie nicht daran interessiert ist, sie zu lesen. Das genügt uns beiden. Wir haben längst die Zuneigung, die zwischen uns besteht, verstanden, und ich zumindest sehe auch deren Grenzen. Wir haben eine Beziehung, die das, was wir sind, respektiert.

Die Lebensumstände sind bei jedem von uns anders. Die folgenden Fragen und die Übungen auf den gegenüberliegenden Seiten ermöglichen es uns, unser Leben zu betrachten und festzustellen, wonach wir suchen.

1. Wen suchen Sie?

Dies ist eine Chance, sich zu fragen, wer in Ihrem Leben fehlt und was für Qualitäten der/die Betreffende haben sollte. Vielleicht schätzen Sie Vertrauenswürdigkeit mehr als jede andere Eigenschaft. Großartig. Was heißt das? Wie werden Sie sie erkennen? Welche Art von Vertrauenswürdigkeit haben Sie selbst zu bieten?

2. Wo könnten Sie die Menschen finden, die Sie suchen?

Ist Ihnen einmal klar, wen und was Sie suchen und was Sie selbst anzubieten haben – wo könnten diese Menschen zu finden sein? Wenn Sie es nicht wissen, fangen Sie an, sich zu erkundigen. Es gibt gemeinnützige Organisationen, Sozialdienste, Interessengruppen, Gemeindebüros – werden Sie aktiv, und reden Sie mit den Leuten. Fragen Sie sie, wo sie ihre Unterstützung herbekommen. Fragen Sie sie, wie sie ihre eigene Gemeinschaft fanden. Lesen Sie in Kapitel eins die Richtlinien über das Gründen einer Tagebuchgruppe nach.

- Wie werden Sie sich gegenseitig in Ihren Träumen unterstützen?
  Der Zweck einer lockeren Partnerschaft ist, etwas gemeinsam zu unternehmen und glücklich zu sein – gleichgültig, was sonst noch los ist –, alle Sorgen hinter sich zu lassen und für eine Weile Spaß zu haben. Es sollte nicht schwierig sein, uns dabei gegenseitig zu unterstützen, und ich habe nichts dagegen, wenn wir so gute Freunde werden, daß wir auch über ernsthaftere Dinge reden.
  Der Sinn von Beratungen ist, die Fachkenntnisse, die sich jemand erworben hat, anzuerkennen und weise zu nutzen. Ich kann die Träume meines Ratgebers dadurch unterstützen, daß ich seine Fähigkeiten anerkenne und mich mit ihm über seine oder ihre nächsten Pläne unterhalte, wie auch dadurch, daß ich mir auf ehrliche Weise von ihnen helfen lasse.

Eine Gemeinschaft finden

- Definieren Sie den Begriff *Gemeinschaft.*
- Was stellen Sie sich unter einer spirituellen Gemeinschaft vor?
- Machen Sie sich im Geiste ein Bild von einer solchen Gemeinschaft, und schreiben Sie darüber.
- Was tun Sie zusammen mit anderen? Was haben Sie anderen zu geben? Welche Sorgen, Überzeugungen, Taten verbinden und motivieren Sie und die anderen?
- Was für verschiedene Leute möchten Sie in Ihrer Gemeinschaft haben?
- Wo gibt es in Ihrem Leben schon Gemeinschaftlichkeit? Was können Sie weiter dazu beitragen?

3. Wie werden Sie sich mit ihnen bekannt machen?

Wenn Sie Ihre Leute gefunden haben, werden Sie sich überlegen müssen, was Sie nach der Begrüßung zu ihnen sagen. Sie müssen sie prüfen, und Sie müssen ihnen die Gelegenheit geben, Sie zu prüfen. Sie kommen zuerst – Sie sind diejenige, die mit dem Tagebuch gearbeitet hat, die die Liste aufgestellt hat. Wenn man auf Ihre *sanfte* Direktheit positiv reagiert, dann machen Sie beide den nächsten Schritt und tun, was der Situation angemessen ist.

4. Wenn Sie feststellen, daß sie einander gesucht haben – was dann?

Eine Beziehung entsteht durch gemeinsames Tun. Wir haben Freunde, mit denen wir reden, Freunde, mit denen wir das Kino besuchen, Freunde, mit denen wir für wichtige Dinge demonstrieren gehen, Freunde, mit denen wir meditieren usw. Mit manchen Freunden unternehmen wir viele verschiedene Dinge, mit anderen verbindet uns vielleicht nur ein einziges gemeinsames Interesse. Wir machen nicht nur einen Vertrag über bestimmte Eigenschaften, sondern auch über Unternehmungen und darüber, wie die Zeit zusammen verbracht, welche Ebene der Vertraulichkeit erwartet wird.

5. Wie werden Sie sich gegenseitig in Ihren Träumen und Zielen unterstützen?

In welcher Weise sich unsere Beziehungen auch entwickeln, wir müssen uns gegenseitig in unseren Träumen unterstützen, auf eine Art, die zur jeweiligen Situation paßt. Ich spiele mit ein paar Freunden Squash, und fast alles, was wir voneinander wissen, hat mit dem Spiel zu tun, aber wir bestärken uns gegenseitig in dem Bestreben, immer besser zu spielen. Es gibt auch Freunde, mit deren Leben ich sehr vertraut bin, und die Unterstützung, die wir einander geben, spiegelt diese Ebene der Vertrautheit wider.

In anderen Lebensformen denken

- Wenn Sie nicht ein Mensch wären, was für ein Tier würden Sie gern sein?
- Was für eine Landschaft?
- Was für ein Baum?
- Was würden Sie zu sich sagen, wenn Sie ein Fluß wären?
- Was für Wetter sind Sie heute?
- Zeichnen Sie in Ihrem Tagebuch, vom Grund des Meeres aus gesehen, das Herz eines Vulkans, das Zentrum der Erde.

Liebe Gaia

- Schreiben Sie einen Liebesbrief an den Planeten.
- Wenn Sie der Erde etwas geben könnten, was wäre es?

In der Zeit leben

- Schreiben Sie über die fünf historisch bedeutsamsten Ereignisse während Ihres Lebens.
- Schreiben Sie über fünf historische Ereignisse, die nicht zu Ihren Lebzeiten passiert sind und die Sie beschäftigen.
- Wie sehen Sie Ihren Platz in der Geschichte? Wohin passen Sie Ihrer Meinung nach?

Weil alles, was wir tun, und alles, was wir sind, in Gefahr ist, und weil die Gefahr unmittelbar und unablässig ist, ist jeder Mensch der richtige Mensch, um zu handeln, und jeder Augenblick ist der richtige Augenblick, um damit zu beginnen.

Den eigenen Standort bestimmen

Sie sind nur so kraftvoll wie das, wofür Sie eintreten. Sind Sie für mehr Geld auf der Bank und ein größeres Haus? Sind Sie für einen attraktiven Partner? Wollen Sie anderen Ihre Denkweise aufzwingen? Das sind die Interessen der Persönlichkeit, die ihre Bedürfnisse zu befriedigen sucht. Sind Sie für Vollkommenheit, Schönheit und Mitgefühl? Sind Sie für Vergebung und Demut? Das ist der Standpunkt der Persönlichkeit, die sich auf die Seele hin ausgerichtet hat. Dies ist die Haltung eines wahrhaft kraftvollen Menschen.
Gary Zukav

Der Moment der Rückkehr bedeutet, etwas zu tun. Aus den Tiefen der geistigen Spirale werden wir in die Welt zurückgeholt, um zu handeln. Das ist unsere Berufung, das, was der Schamane Don Juan «einen Pfad mit dem Herzen wählen» nannte. *Spirituelles Wachstum ist nicht vollständig, solange es uns nicht zu spirituellem Handeln führt.*

Wirken, die Kunst des Zurückgebens, ist unsere zutiefst menschliche Aufgabe. Es geschieht, wenn wir zulassen, daß sich unser Herz für eine Sache öffnet, daß wir eine Herausforderung annehmen, weil dies unsere Pflicht zu sein scheint. Was für andere Ziele wir auch entdeckt haben mögen, bei der Rückkehr werden wir auch ein Bedürfnis feststellen, der Welt etwas von Bedeutung zurückzugeben.

Es gibt eine Menge Dinge, unter denen man wählen, eine Menge Bedürfnisse, um die man sich kümmern kann. Die Aufgabe wartet schon auf uns, wir brauchen uns nur darum zu bemühen – nicht weil wir ein schlechtes Gewissen haben, uns schämen oder verpflichtet fühlen, sondern weil unser Herz sich geöffnet hat. Das schafft im spirituellen Reisenden eine seltsame Art von Spannung, und er weiß nun genau: *Das ist meine Aufgabe, die übernehme ich. Ich mochte nicht durchs Leben gehen, ohne zu versuchen, in dieser bestimmten Sache etwas Positives zu tun.* Denn viele, die bei der Rückkehr umherirren, sind noch nicht ganz angekommen. Sie haben entweder ihre Aufgabe oder die Verbindung zwischen der Aufgabe und ihrem Herzen noch nicht gefunden. Wir üben mit Kleinigkeiten und warten darauf, daß Herz und Handeln sich verbinden. Wir warten auf die Leidenschaft. Wir sind überzeugt, daß etwas auf uns zukommt, aber wir wissen nicht genau, in welcher Form.

Zum erstenmal leben wir in einer Epoche der menschlichen Ge-

Zeuge sein

- Reservieren Sie in Ihrem Tagebuch Seiten, auf denen Sie notieren, was in der Welt geschieht.
- Kleben Sie Zeitungsausschnitte, Fotos, Artikel ein – alles, was Ihnen wichtig erscheint.
- Schreiben Sie kurze Kommentare zu Schlagzeilen.
- Entwickeln Sie Rituale, um leichter eine Beziehung herzustellen zu dem, was Sie notieren.
- Entwickeln Sie Rituale, die Sie an Ihren «Platz» in der Welt erinnern.
- Schreiben Sie Beileidsbriefe anläßlich von Weltereignissen, Briefe voller Sorge oder Begeisterung.
- Schaffen Sie eine Möglichkeit, alles Lebende zu segnen oder für alles Lebende zu beten.

Ein globales Erwachen kann nur durch ein spirituelles Erwachen geschehen, das globale Ausmaße hat.

Den Preis im Auge behalten

- Führen Sie Buch über die guten Dinge, die jeden Tag passieren und die Ihnen Hoffnung geben. Fügen Sie Ausschnitte aus Zeitungen und Zeitschriften bei.
- Schreiben Sie über Menschen, die mit tatkräftiger Spiritualität reagieren.
- Suchen Sie nach Vorbildern an Unternehmungsgeist und Tatkraft, und lernen Sie von ihnen.
- Was gefällt Ihnen an diesen Aktivitäten so?
- Was tun diese Leute Hilfreiches?
- Wozu inspirieren sie Sie?
- Welchen Beitrag würden Sie gern leisten. Wie sehen Ihre Träume in dieser Hinsicht aus?
- Was lieben Sie so sehr, daß Sie es loslassen können? Es opfern können?
- Wie haben Sie Ihr Leben schon geändert?
- Was wollen Sie noch ändern?

schichte, wo *alle* Menschen aufgefordert sind, geistig fruchtbar zu sein. Wo die Menschheit als Ganzes sich der Herausforderung gegenübersieht, einen großen Entwicklungssprung zu tun im Verständnis dessen, was wir geben und was wir nehmen. Die Erdinsel wird kleiner, daß alles mit allem verbunden ist, wird auf globaler Ebene deutlich. Ich glaube, das, worauf wir warten, ist die Hoffnung.

Hoffnung entsteht, indem wir uns durch das Herz an eine Aufgabe heranführen lassen und uns ein bestimmtes Ergebnis wünschen. Wir schreiben im Tagebuch über Nachrichten aus aller Welt. Wir benutzen verschiedene Tagebuchformate, um mit der Beziehung zwischen unserem Innenleben und den Ereignissen, die ständig um uns her auf der Welt passieren, zu experimentieren. Indem die Verbindung zu aktivem Tun hergestellt wird, lassen wir zu, daß «unsere Aufgabe» in unser Leben tritt, in unsere Aufzeichnungen, in unsere Zeit. Es ist nicht notwendig, ein Leben voll dramatischer Opfer zu führen: *Es ist notwendig, daß wir uns für etwas entscheiden, das über unsere eigenen Angelegenheiten hinausreicht, und uns aktiv dafür einsetzen.*

Für etwas zu sein verleiht uns die Perspektive, die Dinge von nahem und von weitem zu sehen. Zu definieren, *wofür* wir sind, macht erforderlich, daß wir uns genau festlegen und den Teil der Vision, für den wir verantwortlich sein wollen, klar erkennen. Diese Klarheit beginnt häufig im Tagebuch und dringt dann nach außen und wird zur Tat.

Wir beginnen neue Unternehmungen mit einer gewissen Naivität – mit offenem Herzen treten wir zuversichtlich vor und hoffen auf raschen Erfolg. Doch wir brauchen Hoffnung, Klarheit und ein beständiges Herz, damit wir auch dann noch weitermachen, wenn wir auf Schwierigkeiten stoßen, mit denen wir nicht gerechnet haben. Vielleicht müssen wir für eine Reihe von Jahren immer wieder von neuem die Hoffnung in uns anfachen, um nicht von unseren Zielen abzulassen. Das ist eines der Kennzeichen spiritueller Führerschaft: Die Hoffnung scheint eher von der Vision auszugehen als auf den realen Gegebenheiten zu beruhen. Wie Martin Luther King immer sagte: «Verliere nie den Preis aus den Augen.»

Bei jeder Aktivität gibt es einen Krisenpunkt, nämlich dann, wenn aufgrund der Vielschichtigkeit der Sache unsere Bemühungen erfolglos erscheinen. Wir müssen darauf gefaßt sein und uns bemühen, aus spiritueller Sicht damit fertig zu werden. Wenn so etwas passiert, liegt die Lösung für unsere Mutlosigkeit in der Gemeinschaftlich-

Denken Sie global, und handeln Sie an Ort und Stelle

- Was soll das Ihrer Meinung nach heißen?
- Wie wollen Sie diesen Satz auf sich beziehen?
- In welcher Hinsicht denken Sie bereits global – weltweit?
- In welcher Weise handeln Sie an Ort und Stelle?

Moral und Tun

- Schreiben Sie über Zeiten, da Sie sich weigerten, gewisse Dinge zu tun, weil Sie sie moralisch nicht akzeptieren konnten.
- Schreiben Sie über Zeiten, in denen Sie Ihren Standpunkt vertreten und andere in ihrer Meinung unterstützt haben. Wie haben Sie sich dabei gefühlt?
- Zu welchem Handeln sind Sie bereit?
- Wer kann mit Ihnen mitmachen?
- Was für Unterstützung können Sie dabei von Ihrer Familie bekommen? Von Ihren Freunden? Ihrer Gemeinschaft?
- Welche Aufgabe übernehmen Sie mit Liebe und Begeisterung, um zu überleben?
- Wie können Sie das, was Sie tun müssen, mit Freude tun?

keit. An diesem Punkt stehen wir im Augenblick: Viele Einzelpersonen, die guten Willens sind, sind unorganisiert, entmutigt und brauchen eine lebensfähige Gemeinschaft aktiv Handelnder. Das bedeutet nicht, nur auf Versammlungen zu erscheinen. Es bedeutet, anderen so zu vertrauen, daß wir unsere Sache einem größeren Zweck unterordnen.

Wenn wir unsere Aufgabe übernommen haben, sie als unsere Pflicht erkannt und uns mit ihr identifiziert haben, überkommt uns oft geradezu Hoffnungslosigkeit. Wir sehen, wie unbedeutend, oft auch ineffektiv wir sind, und das Problem – zum Beispiel der Hunger in der Welt – bleibt riesig und komplex. Wir brauchen nicht für unsere Sache allein zu kämpfen. Tatsache ist, wir können es gar nicht allein.

Durch die Einbindung in eine Gruppe finden wir unsere Hoffnung wieder, wenn wir nämlich unsere Aktivitäten und Ideen mit denen anderer Leute verbinden. Vielleicht genügt die eine ursprüngliche Idee nicht, um ein Problem zu lösen, oder sie verlangt Hilfsmittel, die wir nicht allein aufbringen und die durch andere verstärkt werden können – zum Beispiel eine vernünftige Abfallbeseitigung. Und im übrigen kann jede Taktik, die versagt, als Ausgangspunkt für Überlegungen über eine andere Taktik dienen. Wie mein Freund Jerry Allan immer sagt: «Alles, was wert ist, getan zu werden, ist es auch wert, einmal falsch getan zu werden.»

Irgendwo dort draußen in der Welt gibt es schon jetzt Menschen, die eines Tages Probleme lösen werden, von deren Lösbarkeit wir heute nur träumen können, und sie werden sie nicht allein lösen. Sie brauchen jeden von uns – um Informationen zu sammeln, die dazu beitragen, das ganze Bild zu verstehen, um Verschiedenes zu versuchen und Irrtümer zu begehen, um mit Entschiedenheit Druck auszuüben bei Fragen, die im Vordergrund unseres Denkens stehen sollten.

Jeder von uns, der bereit ist, dabei aktiv mitzuwirken, trägt etwas Entscheidendes zu dem Wissen bei, das Antwort auf viele Fragen liefern wird.

Ein Ende machen – neu beginnen

- Entwerfen Sie Ihren eigenen Schöpfungsmythos. Meditieren Sie. Hören Sie Musik. Legen Sie sich auf die Erde, und fragen Sie sie nach ihrer Geschichte: Woher kommst du?
- Schreiben Sie Ihren eigenen Endmythos. Meditieren Sie. Hören Sie Musik. Lassen Sie alles los, was Sie loslassen müssen, und zelebrieren Sie ein Abschiedsritual.
- Verfassen Sie Ihr eigenes Lied der Dankbarkeit. Singen Sie diese Worte im Wald, im Auto, während Sie den Rasen mähen, und bringen Sie es Ihren Kindern bei.

- Machen Sie eine Aufstellung der Dinge, die Sie an diesem Punkt Ihrer Reise am meisten erstaunen.
- Wollen Sie Erklärungen, oder haben Sie sich in Ihr Staunen verliebt?
- Erzählen Sie sich und Kindern selbst erfundene Geschichten über diese Rätsel.
- Bitten Sie Kinder, ihre Geschichten zu erzählen, und helfen Sie ihnen, sie aufzuschreiben.

- Beschreiben Sie eine Zeit in Ihrem Leben, in der Sie sich wie neugeboren fühlten, unverbraucht, frisch.
- Wie war das Gefühl? War es beängstigend? Wunderbar? Ein wenig von beidem?
- Was könnte Ihnen heute in Ihrem Leben dieses Gefühl des Neuseins geben – oder was gibt Ihnen dieses Gefühl?

Vertrauen in den Prozeß

> *Was wir den Anfang nennen, ist oft das Ende. Und etwas zu beenden bedeutet, einen Anfang machen. Es ist das Ende, an dem wir beginnen.* T. S. Eliot

Es gibt keine Abschlußfeier am Ende dieses Buches. Wir müssen uns unsere eigenen Rituale machen, nicht für das Ende, sondern für die Anfänge, die aus dem Ende hervorgehen, für die Orte, an denen wir wieder und wieder beginnen.

Wir haben eine Reise hinter uns... Und haben nun den Ort erreicht, nach dem wir uns von Anfang an sehnten.

Was haben wir gelernt?

1. *Wenn wir ein Ziel als das unsere erkennen, wachsen wir in die Aufgabe hinein.*

2. *Die Fragen, die wir während der Reise haben, ändern sich an bestimmten Wegstellen radikal, und doch sind sie die grundlegende Antriebskraft, die uns vorantreibt.*

3. *Das Leben ist eine großartige, unendliche Möglichkeit, die Dinge anders zu sehen und Unglück und Mutlosigkeit immer wieder in Glauben und Hoffnung umzuformen.*

4. *Und vor allem haben wir gelernt, daß wir nicht allein sind und nie allein waren.*

Solange wir Hilfe haben, können wir tun, was wir tun müssen. Wir sind wie Don Quichotte: Jeder sucht sich eine Windmühle aus, und einzeln und zusammen gehen wir in die Welt, um für unsere hohen Aufgaben zu arbeiten.

So wird die Welt besser werden – und Sie und ich auch.

Meditation: Kind des Universums

Wenn Sie diese Meditation oder eine andere aus diesem Buch verwenden wollen, suchen Sie sich einen ruhigen Ort, an dem Sie für etwa zwanzig Minuten ungestört sind. Bitten Sie jemanden, den Meditationstext vorzulesen, oder sprechen Sie ihn auf eine Kassette, die Sie dann abspielen. Die Auslassungspunkte markieren eine wichtige Pause – Stille innerhalb des Textes. Pausieren Sie so lange, wie es Ihnen gefällt. Fünf bis zehn Sekunden können beim Meditieren eine lange Zeit sein. Die doppelte Zahl an Auslassungspunkten heißt noch längere Stille.

Schließen Sie die Augen, und entspannen Sie Ihren Körper ... Nehmen Sie sich so viel Zeit, wie Sie brauchen, damit Sie sich wohl fühlen ... Bewegen Sie die Muskeln ... Strecken und entspannen Sie sich ... Prüfen Sie, ob Ihr Rücken und Ihr Nacken gerade und in einer Linie sind ... und Sie sich nicht verspannen. Es ist keine Verspannung da ... nur ein angenehmes Gefühl, eine beginnende Ruhe ... Nichts eilt mehr ... Es gibt nichts mehr zu tun ... oder zu denken ... entspannen Sie sich einfach.

Achten Sie auf Ihren Atem ... Lassen Sie ihn tief in Ihren Körper ein ... Lassen Sie Ihren Atem in sich einströmen wie weiche, schwere Wolken, die Sie mit Stille erfüllen ... Atmen Sie langsam ein ... tief ... Atmen Sie langsam ... und tief aus. Lassen Sie Ihren Atem einsinken und wieder hinausströmen ... Ihr Atem ist der Rhythmus der Ruhe ... Folgen Sie Ihrem Atem ... Atmen Sie unwichtige Gedanken aus ... Atmen Sie Stille ein ...

Seien Sie still ...

Seien Sie Ihr Atem ...

Folgen Sie dem Atem mit Ihrem Geist ... ein ... aus ... ein ... aus ...

Das ist alles ...

Sie waren einmal ein Kind ... Und das Kind, das Sie waren, wohnt noch immer in Ihnen ... Laden Sie dieses innere Kind ein, auf Ihrem Schoß zu sitzen ... mit Ihnen in Ihrem Atem zu sitzen ...

Öffnen Sie Ihre Hände ... Laden Sie das Kind ein, seine Hände in die Ihren zu legen ... Spüren Sie die Hände des Kindes in Ihren Händen ... Die Finger sind warm und vertrauensvoll ... Sie ruhen in Ihrer Erwachsenenhand ...

Seien Sie Ihr Atem ...

Seien Sie still ...

Sie sind gewachsen ... und Sie sind immer noch ein Kind ... Sie sind ein Kind des Universums ... In Ihnen wohnt der Schöpfer des Universums ... Laden Sie diesen Schöpfer des Universums, Ihren Beschützer und Begleiter, ein, mit Ihnen in Ihrem Atem zu sitzen ...

Spüren Sie, wie Sie in seine Hände gebettet werden ... Spüren Sie Ihre Handrücken, die in den größeren Händen dieses Trägers des Universums ruhen ... Spüren Sie, wie die Hände des Kindes in Ihren Händen ruhen ... Sie sitzen im Schoß des Heiligen, so sicher, wie das Kind-Selbst in Ihrem Schoß sitzt ...

Seien Sie still ...

Seien Sie Ihr Atem ...

Sie sind erfüllt von der Quelle alles Wissens ... Sie sind eingestimmt auf Ihren Körper, und Ihr Körper ist eingestimmt auf das Universum ... Dies ist das Licht, aus dem Sie kamen ... Dies ist das Licht, zu dem Sie reisen ... Hier, in dem Licht, ist alles gut ...

Wenn Sie bereit sind, folgen Sie Ihrem Atem zurück in dieses Zimmer ... Tauchen Sie aus der Stille Ihres Körpers auf ... Es eilt nicht ... Strecken Sie sich ... Öffnen Sie die Augen ...

Nehmen Sie sich etwas Zeit, um das zu zeichnen oder zu notieren, was Sie von dieser Stille festhalten wollen.

Dank

Ein Buch ist nichts als ein Haufen Papier mit den geistigen Ergüssen des Autors – bis es der Welt als gedrucktes Exemplar präsentiert wird. Darum möchte ich zuerst den Menschen danken, die mir geholfen haben, das Buch zu schreiben und zu veröffentlichen: meinen Agenten, Jonathon und Wendy Lazar, und meinen Lektoren bei Bantam Doubleday Dell, Toni Burbank, Linda Gross und Katherine Balch.

Ich möchte auch den Tagebuchschreibern danken, die in all den Jahren mit mir gearbeitet und in Seminaren und Vorlesungen zusammen mit mir über die Bedeutung des kreativen Schreibens nachgedacht haben. Dabei möchte ich besonders jenen danken, die mir ihre persönlichen Aufzeichnungen anvertraut haben und mir gestatteten, sie zu veröffentlichen. Sie machten es möglich, daß das Buch mit vielen Stimmen sprechen kann – so wie es sein sollte.

Den Menschen in meiner näheren Umgebung, die meinen Weg begleiteten, habe ich bereits nach Kräften zu danken versucht, doch einige von ihnen möchte ich auch hier noch ausdrücklich nennen. Allen voran Joy Houghton, meine langjährige Kollegin und Freundin, eine Frau von außerordentlichen geistigen Gaben. Dieses Buch wäre ohne sie nie entstanden; es ist auch ihr Buch. Es war meine Idee, die Reise auf diese Weise zu Papier zu bringen, aber vieles davon haben wir gemeinsam durchdacht und auch die Lehren daraus gemeinsam gezogen.

Jede Fassung, die mein Buch erlebte, bis es so war, wie Sie es nun kennen, wurde von vielen Menschen unterstützt. Zunächst begleiteten mich Cil Braun und Gayla Reger auf meinen langen Spaziergängen um die Seen von Minneapolis und halfen mir, meinen Weg auf dem Papier zu finden. Bei der zweiten Fassung waren es meine Klassen und Gruppen von Tagebuchschreibern, die mir zuhörten, und Anne Ziff in Connecticut, die das Manuskript las und mir durch kluge Kommentare weiterhalf. Bei der Endfassung unterstützten mich Peter McDonald, Phyllis Bleiweis, Kathy Lewis und Ellen Dubuque.

Außerdem sind da zwei Gruppen von Frauen, die mir im Leben und beim Schreiben stets zur Seite standen: meine Schreibgruppe – Judith Guest, Deborah Keenan, Rebecca Hill, Patricia Hampl –, der ich danken möchte für ihre Freundschaft, ihre stete Präsenz, die mein Schreiben durch ständigen Gedankenaustausch förderte. Deborah Keenan half mir darüber hinaus durch Lektüre des Manuskripts, bei der Zusammenstellung von Zitaten und dem Finden des richtigen, nicht «zu esoterischen» Tons. Was in dieser Richtung noch stehengeblieben ist, geht nicht auf ihr Konto. Und danken möchte ich auch meiner spirituellen Gruppe – Kathie Anderson, Cil Braun, Ellen Dubuque, Gayla Reger; sie ließen mich an ihren eigenen Reise-Erfahrungen und -Einsichten teilhaben und waren stets bereit, über das Kapitel zu sprechen, an dem ich gerade arbeitete.

Dank auch Todd Smelser, Susan Moss und der Gemeinde von Saint John the Baptist, die mich bei meiner Heimkehr begrüßt haben.